HANS-ULLRICH GALLWAS

Faktische Beeinträchtigungen im Bereich der Grundrechte

Schriften zum Öffentlichen Recht

Band 126

Faktische Beeinträchtigungen im Bereich der Grundrechte

Ein Beitrag zum Begriff der Nebenwirkungen

Von

Dr. Hans-Ullrich Gallwas

DUNCKER & HUMBLOT / BERLIN

Alle Rechte vorbehalten
© 1970 Duncker & Humblot, Berlin 41
Gedruckt 1970 bei Richard Schröter, Berlin 61
Printed in Germany

Inhaltsverzeichnis

Erster Hauptteil

Problemlage

Erster Abschnitt

Der Untersuchungsgegenstand

§ 1 Die Fragestellung	9
§ 2 Begriffliche Präzisierung des Untersuchungsgegenstandes	10
§ 3 Falltypen	12

Zweiter Abschnitt

Skizze der vorhandenen Lösungsansätze

§ 4 Überblick	18
Erster Unterabschnitt: Formale Bindung des Grundrechtsschutzes (Eingriffsbezogenheit)	20
§ 5 Die Struktur des Rechtsverhältnisses	20
§ 6 Die Struktur des Hoheitsaktes	21
Zweiter Unterabschnitt: Prinzipielle Maßgeblichkeit des Grundrechtsinhalts (Effektbezogenheit)	25
§ 7 Der grundrechtswidrige Effekt	25
§ 8 Relativierung des prinzipiell effektbezogenen Grundrechtsschutzes	37

Dritter Abschnitt

Kritische Würdigung

§ 9 Richtigkeit der differenzierenden Lösung	41
§ 10 Die unzureichende normative Absicherung der Differenzierung des Grundrechtsschutzes	43

| § 11 | Das Problem des richtigen Regel-Ausnahme-Verhältnisses | 46 |
| § 12 | Zusammenfassung | 48 |

Zweiter Hauptteil

Grundrechtsverletzungen durch faktische Beeinträchtigungen

| § 13 | Vorbemerkungen | 49 |

Erster Abschnitt

Materielle Grundrechtswidrigkeit

Erster Unterabschnitt: Der grundrechtliche Gewährleistungsbereich 51

§ 14	Der Textbefund	51
§ 15	Das überkommene Grundrechtsverständnis	54
§ 16	Im Grundgesetz angelegte teleologische Gesichtspunkte	56
§ 17	Die modernen Grundrechtstheorien	63
§ 18	Das Zuordnungsproblem	68

Zweiter Unterabschnitt: Der Vorbehaltsbereich 70

| § 19 | Vorbemerkungen | 70 |

    I. *Der geschriebene Grundrechtsvorbehalt* 71

§ 20	Textbefund	71
§ 21	Systematische und methodische Gesichtspunkte für die Auswertung der einzelnen Vorbehaltsnormen	73
§ 22	Die Vorbehaltsnormen im Regel-Ausnahme-Schema	77
§ 23	Die Mittel-Zweck-Relation	79

    II. *Der ungeschriebene Grundrechtsvorbehalt* 85

| § 24 | Die allgemeine Ermächtigung zur Mißbrauchsabwehr | 85 |
| § 25 | Der Mißbrauchsvorbehalt als spezifische Ermächtigung für faktische Beeinträchtigungen | 87 |

Zweiter Abschnitt

Formelle Grundrechtswidrigkeit

| § 26 | Vorbemerkung | 88 |

Erster Unterabschnitt: Der Grundsatz der Gesetzmäßigkeit der Verwaltung 90

| § 27 | Das Gesetzmäßigkeitsprinzip, Allgemeines | 90 |
| § 28 | Der Vorbehalt des Gesetzes | 94 |

§ 29	Die Zwecksetzungskompetenz der Verwaltung	97
§ 30	Konsequenzen für das Subventionsrecht, für die wirtschaftliche Betätigung der öffentlichen Hand und für das Problem der staatlichen Aufgabe	101

Zweiter Unterabschnitt: Sonstige formelle Voraussetzungen für Grundrechtsbeeinträchtigungen ... 109

§ 31	Übersicht	109
§ 32	Die allgemeinen Vorschriften über die staatliche Willensbildung	111
§ 33	Die formellen Voraussetzungen des Art. 19 Absatz 1 Satz 1 Grundgesetz	112
§ 34	Das Zitiergebot nach Art. 19 Abs. 1 S. 2 GG	116
§ 35	Die Junktim-Klausel des Art. 14 Abs. 3 S. 2 GG	120

Dritter Abschnitt

Rechtsfolgen der Grundrechtswidrigkeit faktischer Beeinträchtigungen

§ 36	Vorbemerkungen	125
§ 37	Das Beeinträchtigungsverbot	126
§ 38	Beseitigungs- und Unterlassungsansprüche	127
§ 39	Der verfassungsrechtliche Anspruch auf Entschädigung	132

Dritter Hauptteil

Die Rüge der Rechtswidrigkeiten faktischer Beeinträchtigungen im Verfahren vor den Verwaltungsgerichten und vor dem Bundesverfassungsgericht

Erster Abschnitt

Die Rügemöglichkeit im verwaltungsgerichtlichen Verfahren

§ 40	Die Bedeutung der Rechtsgarantie des Art. 19 Abs. 4 GG für faktische Grundrechtsbeeinträchtigungen	139
§ 41	Die Bedeutung der Beeinträchtigungsmodalität im verwaltungsgerichtlichen Verfahren	140
§ 42	Grundrechtlich geschützte Individualinteressen im verwaltungsgerichtlichen Verfahren	145
§ 43	Die Erweiterung der Klagebefugnis durch das auch faktische Beeinträchtigungen umfassende Grundrechtsverständnis	149

Zweiter Abschnitt

Die Rügemöglichkeit im Verfahren vor dem Bundesverfassungsgericht

§ 44 Vorbemerkung 153

§ 45 Die Bedeutung der Beeinträchtigungsmodalität in der Rechtsprechung des Bundesverfassungsgerichts zur Zulässigkeit von Verfassungsbeschwerden 153

§ 46 Kritische Anmerkungen 158

§ 47 Die Beschwerdebefugnis gemäß § 90 Abs. 1 BVerfGG bei faktischen Beeinträchtigungen der Grundrechte 161

Thesen 165

Literaturverzeichnis 170

Stichwortverzeichnis 179

ERSTER HAUPTTEIL

Problemlage

Erster Abschnitt

Der Untersuchungsgegenstand

§ 1 Die Fragestellung

Die klassische Form staatlichen Handelns ist der Befehl. Das Gebieten und das Verbieten sind untrennbar mit der Vorstellung eines staatlich verfaßten Gemeinwesens verbunden.

Demgemäß steht der Befehl auch im Mittelpunkt der Fragestellungen, die sich um die Erfassung der rechtlichen Strukturen des Verhältnisses zwischen Staat und Bürger bemühen. Wohl die meisten der öffentlich-rechtlichen Denkkategorien und Denkfiguren haben sich am Typus des befehlenden Staates ausgeformt und sind auf seine Erscheinungen bezogen.

Heute bilden indessen die Gebote und die Verbote nur mehr einen Teil des rechtlichen Instrumentariums, das dem Staat für den Umgang mit seinen Bürgern zur Verfügung steht. Der Kontakt zwischen beiden ist vielfältiger geworden, aber gleichermaßen auf den Nägel brennend, und zwar gerade auch dort, wo sich staatliche Entscheidungsimpulse nicht mehr zu Befehlen verdichten.

Zumal bei der Erfüllung der immer weiter ausgreifenden Planungs-, Wirtschafts- und Versorgungsaufgaben prägen sich neue Handlungstypen aus. Auch sie können die Sphäre des einzelnen nachhaltig berühren. Schlichte Planung eines Großflughafens bewirkt in den angrenzenden Wohngebieten einen Verfall der Grundstückspreise; Wirtschaftssubventionen verzerren die Wettbewerbslage zu Lasten der nicht subventionierten Konkurrenten; ausgiebige Investitionen im öffentlichen Schulwesen schmälern die Anziehungskraft der privaten Schulen desselben Bildungsweges.

Es ist unbezweifelbar: Der Spielraum menschlichen Handelns geht nicht nur durch den Erlaß neuer Verbote und neuer Gebote verloren, sondern ebenso durch die Veränderung faktischer Daten. Dabei werden unter Umständen Positionen des Bürgers betroffen, die im Laufe rechtsstaatlicher Entwicklung gegen den befehlenden Staat ihrem Gegenstande nach oder durch formelle Schutzvorschriften weitgehend abgeschirmt worden sind.

Mit Recht stellt man daher die Frage nach der Tauglichkeit und dem Einsatz der überkommenen rechtsstaatlichen Barrieren gegenüber einem Staat, der seinen Bürgern nicht mehr ausschließlich in der Gestalt des Befehlenden begegnet, der gar womöglich — eben wegen jener Barrieren — diese Formen scheut. Bezeichnend für die hier genannnte Lage ist der von *Mallmann* auf der Kölner Staatsrechtslehrertagung aufgezeigte Widersinn: „daß die Verwaltung zwar, wenn sie einem Fabrikanten die Ausbesserung des baufälligen Fabriktores befehlen will, dazu, streng rechtsstaatlich, einer gesetzlichen Grundlage bedürfte, jedoch aus eigener Kraft befugt wäre, durch Subventionierung seines Konkurrenten, sofern sie sich dabei nur im Rahmen der Gesetze hält, seine Existenz zu untergraben[1]."

Den umfassendsten und intensivsten Schutz gegen Maßnahmen des Staates bietet in der gegenwärtigen Verfassungslage der Grundrechtsteil des Grundgesetzes[2]. Ob und in welcher Weise die verschiedenen grundrechtlich normierten Schutzfunktionen in Aktion treten, wenn sich die Modalität der Beeinträchtigung des einzelnen ändert, wenn also der Staat nicht mehr nur gebietend und verbietend in die geschützte Sphäre eindringt, sondern sie auf andere Art berührt, ist das Thema der vorliegenden Arbeit.

§ 2 Begriffliche Präzisierung des Untersuchungsgegenstandes

Die Untersuchung beschäftigt sich mit der Funktion der Grundrechte bei variierender Beeinträchtigungsart. Das bedarf einiger klärender und abgrenzender Bemerkungen.

Der Begriff „Beeinträchtigung" ist nicht selbstbestimmt, er wird in engem Zusammenhang mit den verschiedenen formellen und materiellen grundrechtlichen Gewährleistungen gesehen. Gegenstand der Beeinträchtigung kann danach jede individuelle Lage sein, die gleichviel in welcher Beziehung grundrechtlich abgesichert ist. Worin der Grundrechtsschutz im einzelnen besteht, ob er absolut oder relativ wirkt, ob er materiell oder formell funktioniert, ist hierbei ohne Bedeutung. Denn stets stellt sich die Frage, ob und gegebenenfalls mit welcher In-

---
[1] VVDStRL Heft 19, 165 (185).
[2] Dieselbe Frage stellt sich freilich auch bei den Grundrechten der Länderverfassungen. Dieser Bereich soll hier nicht untersucht werden.

§ 2 Begriffliche Präzisierung des Untersuchungsgegenstandes

tensität der jeweils normierte Schutzbereich auf die verschiedenen Arten staatlichen Handelns reagiert.

Die Beeinträchtigungen müssen ihren Grund im staatlichen Bereich haben. Das besagt: Sie müssen sich auf eine Ursache zurückführen lassen, die von einem Hoheitsträger gesetzt wurde. In der Regel wird hierzu positives Tun erforderlich sein. Doch kann unter Umständen auch ein Unterlassen zur Ursache werden, nämlich dann, wenn sich aus der Verfassung ein Gebot zu einem entsprechenden Tun entwickeln läßt[3].

Die Untersuchung konzentriert sich auf die ungewissen Lagen. Ausgenommen sind also die Beeinträchtigungsarten, bei denen der Grundrechtsschutz problemlos ist. Das aber ist nur der Fall, wenn die staatlichen Gewalten „befehlend" oder „regelnd" in den Freiheitsbereich des einzelnen eindringen. Situationen, in denen der Staat abstrakte oder konkrete Verpflichtungen begründet, ein Tun, Dulden oder Unterlassen fordert oder durch konkrete oder abstrakte Regelung oder durch entsprechende Vollzugsmaßnahmen Rechte entzieht oder beschränkt, unterliegen fraglos, was die Art der Beeinträchtigung anbelangt, dem Grundrechtsschutz.

Hier ist allerdings noch eine Präzisierung vorzunehmen: Die Feststellung, daß der Hoheitsträger „befehlend" oder „regelnd" tätig wird,

---

[3] Die Probleme der faktischen Beeinträchtigung durch staatliches Unterlassen sind spezieller Natur und bedürfen gesonderter Behandlung. Nur auf einige Gesichtspunkte sei hingewiesen.

Eine verfassungsrechtliche Pflicht zu positivem Tun kann sich zumal aus speziellen Verfassungsaufträgen ergeben, vgl. hierzu *Lerche*, AöR 90, 341 ff.

Nur in Ausnahmefällen wird man sie unmittelbar aus einer Freiheitsverbürgung herleiten können. Ein Beispiel hierfür bietet *Maunz*, Maunz-Dürig-Herzog, Art. 7, RdNr. 86, S. 52; vgl. auch *Rudolf Schneider*, AöR 89, 24 (25 f.).

Zu beachten ist, daß ein spezieller Verfassungsauftrag in der Regel das geforderte Verhalten benennt, also primär handlungsbezogen und nicht primär beeinträchtigungsbezogen ist. Das ist bei Handlungspflichten, die aus einem Freiheitsrecht abgeleitet sind, anders. Der Grundrechtsschutz kann bei staatlichem Unterlassen, das einem speziellen Verfassungsauftrag zuwiderläuft, erst in Aktion treten, wenn die Untätigkeit zu einer grundrechtswidrigen Beeinträchtigung führt. Zu eng dürfte heute die Annahme sein, daß nur derjenige beeinträchtigt sein könne, der als Adressat der unterlassenen Handlung anzusehen ist. In diese Richtung tendiert anscheinend *Rudolf Schneider*, AöR 89, 24 (33 f.). Das kann allenfalls gelten, wenn man die Adressateneigenschaft überall bejahe, wo es zu grundrechtserheblichen Beeinträchtigungen kommt. Gerade dies ist aber — wie noch zu zeigen sein wird — nicht der Fall.

Problematisch ist auch die Entschädigungsfrage. Die Annahme, daß Unterlassungen niemals eine Entschädigung aus dem Gesichtspunkt der Enteignung oder des enteignungsgleichen Eingriffes nach sich ziehen können, erscheint nicht zwingend. Möglicherweise ist auch die Enteignungsentschädigung nichts anderes, als Ausgleich für zurechenbar verursachten Rechtsverlust, vgl. unten § 39. Dann ist aber nicht einzusehen, warum Unterlassungen schlechterdings aus dem Bereich der zurechnungsfähigen Handlungen ausscheiden sollten.

gibt für sich genommen noch nicht den Ausschlag. Erfährt zum Beispiel jemand eine Beeinträchtigung, weil sich ein anderer einem staatlichen Befehl beugt, dann ist dies im Hinblick auf die Grundrechte des auf diese Weise „mittelbar" Betroffenen durchaus problematisch.

Das eigentliche Kriterium, um bestimmte Beeinträchtigungen aus dem Untersuchungsgegenstand auszuschließen, liegt in einer spezifischen Modalität, durch die Beeinträchtigung und „Befehl" bzw. „Regelung" aufeinander bezogen sind.

Wird jemandem durch „Befehl" oder „Regelung" ein bestimmtes Verhalten auferlegt, so bildet schon allein das abgeforderte Verhalten eine Beeinträchtigung. Diese ist gewissermaßen das Spiegelbild der Regelung im Bereich des Betroffenen. Eine solche Beziehung zwischen Hoheitsakt und Beeinträchtigung soll im folgenden als „Identität von Regelung und Beeinträchtigung" bezeichnet werden. Um diese Art der Beeinträchtigung festzustellen, genügt ein Blick auf die entsprechende Regelung. Betroffenheit und deren Ausmaß sind hier schematisch ablesbar. Weiterer Kenntnis, zumal der Wirklichkeit, auf die die Regelung trifft, bedarf es nicht.

Daß nicht jede Beeinträchtigung, die ein staatlicher Befehl herbeiführt, in diesem Sinn „regelungsidentisch" ist, wurde bereits angedeutet. Wie noch zu zeigen sein wird, liefert die Rechtsprechung eine Vielzahl von Beispielen, in denen sich die Beeinträchtigung gerade nicht in der Pflicht zur Befolgung des Befehls, nicht in dem staatlicherseits geforderten Verhalten des Adressaten erschöpft, sondern darüber hinauswirkt und, sei es beim Adressaten selbst, sei es bei einem Dritten, zusätzliche Beeinträchtigungen auslöst.

Alle Beeinträchtigungen, die mit einer entsprechenden Regelung oder einem Befehl identisch sind, werden im folgenden „imperative Beeinträchtigungen" genannt. Die anderen, nämlich die, denen das Merkmal der Regelungsidentität fehlt, sind gemeint, wenn von „faktischen Beeinträchtigungen" die Rede ist. Sie bilden den Untersuchungsgegenstand.

Die gewählten Begriffe, hier „imperative Beeinträchtigung", dort „faktische Beeinträchtigung", haben, das sei ausdrücklich vermerkt, keinen selbständigen Erkenntniswert. Es handelt sich nur um abgrenzende Bezeichnungen für die im Hinblick auf die Schutzfunktionen der Grundrechte unproblematischen bzw. problematischen Beeinträchtigungsarten.

§ 3 Falltypen

Eine Beeinträchtigung ist bereits dann als faktisch ausgewiesen, wenn ihr das zuvor skizzierte Merkmal der Regelungsidentität fehlt. Im übrigen aber bestehen bei diesen beiden Beeinträchtigungsarten

§ 3 Falltypen

mancherlei Gemeinsamkeiten und Unterschiede. Sie liefern die Ansätze für eine Differenzierung von Falltypen innerhalb der großen Gruppe der faktischen Beeinträchtigungen:

1. Einen ersten Unterscheidungsgesichtspunkt liefert die „Regelungs- bzw. Befehlsnähe" einer Beeinträchtigung:

a) Reflexwirkungen: Viele faktische Beeinträchtigungen haben ihre Ursache in einer staatlichen Regelung bzw. in einem staatlichen Befehl. In dieser Beziehung gleichen sie den imperativen Beeinträchtigungen. Dagegen heben sie sich insoweit ab, als sich die Beeinträchtigung nicht in dem befohlenen Verhalten erschöpft, sondern darüber hinausgreifend, gleichsam als Reflex ergibt. Solche Reflexwirkungen treten wiederum in zwei Fallgestaltungen auf:

aa) Folgewirkungen: Hier trifft die Beeinträchtigung den Adressaten der Regelung. Sie beschwert ihn zusätzlich zu dem im Regelungsgegenstand liegenden Nachteil, und zwar entweder in dem von der Regelung ohnehin erfaßten oder in einem anderen Grundrecht. Beispiele: A. bezieht das Wasser für seine Brauerei aus eigenen, besonders geeigneten Quellengebieten. Durch eine Gemeindesatzung wird ihm die Benutzung einer öffentlichen Wasserversorgungsanlage zur Pflicht gemacht. Die Verwendung des von der Gemeinde gelieferten Wassers bewirkt eine Qualitätsminderung der hergestellten Getränke. In der Befolgung des Gebots, die gemeindliche Wasserversorgungsanlage zu benutzen, liegt eine imperative Beeinträchtigung. Die zusätzliche Belastung, daß nämlich hierdurch die Qualität der Produktion leidet, stellt eine Folgewirkung dar. — Gegen B., einen Ausländer, ergeht ein Auslieferungsbeschluß. Im Empfängerstaat erwartet ihn die Todesstrafe. Der Auslieferungsbeschluß spricht den Schutzbereich des Art. 2 Abs. 1 GG an. Er wirkt imperativ. Die zusätzliche Beeinträchtigung, die zu erwartende Strafvollstreckung, tangiert das durch Art. 2 Abs. 2 S. 1 GG gesicherte Recht auf Leben. Sie ist nicht Gegenstand, sondern nur Folge des Auslieferungsbeschlusses.

Die Besonderheit der Folgewirkungen hat im öffentlichen Recht noch keine eingehende Beachtung gefunden. Man nimmt seine Zuflucht zu einer wirtschaftlichen Betrachtungsweise und faßt die verschiedenen Auswirkungen, die eine staatliche Regelung beim Adressaten hervorruft, zu einer Einheit zusammen[4]. Einziges Mittel, um gewisse über-

---

[4] Beispielhaft hierfür ist die Rechtsprechung des BGH zum Eingriffsbegriff im Enteignungsrecht. Danach reicht es aus, wenn eine hoheitliche Maßnahme „unmittelbar" Auswirkungen auf das Eigentum in allen seinen Ausstrahlungen hat. Vgl. *BGHZ* Bd. 37, 44 (47); *BGHZ*, Art. v. 6. 11. 1964, DVBl 65, 83; Urt. v. 7. 12. 1967, NJW 68, 293. Um eine Folgewirkung handelte es sich speziell im sogenannten „Traktorfall", *BGHZ* Bd. 28, 310; dort wurde jemandem, der seinen Traktor im Rahmen von Hand- und Spanndiensten zur Verfügung gestellt hatte, eine Enteignungsentschädigung zugebilligt,

mäßige Folgewirkungen abzuwehren, ist das Gebot der Verhältnismäßigkeit. Diese undifferenzierte Behandlung läßt viele Fragen offen und verwehrt, so möchte es schon hier scheinen, den Zugang zu rechtlichen Erwägungen, die mindestens mal überdacht werden sollten. Hierher gehört etwa die Frage, ob die Folgewirkung spezieller gesetzlicher Grundlage bedarf, ob also für sie der Vorbehalt des Gesetzes gilt, oder die Frage, ob einer Folgewirkung Relevanz im Hinblick auf die Junktim-Klausel zukommt.

Die Zivilrechtsdogmatik ist hier problembewußter. Sie unterscheidet beim Schadensbegriff in vergleichbarer Weise zwischen dem Eingriffsschaden (auch Verletzungsschaden oder unmittelbarer Schaden) und dem Folgeschaden (mittelbarer Schaden)[5].

b) Nebenwirkungen: Im Gegensatz zur Folgewirkungslage tritt bei ihnen die Reflexwirkung nicht beim Adressaten, sondern bei einem Dritten auf.

Der Begriff des Adressaten ist hier freilich nicht in einem formellen Sinn, sondern materiell vom Regelungsgegenstand her zu verstehen. Es kommt also nicht darauf an, wem die Regelung im Wege konkreter oder abstrakter Bezeichnung eine Verpflichtung auferlegt. Entscheidend ist statt dessen, ob die Regelung selbst, der getroffene Ausspruch für sich genommen, also ohne Rücksicht auf die konkreten, tatsächlichen Gegebenheiten auf die man ihn anwendet, jemanden als betroffen erkennen läßt. Bei einer an die Schankwirte des Ortes gerichteten polizeilichen Anordnung, wonach dieselben einer als Trunkenbold bezeichneten Person keine alkoholischen Getränke verabreichen dürfen, hatte das *Preußische Oberverwaltungsgericht* schon im Jahre 1876[6] auch die so „bezeichnete Person" als Adressat angesehen. Die Verfügung läßt in der Tat aus sich heraus nicht nur die Schankwirte als Betroffene erkennen. Gegenstand der Regelung sind vielmehr Beeinträchtigungen der Wirte und des als Trunkenbold Bezeichneten. Man hat es demnach nicht mit einer Nebenwirkungslage, sondern durchwegs mit imperativen Beeinträchtigungen zu tun.

Eine faktische Beeinträchtigung, und zwar ein Nebenwirkungsfall ist beispielsweise in folgender Situation zu sehen: Das Bundesverfassungsgericht verbietet gemäß § 46 BVerfGG eine politische Partei und ordnet die Einziehung des gesamten Parteivermögens an. Hierdurch

---

weil der Traktor im Zusammenhang mit den durchzuführenden Arbeiten zerstört worden war.
Kritisch und differenzierend *Wolff*, Verwaltungsrecht I, 7. Aufl., 60 I 4, S. 415 f.
[5] Vgl. *Fikentscher*, Schuldrecht, § 49 III 2, S. 267 f.; *Larenz*, Schuldrecht, Allgem. Teil, § 14 II.6., S. 152; *Esser*, Schuldrecht, Allgem. Teil, § 41 I 3, S. 271 f.
[6] *Preuß.OVG* Bd. 1, 307 (327).

§ 3 Falltypen

wird die Forderung eines Parteigläubigers uneinbringlich. Derartige Beeinträchtigungen sind zwar nach der Lebenserfahrung zu erwarten, aber sie sind nicht Gegenstand der Beschlüsse, welche die Auflösung der Partei und die Einziehung des Vermögens verfügen. Für sich genommen lassen diese Akte die Parteigläubiger nicht als Betroffene erkennen. Das ist erst möglich, wenn man die tatsächlichen, zumal die wirtschaftlichen Gegebenheiten in Rechnung stellt, wenn man prüft, wie sich das Parteiverbot samt seinen Nebenentscheidungen im übrigen auswirkt. Die Parteigläubiger erscheinen so besehen nicht als Adressaten. Sie sind Dritte.

Nur eine Variante zur Nebenwirkungslage bietet der Fall, daß die Beeinträchtigung des Dritten ihren Grund in einer Regelung hat, die den Adressaten nicht belastet, sondern begünstigt. Beispiel: A. erhält von der Verwaltung eine Sondernutzung an einer öffentlichen Straße bewilligt. Er darf auf dem Bürgersteig Baubuden aufstellen. Dadurch verlieren die anliegenden Geschäfte die für ihre wirtschaftliche Existenz erforderliche Laufkundschaft. Die Beeinträchtigung der Geschäftsinhaber ist nicht Gegenstand, sondern Folge der in der Bewilligung getroffenen Regelung.

Auch in diesen Fällen bedarf es exakter Prüfung, ob nicht der Betroffene in Wahrheit Adressat ist, weil eine den einen begünstigende, den anderen belastende Regelung vorliegt. Um eine solche Fallgestaltung handelt es sich z. B., wenn das Patentamt dem Konkurrenten eines Patentsuchers gemäß § 24 Abs. 3 PatG Einsicht in die Patentakten des letzteren gewährt. Das Patentamt trifft hier nicht nur eine Regelung im Verhältnis zum Konkurrenten des Patentsuchers, es regelt zugleich die Rechtsbeziehungen zwischen Patentsucher und Konkurrent[7].

Ähnlich wie die Folgewirkungen haben die Nebenwirkungen als besondere Beeinträchtigungsart im öffentlichen Recht noch keine breite Aufmerksamkeit erregt. Allerdings bahnt sich hier allmählich ein Wandel an. Ansatzpunkte finden sich bei der rechtlichen Behandlung der Nachbar- und der Konkurrentenklage[8], aber auch im Enteignungsrecht[9].

Auch in dieser Beziehung ist die Zivilrechtsdogmatik subtiler. Dort unterscheidet man zwischen „der Beeinträchtigung des tatbestands-

---

[7] Vgl. BVerfG Bd. 18, 85 (91 f.). Hierher gehören auch die sogenannten „Verwaltungsakte mit Doppelwirkung", dazu *Laubinger*, Der Verwaltungsakt mit Doppelwirkung, S. 28 ff.
[8] Vgl. BVerwG Bd. 30, 191 ff.; 347 f.; hierzu *Friauf*, DVBl. 69 368 (370 f.); sowie bereits *Dörffler*, NJW 63, 14 ff.
[9] Näheres bei *Gallwas*, BayVerBl. 65, 40 ff. Vgl. auch *Bellstedt*, Wirtschaftslenkung durch Steuern, S. 126 f.; *Rudolf Schneider*, VerwArch. Bd. 58 (1967), 301 ff. (306).

mäßigen Verletzten" und „dem Schaden, der im Vermögen einer Person eintritt, die nur gleichsam von der bei einem anderen hervorgerufenen Rechtsverletzung etwas „abbekommen" hat[10].

c) Schlichte Beeinträchtigungen: Bei diesen faktischen Beeinträchtigungen fehlt es an einer Maßnahme, die als „Regelung" oder „Befehl" oder als entsprechende Vollzugsmaßnahme qualifiziert werden könnte. Diese Beeinträchtigungen ergeben sich als Folge sonstiger Handlungen der öffentlichen Gewalten, vor allem aus solchen Tätigkeiten, die man der sogenannten „schlichten Hoheitsverwaltung"[11] zuzurechnen pflegt.

Beispiele: Bei Straßenbauarbeiten wird ein Stromkabel beschädigt. Der Stromausfall führt bei den angeschlossenen gewerblichen Betrieben zu Produktionsverlusten. — Eine Gemeinde errichtet einen Gewerbebetrieb, der bestehenden Betrieben privater Unternehmer Konkurrenz macht.

Daß den Grundrechten im Hinblick auf diese Beeinträchtigungsart Bedeutung zukommen kann, wird weitgehend anerkannt[12]. Die Details der Grundrechtswirkung sind allerdings nach Voraussetzung und Wirkung umstritten. Nicht selten bemüht man sich um Feststellung „eingriffsgleicher" Situationen. Leitende Gesichtspunkte sind u. a. die unzulässige Auswechslung von Rechtsformen[13], das Fehlen von Ausweichmöglichkeiten für den Betroffenen[14], die Vergabe existenzieller Leistungen oder die Innehabung rechtlicher oder faktischer Monopole[15], die Unmittelbarkeit von Auswirkungen hoheitlicher Maßnahmen auf das Eigentum[16].

Letztlich entscheidend ist indessen die Funktion, die man der Denkfigur dieser „Eingriffsgleichheit" beimißt, ob man sie, was den Grundrechtsschutz anbelangt, als conditio sine qua non oder als Exempel einsetzt. Diese Frage bedarf der Klärung.

2. Man kann die faktischen Beeinträchtigungen auch danach unterteilen, wie der Hoheitsakt und die aus ihm resultierende Beeinträchtigung jeweils aufeinander bezogen sind.

---

[10] So *Esser*, Schuldrecht, Allgem. Teil § 41 I. 3, S. 271. Vgl. auch *Larenz*, Schuldrecht, Allgem. Teil, § 14 IV, S. 174; *Fikentscher*, Schuldrecht, § 50 II, S. 285 ff.
[11] Zum Begriffsverständnis vgl. *Walter Jellinek*, Verwaltungsrecht, 3. Aufl. S. 20 ff.; *Wolff*, Verwaltungsrecht, Bd. 1, 7. Aufl. § 23, III.b.2, S. 101.
[12] Vgl. etwa die Entscheidung des *BGH* v. 10. 12. 1958, JZ 59, 405 mit Anmerkung von *Raiser*; *Rüfner*, Formen öffentlicher Verwaltung im Bereich der Wirtschaft, S. 394 mit weiteren Nachweisen; *Wolff*, Verwaltungsrecht I. 7. Aufl., § 23 II 6.1. u. III., S. 99 ff.
[13] *Forsthoff*, Lehrbuch des Verwaltungsrechts, 9. Aufl., § 4, S. 70.
[14] *Dürig*, Maunz-Dürig-Herzog, Art. 1 Abs. III, RdNr. 135, S. 69.
[15] *Bachof*, Die Grundrechte, Bd. III. 1. Halbbd., S. 154 (174 f.).
[16] *BGHZ* 37, 44 (47).

a) Zwangsläufige faktische Beeinträchtigungen: Das Kennzeichen der imperativen Beeinträchtigungen, die Identität von Regelung und Beeinträchtigung umfaßt und verdeckt eine andere zwischen den beiden Komponenten bestehende Beziehung. Regelung und Beeinträchtigung sind untrennbar miteinander verbunden. Es läßt sich kein Fall denken, in dem die gleiche Regelung nicht auch die gleiche Beeinträchtigung nach sich zöge. Eine solche Verkoppelung zwischen dem hoheitlichen Akt und der durch ihn ausgelösten Beeinträchtigung kann auch bei faktischen Beeinträchtigungen auftreten.

Beispiele: Es werden objektive Berufszulassungsschranken normiert. Durch sie wird das gesondert gewährleistete Recht der freien Berufswahl beeinträchtigt. — Ein Steuergesetz knüpft an einen Tatbestand an, der im Schutzbereich eines Spezialgrundrechts liegt. Die Pflicht zur Zahlung der so geregelten Steuer wirkt automatisch über die Vermögenssphäre hinaus und beeinträchtigt zusätzlich andere, speziell gewährleistete Freiheitsbereiche. Es sei etwa an die frühere Allphasenumsatzsteuer erinnert, die sich zwangsläufig auf die Wettbewerbsfreiheit der „einstufigen" Unternehmen auswirkte[17].

b) Gelegentliche faktische Beeinträchtigungen: Ihnen fehlt das Merkmal der Zwangsläufigkeit. Es lassen sich also Fälle denken, in denen gleiche Hoheitsakte ergehen, aber ohne daß entsprechende Beeinträchtigungen auftreten. Die Beeinträchtigung ist nicht untrennbar mit dem Hoheitsakt verbunden. Sie ergibt sich vielmehr erst aufgrund besonderer Umstände des einzelnen Falles. Solche Lagen bilden das Gros der faktischen Beeinträchtigungen.

Beispiel: Ein privater Versorgungsunternehmer verliert seinen Kundenstamm, weil eine Gemeindesatzung die Gemeindebewohner zur Benutzung eines neu errichteten kommunalen Konkurrenzbetriebes zwingt. Derartige Beeinträchtigungen treten nur dort auf, wo bereits

---

[17] Hierher gehören nicht zuletzt auch die sogenannten wirtschaftslenkenden Steuern. Zwar entspricht bei ihnen der u. U. benachteiligende Lenkungseffekt der gesetzgeberischen Vorstellung. Das reicht aber nicht aus, um ihn einem „Befehl" oder einer beeinträchtigenden „Regelung" gleichzustellen. Bei wirtschaftslenkenden Steuern zählt also nur die Steuerpflicht selbst zu den „imperativen Beeinträchtigungen"; die benachteiligenden Lenkungseffekte sind „faktische Beeinträchtigungen". Ihre Besonderheit liegt allerdings darin, daß die „Regelung" so gewählt ist, daß bestimmte „faktische Beeinträchtigungen" auftreten.
Zumal hier ist darauf zu verweisen, daß die Unterscheidung von „imperativen" und „faktischen" Beeinträchtigungen nur der Aussonderung der im Hinblick auf das Thema problemlosen Fällen zu dienen hat (vgl. oben § 2 a. E.). Der steuerrechtliche Interventionismus aber ist gerade in bezug auf Spezialgrundrechte wie die Art. 12 u. 14 GG alles andere als unproblematisch. Vgl. hierzu *Friauf*, Verfassungsrechtliche Grenzen der Wirtschaftslenkung und Sozialgestaltung durch Steuergesetze, Recht u. Staat Bd. 325/326, S. 39 ff.; *Bellstedt*, Wirtschaftslenkung durch Steuern, S. 79 ff.; neuerdings *Wagner*, VVDStRL Heft 27, 47 (63 ff.).

ein privates Versorgungsunternehmen besteht. Sie sind gelegentlich, nicht zwangsläufig.

Die Bezeichnung solcher Beeinträchtigungen als gelegentlich ist ausschließlich als Kontrast zum Merkmal der Zwangsläufigkeit zu verstehen.

Auch innerhalb dieser Gruppe kann man noch weitere Differenzierungen vornehmen. So bietet es sich an, nach der subjektiven Seite dessen zu unterscheiden, der durch seine Maßnahmen Beeinträchtigungen herbeiführt. Es lassen sich unter diesem Aspekt vier Untergruppen bilden:

aa) beabsichtigte Beeinträchtigungen,
bb) bewußte und gewollte Beeinträchtigungen,
cc) vorhersehbare Beeinträchtigungen,
dd) unvorhersehbare oder zufällige Beeinträchtigungen.

Rechtsprechung und Literatur liefern in großer Vielfalt Belege dafür, daß man das eine oder andere Kriterium wählte, um die grundrechtserheblichen von den grundrechtsunerheblichen Beeinträchtigungen zu scheiden[18]. Indessen bleibt die Frage nach der Legitimität des jeweils angeführten Kriteriums durchwegs undiskutiert.

Zweiter Abschnitt

Skizze der vorhandenen Lösungsansätze

§ 4 Überblick

Die problematischen Erscheinungen im Bereich des Untersuchungsgegenstandes sind, wie leicht einzusehen ist, im einzelnen schlechterdings unübersehbar. Das darf unterdessen wohl auch von den diversen Stellungnahmen zu unserem Thema in Literatur und Rechtsprechung gesagt werden. Man denke nur an die vielen auf die Art der Beeinträchtigung abstellenden Stimmen auf dem Gebiet des Enteig-

---

[18] Beispiele hierzu: Das Merkmal der „Zwangsläufigkeit" wird vom *OVG Münster*, OVGE Bd. 14, 81 (93), 359 (360), herangezogen. Die „Beabsichtigung" von Beeinträchtigungen spielt in den Entscheidungen des *BVerfG* Bd. 6, 55 (76); 12, 151 (168); 18, 97 (106 f.), eine Rolle. *Forsthoff*, Lehrbuch des Verwaltungsrechts, 9. Aufl., § 18. S. 332, vertritt die Ansicht, daß nur ein solches staatliches Handeln als Eingriff qualifiziert und damit als Voraussetzung für eine Enteignungsentschädigung in Betracht kommen könne, das „wissentlich und willentlich" gegen die vermögenswerten Rechte eines Einzelnen gerichtet ist. Die „Vorhersehbarkeit" einer Vermögensbeeinträchtigung soll nach *Janssen*, Der Anspruch auf Entschädigung bei Aufopferung und Enteignung, S. 194 f. über die Anwendbarkeit der Junktimklausel des Entschädigungsgebotes gem. Art. 14 Abs. 3 GG entscheiden.

nungsrechts, zum Konkurrenzschutz im Wirtschaftsrecht, zur Anfechtbarkeit von Verwaltungsakten durch Dritte. Eine einhellige oder auch nur herrschende Meinung über die Maßgeblichkeit von Denkansätzen und Lösungsgesichtspunkten hat sich bisher allenfalls auf verwaltungsrechtlichen Teilgebieten wie z. B. für den Nachbarschutz im Baurecht ausprägen können. Ihnen jeweils nachzugehen, müßte ins Uferlose führen. Es bedarf der Beschränkung auf das Grundsätzliche.

Die Bemühungen um die rechtliche Bedeutung der Beeinträchtigungsmodalitäten lassen sich im wesentlichen auf zwei Grundzüge zurückführen:

Einmal versucht man es mit einer auf formale Gesichtspunkte abstellenden Argumentation. Und zwar sieht man die Grundrechte als Schutzpositionen gegen Hoheitsakte mit bestimmten formalen Eigenheiten. Eine beherrschende Rolle spielen hier zumal die verschiedenen, nach formalen Kriterien differenzierten Schattierungen der „Eingriffs-"Vorstellung. „Finalität" der staatlichen Maßnahmen und „Unmittelbarkeit" der Beeinträchtigung bilden in diesem Zusammenhang so etwas wie Kristallisationskerne.

Bei dieser Sicht scheint sich das Problem des Grundrechtsschutzes gegen faktische Beeinträchtigungen im Grundsätzlichen zu vereinfachen.

Man hat nur zu entscheiden, ob die zu beurteilende Beeinträchtigung einer erzwungenen, d. h. einer „regelungsidentischen"[19] Beeinträchtigung vergleichbar ist oder nicht. Je nachdem, wie diese Qualifikationsbemühungen ausfallen, gilt im Hinblick auf die Schutzfunktionen der Grundrechte das Prinzip: alles oder nichts. Die Vereinfachung ist indessen in der Tat nur scheinbar. Dieses methodische Vorgehen läßt nämlich die Grundfragen offen. Man weiß nicht, welche Kriterien erfüllt sein müssen, um eine faktische Beeinträchtigung einer imperativen Beeinträchtigung gleichstellen zu können? Diese Ungewißheit hat ihren Grund darin, daß man sich keine Rechenschaft ablegt, wie die fraglichen Kriterien zu gewinnen sind. Aus beiden wiederum resultiert die Hilflosigkeit gegenüber der zweifelsohne bohrenden Frage, warum denn eigentlich solche Beeinträchtigungen, die den jeweils herausgestellten Kriterien nicht entsprechen, die also weder als „Eingriffe" noch als „eingriffsgleich" anerkannt sind, vom Grundrechtsschutz ausgenommen sein sollen?

Zum anderen konzentriert sich die Argumentation auf den freiheitsverkürzenden Effekt staatlichen Handelns.

Man mißt prinzipiell jede Beeinträchtigung, die einem Grundrechtsträger widerfährt, an den grundrechtlichen Gewährleistungen, stellt

---
[19] Vgl. zum Begriff oben § 2.

A. 2. Skizze der vorhandenen Lösungsansätze

auf das Ausmaß der Betroffenheit ab und wendet der Art und Weise der Beeinträchtigung kaum oder nur geringe Aufmerksamkeit zu. Allenfalls nimmt man Hoheitsakte, die nach ihrer Struktur besonders „eingriffsfern" erscheinen, vom Grundrechtsschutz aus.

Dieses Vorgehen führt an zwei Stellen zu Schwierigkeiten: Erstens ist dem Bedenken zu begegnen, daß die eine oder andere grundrechtlich garantierte Schutzfunktion für andere als imperative Beeinträchtigungen nicht paßt. Zweitens hat man die problematische Bestimmung des „Eingriffsfernen" zu bewältigen.

Die nachfolgende Darstellung dient dem Zweck, die beiden Lösungsansätze und deren Auswirkungen auf den Untersuchungsgegenstand zu verdeutlichen. Die angeführten Beispiele haben nur symptomatische Bedeutung. Sie sind nicht als Katalog gedacht, der abschließende Auskunft erteilte, welche Fälle in Literatur und Rechtsprechung bereits behandelt sind, welchen Lösungsansatz man jeweils wählte und welche Gesichtspunkte für maßgeblich erachtet wurden[20].

Erster Unterabschnitt: Formale Bindung des Grundrechtsschutzes (Eingriffsbezogenheit)

§ 5 Die Struktur des Rechtsverhältnisses

Der volle Grundrechtsschutz wird vielfach mit der Natur des Rechtsverhältnisses zwischen Staat und Betroffenen in Beziehung gebracht. Nur eine bestimmte Qualifikation des staatlichen Auftretens soll den Schutz auslösen. Man fordert etwa, daß die Beeinträchtigung sich aus einer Situation ergeben müsse, in der der Staat als Hoheitsträger im Verhältnis der Über- und Unterordnung tätig geworden sei[21].

---

[20] Eine derartige Katalogisierung ist wohl nur auf Teilgebieten, im Rahmen von Spezialuntersuchungen zu bewältigen.

[21] Vgl. etwa *Georg Jellinek*, System der subjektiven öffentlichen Rechte, 2. Aufl., S. 103 f.; *Walter Jellinek*, Verwaltungsrecht, 3. Aufl., S. 25; *E. R. Huber*, Wirtschaftsverwaltungsrecht, Bd. 1, S. 53; *v. Mangoldt-Klein*, Komm., Vorbem. A II 4 (vor a) S. 61; u. Art. 1 Anm. V 3 b, S. 159 f.; *Wolff*, Verwaltungsrecht Bd. I, 7. Aufl., § 23, II a 1, S. 98; BGHZ Bd. 36, 91 (95 f.). In aller Deutlichkeit wird diese Ansicht auch von *Bettermann*, Festschrift für Hirsch, S. 1 ff., vertreten. Die für die Grundrechte als Freiheitsrechte entscheidende Antinomie soll die zwischen Gewalthaber und Gewaltunterworfenem, zwischen Freiheit und Zwang sein. Das für die Freiheitsgrundrechte wesentliche Rechtsverhältnis sei die Subjektion. Das Maß möglicher Freiheit hänge vom Maß möglichen Zwanges ab, d. h. vom Maß der Unterwerfung unter die öffentliche Gewalt; a.a.O., S. 11. Vgl. auch *Bettermann*, NJW 69, 1321 ff. (1323), wo die Grundrechte der Subjektion unter die res publica zugeordnet werden. Allerdings trifft Bettermann diese Feststellungen, um die Grundrechtsfähigkeit von Hoheitsträgern zu begründen. Daß derlei Grundrechtsausübung aber seine Auswirkungen auf die Freiheit der Einzelnen hat, ist unabweisbar.

Als Konsequenz ergäbe sich, daß die Gruppe von faktischen Beeinträchtigungen, die hier als schlichte Beeinträchtigungen angesprochen sind, ganz oder teilweise vom Grundrechtsschutz ausgenommen wäre, und zwar je nachdem an welcher Stelle man die Grenze zwischen hoheitlichem und nichthoheitlichem Staatshandeln zieht.

Bemerkenswert ist zunächst, daß auf diese Weise die Fiskustheorie, die ursprünglich nicht zuletzt dazu dienen sollte, den von staatlichem Handeln Betroffenen zu schützen[22], diese Funktion verliert und in ihr Gegenteil verkehrt dazu herhält, den Schutz individueller Interessen einzuengen. — Ein geradezu typischer Fall für die Ungereimtheiten zweier nicht aufeinander abgestimmter Schutzsysteme. —

Überdies verliert die Grenze zwischen hoheitlicher und nichthoheitlicher Tätigkeit, ursprünglich an den Fixpunkten Befehl und Zwang orientiert, ständig an Schärfe[23], und zwar exakt in dem Maß, in dem man von den Formalakten Befehl und Zwangsregelung als den maßgebenden Kriterien abrückte und auf den jeweils angestrebten Zweck der staatlichen Tätigkeit abstellte[24]. Schon hier kündigt sich eine Erscheinung an, die sich im Laufe der Darstellung zu einer Tendenz verdichten wird, nämlich die allmähliche Abkehr von einer formalen Bindung des Grundrechtsschutzes[25].

§ 6 Die Struktur des Hoheitsaktes

Daß es einer besonderen rechtlichen Verknüpfung zwischen Beeinträchtigung und der auslösenden staatlichen Handlung bedarf, daß also die bloße Verursachung von Individualbeeinträchtigungen durch die öffentlichen Gewalten nicht ausreicht, um den Grundrechtsschutz auf den Plan zu rufen, gehört zur traditionellen Grundrechtsvorstel-

---

[22] Vgl. *Fleiner*, Institutionen des Deutschen Verwaltungsrechts, 8. Aufl., S. 33.
[23] Vgl. hierzu *Rupp*, DVBl 58, 113 ff.
[24] Hierzu vor allem *Mallmann* und *Zeidler*, VVDStRL Heft 19, S. 165 ff., S. 208 ff.; *Stern*, JZ 62, 181 (182). Vgl. auch *Wolff*, Verwaltungsrecht I, 7. Aufl., § 23 II b, S. 99 f. Auffallenderweise hat das *BVerfG* im Fernseh-Urteil (Bd. 12, 205 (259 ff.)) dem Umstand, daß das „Bundes-Fernsehen" von einem privatrechtlich organisierten Träger, der „Deutschland-Fernseh-GmbH" veranstaltet werden sollte, bei der Frage, ob Art. 5 Abs. 1 S. 2 GG verletzt sei, nicht die geringste Beachtung geschenkt. Beispielhaft ist auch die Problematik der sogenannten öffentlich-rechtlichen Immissionen. Sowohl bei Immissionen nicht-hoheitlichen, wie bei solchen der hoheitlichen Verwaltung ist Art. 14 GG maßgebend für die Frage, ob eine actio negatoria bzw. ein Entschädigungsanspruch gewährt werden muß; vgl. *Martens*, Hamburger Festschrift für Friedrich Schack 1966, S. 85 (89 ff.); ders. DVBl 68, 150.
[25] Für eine prinzipielle Bindung des Fiskus an die Grundrechte *Herbert Krüger*, Allgem. Staatslehre, 2. Aufl., S. 327. Vgl. auch *Dürig*, Maunz-Dürig, Art. 1 Abs. III, RdNr. 135, FN 2, S. 69 sowie *Leisner*, Grundrechte und Privatrecht, S. 198 ff. Vgl. auch die Nachweise bei *Bettermann*, Festschrift für Hirsch, S. 19 FN. 43.

lung. Man versteht die in den Grundrechten angelegten Schutzfunktionen eingriffsbezogen, und zwar in der Regel ausschließlich[26].

Wo die Eingriffsmerkmale nicht erfüllt sind, soll von einer Grundrechtsverletzung nicht die Rede sein. Allenfalls hilft man sich angesichts der unleugbaren Tatsache, daß auch andere Handlungen des Staates die Freiheitssphäre einschneidend und nachhaltig beeinflussen, mit der Behauptung, jedes Grundrecht stehe unter einem immanenten Vorbehalt indirekter Beeinträchtigungen[27].

Derlei Erwägungen basieren letztlich auf der Furcht, es könnte die Möglichkeit von Grundrechtsverletzungen allenthalben ins Uferlose wachsen[28].

Nach überkommener Vorstellung kennzeichnet Finalität den Eingriff. Dieser ist auf die Beeinträchtigung „gezielt"[29].

Unverkennbar ist der staatliche Befehl der Prototyp aller Eingriffsmodelle. Davon ausgehend wird in manchen Entscheidungen der Grundrechtsschutz mit der Begründung versagt, den staatlichen Maßnahmen fehle es an Finalität in bezug auf die gerügte Beeinträchtigung; sie seien nicht an den Betroffenen oder nicht gegen das tangierte Grundrecht gerichtet; man habe weder den Beeinträchtigten noch die Beeinträchtigung im Auge gehabt, oder die Maßnahme sei nicht als Regelung des grundrechtlichen Bereiches beabsichtigt[30].

Das Argument mangelnder Finalität war zumal im Enteignungsrecht gebräuchlich, um die Folgen der Junktimklausel auszuschließen und Enteignungsentschädigung zu versagen[31].

Die Beschränkung des Grundrechtsschutzes auf finale Maßnahmen hat für die faktischen Beeinträchtigungen weitreichende Konsequenzen. Folgewirkungen, Nebenwirkungen und schlichte Beeinträchtigungen blieben allesamt schutzlos. Der Effekt konnte nicht anders als unbefriedigend empfunden werden.

Deshalb bemüht man sich um ein erweiterndes Verständnis des Eingriffsbegriffs. Die entsprechenden Ansätze gehen in zwei Richtungen.

---

[26] Vgl. *Wagner*, VVDStRL Heft 27, S. 47 ff. (63 f.); *Bachof*, Die Grundrechte, Bd. III 1. Halbbd. S. 155 ff. (196 f.); anscheinend weiter ausgreifend ders., Verfassungsrecht, Verwaltungsrecht, Verfahrensrecht, Bd. II, A.111, S. 113.
[27] So etwa *Klinkhardt*, DVBl 65, 467 (469).
[28] Vgl. neuerdings *Rudolf Schneider*, DVBl 68, 193 (194), er spricht aus diesem Grund den mittelbaren, tatsächlichen Auswirkungen obrigkeitlicher Akte jede grundrechtliche Relevanz ab.
[29] Vgl. *Lerche*, Übermaß und Verfassungsrecht, S. 106; *Bachof*, a.a.O., S. 196.
[30] Vgl. etwa *BayVerfGH*, VGH N.F. 8 II 1 (9) : Die Beeinträchtigung liege „außerhalb des Gesetzeszweckes"; *OVG Münster*, Urt. v. 25. 11. 1964, DVBl 65, 527 (530): Die zuständige Behörde „beabsichtige" mit den angefochtenen Bestimmungen keine Berufsausübungsregelung, Auswirkungen auf die Berufsausübung seien lediglich eine „Reflexwirkung" der Regelung. Ähnlich *Schönke-Schröder*, Strafgesetzbuch, 12. Aufl. § 24, RdNr. 9, S. 146.
[31] Vgl. *BGHZ* 12, 52 (57); 23, 235 (240); Urt. v. 18. 9. 1959, JZ 60, 121.

§ 6 Die Struktur des Hoheitsaktes

Finalität kann einmal subjektiv, bezogen auf das handelnde Organ, nämlich als auf die Beeinträchtigung gerichtete Absicht aufgefaßt werden. Von daher bietet sich dann eine Erweiterung des Finalitätsbegriffes in subjektiver Hinsicht an, indem man das Element Vorhersehbarkeit einbezieht. So verstanden fehlt die Finalität nur solchen Maßnahmen, deren beeinträchtigende Wirkung das Staatsorgan nicht erkannt hat und objektiv nach der Natur der Maßnahme auch nicht erkennen konnte[32].

Das Eingriffsmerkmal Finalität enthält andererseits auch einen rein objektiven Aspekt.

Gemeint ist die spezifische Relation zwischen staatlicher Handlung und Beeinträchtigung, die darin besteht, daß die Beeinträchtigung schon in der staatlichen Handlung angelegt ist. Jeder Befehl, um wiederum an diesem Prototyp anzusetzen, läßt bereits als solcher, d. h. unabhängig davon, welche konkrete Person er betrifft und welches Ausmaß die Beeinträchtigung im Einzelfall erreicht, ein exakt bestimmtes Quantum an zwangsläufiger Beeinträchtigung erkennen, eben das „befohlene" Verhalten. Auf diese besondere Relation geht letztlich das zur Erweiterung des Eingriffsbegriffes herangezogene Merkmal „Unmittelbarkeit der Beeinträchtigung"[33] zurück. Es läßt sich nicht verkennen, daß gewisse nicht befohlene Beeinträchtigungen in einer dem „Befehl" ähnlichen engen Beziehung zu der ursächlichen Handlung stehen. Die Unmittelbarkeit wurde beispielsweise bejaht für den Fall, daß bei Schießübungen der Streitkräfte ein Waldbrand entsteht und auf dem Übungsplatz lagerndes Holz vernichtet wird[34]; für den Fall, daß ein Panzer auf einer Übungsfahrt vom Wege abkommt und ein Haus beschädigt[35]; für den Fall, daß bei Ausschachtungsarbeiten statische Veränderungen an den anliegenden Gebäuden auftreten[36].

Alle drei Beispiele betreffen faktische Beeinträchtigungen, und zwar jeweils den Typus der schlichten und gelegentlichen Beeinträchtigung.

Der Versuch, von der überkommenen Eingriffsvorstellung ausgehend die Eingriffsmerkmale mit der gebotenen Behutsamkeit neu zu durch-

---

[32] So *Janssen*, Der Anspruch auf Entschädigung bei Aufopferung und Enteignung, S. 194 f.
Vgl. auch *Forsthoff*, DÖV 65, 289; OVG Münster, Urt. v. 8. 10. 1958, JZ 59, 359 (360); sowie die von *Grundmann*, JZ 67, 193 (197), versuchte Unterscheidung je nachdem, ob eine Grundrechtsbeeinträchtigung die notwendige oder nur mögliche Folge einer gesetzlichen Regelung ist, letzterenfalls liege eine unbeabsichtigte Nebenfolge vor, die für eine Grundrechtsverletzung nicht ausreiche.
[33] Der BGH spricht indessen von einer „ständigen" Rechtsprechung, die das Wesen eines „Eingriffs" gerade darin sehe, daß von der Eigenart einer hoheitlichen Maßnahme unmittelbar Auswirkungen auf das Eigentum im enteignungsrechtlichen Sinn ausgehen; vgl. Urt. v. 7. 12. 1967, NJW 67, 293.
[34] BGHZ 37, 44 .
[35] BGHZ, Urt. v. 14. 10. 1963, NJW 64, 104.
[36] BGHZ, Urt. v. 6. 11. 1964, DÖV 65, 203.

denken und neu zu bestimmen, hat manchen Fürsprecher gefunden[37].

Was man allerdings unter dem inzwischen fast gängigen Eingriffsmerkmal „Unmittelbarkeit der Betroffenheit" zu verstehen hat, ist weitgehend ungeklärt[38]. Offensichtlich geht man von der Vorstellung aus, daß es ein „vermittelndes Etwas" gibt, durch das eine Beeinträchtigung rechtlich irrelevant werden kann. Aber dem Inhalt dessen begrifflich zu fassen und zu formulieren oder wenigstens durch Leitgesichtspunkte anzudeuten, ist bisher noch nicht geglückt[39].

Es darf überhaupt bezweifelt werden, ob das Begriffspaar Unmittelbarkeit—Mittelbarkeit einer für die Grundrechtsdogmatik überzeugenden und brauchbaren Verfeinerung zugänglich ist. Der Weg, das Wesen des „Eingriffs" als etwas real Vorgegebenes durch analysierende Betrachtung staatlichen Handelns zu ermitteln, scheint ohne Ende. Zudem läßt die zivilrechtliche Literatur, die sich seit langem[40] um die Trennung von mittelbaren und unmittelbaren Rechtsverletzungen bemüht, erkennen, daß mit der Analyse allein nichts gewonnen ist, es vielmehr letztlich stets um Wertungsfragen geht[41]. Selbst wenn also

---

[37] Vgl. *Lerche*, Übermaß und Verfassungsrecht, S. 262; ders., DÖV 61, 486 (490); ders., Rechtsprobleme des Werbefernsehens, S. 30 f.; *Herzog*, Festschrift für Hirsch, 62 ff. (66 f.); speziell zur Rechtsprechung des BGH: *Jaenicke*, VVDStRL Heft 20, 134 ff.; *Schack*, DÖV 65, 616 (618); *Wagner*, NJW 66, 569 ff.; ders., NJW 67, 2333 ff.; vgl. auch *Leisner*, VVDStRL Heft 20, S. 185 ff.; *Vogel*, VVDStRL Heft 24, S. 125 (151 ff.); die Rechtsprechung des BGH ablehnend: *Forsthoff* DÖV 65, 289.

[38] Vgl. *Egon Schneiders*, Attacke gegen „diese leeren Worthülsen", NJW 67, 1750 (1754). Auch *Bender*, DÖV 68, 156 (160), nennt die Tragweite und Bedeutung des Korrektivs „Unmittelbarkeit" unklar; und deutet an, daß sich hier womöglich eine Frage der Zurechenbarkeit, also eine nur mit Hilfe bestimmter Topoi jeweils im Einzelfall zu beantwortende Wertungsfrage verberge.

[39] Symptomatisch *BGH*, Urteil v. 8. 1. 1968, DVBl 68, 212. Dort bemüht man sich darzulegen, daß die Beschädigung der für einen Gewerbebetrieb lebenswichtigen Verbindungsstraße durch schwere Panzer den Betrieb *unmittelbar* trifft, während die Beschädigung eines Stromkabels bei Ausschachtungsarbeiten einen vom Stromanfall betroffenen Betrieb nur *mittelbar* beeinträchtige. Die angeführten Gesichtspunkte — nämlich die Straßenbeschädigung äußere sofort (!) und durch einen Akt (!) unmittelbare (!) Wirkungen in zweifacher Richtung, weil sie einerseits gegenständlich auf das Sacheigentum der Gemeinde einwirkte, andererseits die Möglichkeit aufhob, die Straße als Zufahrt zum Betrieb zu benutzen; die Beeinträchtigung habe sich also ohne Zwischenglied (!) vollzogen — sind nicht überzeugend. Sie lassen sich auch im Stromkabelfall anwenden.

[40] Vgl. etwa die Kommentierung zu ALR I 3 §§ 4 ff. und I 6 §§ 2 f. bei *C. F. Koch*, Allgemeines Landrecht für die Preußischen Staaten, S. 113 f. Diese Stelle ist bemerkenswert, weil schon dort darauf verwiesen ist, die Unterscheidung sei für den praktischen Gebrauch schädlich, es kämen nämlich die wunderlichsten Urteile über Mittelbarkeit und Unmittelbarkeit zum Vorschein, je nach der Vorstellung von Ursache und Wirkung, immer zum Vorteil des Schädigers (a.a.O., FN. 4).

[41] Vgl. *Larenz*, Schuldrecht, Bd. I, 8. Aufl., S. 227 ff.; Bd. II, 8. Aufl., S. 424 ff.; *v. Caemmerer*, Wandlungen des Deliktsrechts, in Festschrift Deutscher Juristentag, Bd. II, S. 46 (77 f.). Kritisch zum Begriff der Unmittel-

eine griffige Abgrenzung gefunden werden könnte, bliebe die Frage offen, ob tatsächlich alle Beeinträchtigungen, die dem Unmittelbarkeitserfordernis nicht genügen, schlechterdings vom Grundrechtsschutz ausgenommen werden dürfen[42].

Eine interessante Variante zu der Auffassung der Eingriffsbezogenheit des Grundrechtsschutzes vertritt *Friauf*[43], und zwar im Hinblick auf das Subventionsverhältnis. Friauf stellt darauf ab, daß der Subventionierte als „Werkzeug" des Staates fungiere. Dieser sei in den staatlichen Willensvollzug eingeschaltet. Die von ihm ausgehenden und vom Staat intendierten Einwirkungen auf die Sphäre Dritter, etwa der Konkurrenten, müßte man dem Staat selbst zurechnen. Das habe zur Folge, daß der jeweils Benachteiligte den Schutz der Grundrechte in Anspruch nehmen könne.

Zweiter Unterabschnitt: Prinzipielle Maßgeblichkeit des Grundrechtsinhalts (Effektbezogenheit)

§ 7 Der grundrechtswidrige Effekt

Nicht selten basieren die Überlegungen zu Fällen, die in unserem Sinn als faktische Beeinträchtigungen anzusprechen sind, auf dem Gesichtspunkt des grundrechtswidrigen Effekts.

Man prüft, ob eines der Grundrechte den tangierten Lebensbereich thematisch erfaßt. Handlungen des Staates, die, gleichviel in welcher Modalität, in einen solchen Schutzbereich hineinwirken und ihn beschneiden, werden als grundrechtswidrig behandelt.

Eine Tendenz zum effektbezogenen Grundrechtsschutz zeichnet sich zumal in der Rechtsprechung des *Bundesverfassungsgerichts* ab, und dies sowohl im Rahmen der allgemeinen Handlungsfreiheit des Art. 2 Abs. 1 GG als auch bei den speziellen Freiheitsrechten des Grundrechtskatalogs.

Folgende Übersicht mag dies verdeutlichen:

Mit einer faktischen Beeinträchtigung im Bereich der allgemeinen Handlungsfreiheit des Art. 2 Abs. 1 GG befaßt sich die Entscheidung Bd. 9, 83. Es geht um die Frage, ob die Verurteilung zu einer Krimi-

---

barkeit auch *Deutsch*, Fahrlässigkeit und erforderliche Sorgfalt, S. 229; *Neumann-Duesberg*, NJW 68, 1990 ff.
[42] Die Problematik taucht dann eben auf der Ebene der mittelbaren Beeinträchtigungen wieder auf. Vgl. hierzu schon *Schack*, DÖV 65, 616 (619). Im übrigen zeigt gerade die zivilrechtliche Literatur, daß sich die Kategorie der Rechtswidrigkeit von Handlungen nicht auf unmittelbare Eingriffe in geschützte Rechtspositionen beschränkt. Vgl. *Larenz*, a.a.O., mit weiteren Nachweisen.
[43] DVBl 66, 729 (737).

nalstrafe auf Grund einer verfassungswidrigen Norm wegen der Folgewirkung auf die Freiheit der Persönlichkeitsentfaltung unzulässig sein könnte. Das Gericht führt aus: Es dürfe nicht allein darauf abgestellt werden, daß eine Geldstrafe dem Verurteilten die Möglichkeit der Verwendung seiner Mittel nach eigenem Ermessen nehme; auch wenn eine Geldstrafe etwa aufgrund eines Gnadenaktes nicht entrichtet zu werden brauchte, dürfte die in dem Grundrecht der freien Persönlichkeitsentfaltung notwendig enthaltene Freiheit von unberechtigten staatlichen Eingriffen verletzt sein[44].

Ein Nebenwirkungsfall zu Art. 2 Abs. 1 GG liegt der Entscheidung Bd. 18, 1 zugrunde. Dort wird die Ansicht vertreten, daß eine gesetzliche Regelung, die einen Konkurrenten begünstige, in bezug auf die Nichtbegünstigten grundrechtswidrig sein könne. Die Beschwer des Grundrechtsträgers brauche nämlich nicht darin zu bestehen, daß dessen rechtliche Pflichten gemindert würden, falls die beanstandete Rechtsvorschrift nichtig wäre. Statt dessen müsse genügen, daß die bekämpfte Norm den Konkurrenten rechtliche Vorteile bringe, welche die Wettbewerbsfähigkeit der anderen minderten, und daß diese Benachteiligung wegfallen würde, wenn die Norm verfassungswidrig wäre[45].

Eine Reihe von Entscheidungen befaßt sich mit faktischen Beeinträchtigungen der durch Art. 6 GG geschützten Rechtspositionen.

Um eine Folgewirkung handelt es sich letztlich im Ehegatten-Besteuerungs-Beschluß[46]. Die primär das Grundrecht aus Art. 2 Abs. 1 GG betreffende Steuerpflicht greift nämlich auf die Grundrechtsposition des Art. 6 Abs. 1 GG über. Das Gericht legt dar, daß der besondere verfassungsrechtliche Schutz für Ehe und Familie das Verbot für den Staat umschließe, die Ehe zu schädigen oder zu beeinträchtigen. Zwar könne die Ehe Anknüpfungspunkt für wirtschaftliche Rechtsfolgen sein, aber nur soweit dies der Natur des geregelten Lebensgebietes entspreche, wie etwa bei den Beziehungen der Familienangehörigen untereinander. Art. 6 Abs. 1 GG sei ein Bekenntnis zur Freiheit der speziellen Privatsphäre für Ehe und Familie und entspreche damit einer Leitidee unserer Verfassung, nämlich der grundsätzlichen Begrenztheit aller öffentlichen Gewalt in ihrer Einwirkungsmöglichkeit auf das freie Individuum. Aus diesem Gedanken folge allgemein die Anerkennung einer Sphäre privater Lebensgestaltung, die staatlicher Einwirkung entzogen sei. Die Gestaltung der Privatsphäre sei grundsätzlich den Ehegatten überlassen. Daher dürfe der Gesetzgeber

---
[44] *BVerfG* Bd. 9, 83 (88).
[45] *BVerfG* Bd. 18, 1 (12).
[46] *BVerfG* Bd. 6, 55.

§ 7 Der grundrechtswidrige Effekt

eine bestimmte Gestaltung der privaten Sphäre der Ehe nicht unmittelbar erzwingen. Sei aber ein solcher unmittelbarer Zwang verfassungswidrig, so könne dasselbe Ziel auch nicht geeignet sein, eine Maßnahme zu legitimieren, die mittelbar diesem Ziel dienen solle[47].

Eindeutig auf den Effekt wird auch in der gleichfalls einen Folgewirkungsfall behandelnden Entscheidung Bd. 13, 290 abgestellt. Dort heißt es: Art. 6 Abs. 1 GG gehöre zu den Grundentscheidungen der Verfassung, die den dem Gesetzgeber im Rahmen des Art. 2 Abs. 1 GG verbleibenden weiten Gestaltungsraum einengen. Eine an Ehe und Familie anknüpfende, benachteiligende steuerrechtliche Sonderbehandlung sei verboten, sofern nicht ein besonderer Rechtfertigungsgrund anzuerkennen sei. Dabei komme es allein auf die Tatsache der Benachteiligung und nicht darauf an, mit welchen Mitteln der Eingriff erfolge[48].

Ein Nebenwirkungsfall entschied das Bundesverfassungsgericht bei der Prüfung des sofortigen Vollzuges eines Aufenthaltsverbotes[49]. Es forderte nämlich, man müsse in diesem Zusammenhang auch die nachteiligen Folgen berücksichtigen, welche die sofortige Abschiebung des Betroffenen für dessen zweite Ehefrau, für dessen Beziehung zu den Kindern aus erster Ehe sowie für die erstehelichen Kinder der zweiten Frau haben würde[50].

Eine Art. 6 Abs. 2 GG betreffende Folgewirkungssituation findet sich in der Entscheidung zum Stichentscheid und der Alleinvertretungsbefugnis des Vaters nach §§ 1628, 1629 Abs. 1 BGB[51].

Das Bundesverfassungsgericht nimmt dort an, die Stichentscheidsregelung verschiebe mittelbar die Positionen der Eltern, und zwar unvermeidlich für den gesamten Bereich der Entscheidungsbildung, zum Nachteil der Mutter und ihres Einflusses auf die Kinder. Die Zurücksetzung der Mutter sei aber nicht durch übergreifende verfassungsrechtliche Gesichtspunkte gerechtfertigt. Aus der allgemeinen Wertordnung der Verfassung, die sich zur Würde des Menschen, zur Freiheit und zur Gleichheit bekenne, folge für das Elternrecht die Regel: So viel gleiche Freiheit wie möglich[52].

Eine Nebenwirkungslage, und zwar im Hinblick auf die Rechtsposition aus Art. 6 Abs. 5 GG, hat die Entscheidung Bd. 17, 148 zum Gegenstand.

---
[47] *BVerfG* Bd. 6, 55 (76 ff.).
[48] *BVerfG* Bd. 13, 290 (299). Eine ähnliche Argumentation liegt auch folgenden Entscheidungen zugrunde: Bd. 12, 151 (163 ff., 167); Bd. 18, 97 (104 ff.); Bd. 18, 257 (269 ff.); Bd. 22, 100 (104 ff.).
[49] *BVerfG* Bd. 19, 394.
[50] *BVerfG* Bd. 19, 394 (399).
[51] *BVerfG* Bd. 10, 59.
[52] *BVerfG* Bd. 17, 148 (153 ff.).

Danach ist die Versagung des Kinderzuschlags für sogenannte nachgezeugte uneheliche Kinder mit der Wertentscheidung des Art. 6 Abs. 5 GG nicht vereinbar. Sie treffe nämlich nicht nur den — durch Art. 6 Abs. 5 GG nicht geschützten — unehelichen Vater selbst, sondern mittelbar auch das uneheliche Kind. Da dem Gesetzgeber untersagt sei, bei der Regelung des Kinderzuschlags die unehelichen Kinder als solche wegen eines Makels ihrer Geburt schlechter zu stellen als die ehelichen Kinder, dürfe er diesen Gesichtspunkt auch nicht zum Anlaß nehmen, um innerhalb der Gruppe der unehelichen Kinder einzelne zu benachteiligen[53].

Zu Art. 9 Abs. 1 GG hat das Bundesverfassungsgericht einen Fall entschieden, der als Folgewirkung zu qualifizieren ist[54].

Das Grundrecht der Koalitionsfreiheit gewährleistet zugleich einen Kernbereich des Tarifvertragssystems. Dem Gesetzgeber sei es verboten, das Grundrecht des Art. 9 Abs. 1 GG mittelbar auszuhöhlen, indem er für die Tariffähigkeit eine Regelung treffe, die von den Vereinigungen frei gewählte Organisationsformen schlechthin oder in entscheidendem Umfang unberücksichtigt lasse.

In einer weiteren Entscheidung zu Art. 9 Abs. 1 GG wird geprüft, ob die Koalitionsfreiheit des einzelnen Handwerkers durch die Tariffähigkeit der Innungen rechtlich oder tatsächlich eingeengt wird.

Das Gericht führt aus: Es sei nicht zu verkennen, daß die Tariffähigkeit der Innungen sich auf die Koalitionsfreiheit des einzelnen Handwerkers auswirke. Da, wer sich der Tarifmacht der Innungen entziehe, etwa einem besonderen Arbeitgeberverband beitreten oder überhaupt nicht sozialpolitisch organisiert sein wolle, zugleich auf die allgemeinen, durch die Handwerksordnung gewährten Vorteile der Zugehörigkeit zur Innung verzichten müsse. Hierdurch werde auf den einzelnen Handwerker ein gewisser Druck ausgeübt[55].

Art. 12 Abs. 1 GG versteht das Bundesverfassungsgericht ebenfalls als Norm, die auch vor nur faktischen Beeinträchtigungen schützt.

Das Apothekenurteil trifft eine Folgewirkungssituation. Das Bundesverfassungsgericht stellt in seiner Begründung heraus, daß eine gesetzliche Vorschrift, die sich primär als Berufsausübungsregelung darstelle, mittelbar auf die Freiheit der Berufswahl zurückwirken könne. In Art. 12 Abs. 1 GG liege eine klare materielle Wertentscheidung des Grundgesetzes, für einen konkreten wichtigen Lebensbereich vor. Hierdurch sei die Regelungsbefugnis des Gesetzgebers beschränkt. Wo eine Berufsausübungsregelung auf die Freiheit der Berufswahl zurückwirke, müsse die Regelung dadurch gerechtfertigt sein, daß der Schutz

---

[53] *BVerfG* Bd. 17, 148 (153 ff.).
[54] *BVerfG* Bd. 9, 96, insb. S. 98.
[55] *BVerfG* Bd. 20, 312 (321 f.).

§ 7 Der grundrechtswidrige Effekt

besonders wichtiger („überragender") Gemeinschaftsgüter sie zwingend erfordere[56].

Bemerkenswert ist auch der Beschluß zur Schankerlaubnissteuer. Dort heißt es: Angesichts des Wertes der freien menschlichen Persönlichkeit müsse die Berufswahl als ein Akt der wirtschaftlichen Selbstbestimmung des einzelnen von Eingriffen der öffentlichen Gewalt möglichst unberührt bleiben. Der Schutz des einzelnen vor Beschränkungen seiner freien Berufswahl wäre aber nur unvollkommen gewährleistet, wollte man nur solche Vorschriften am Maßstab des Art. 12 Abs. 1 GG verfassungsrechtlich prüfen, welche die berufliche Betätigung unmittelbar zum Gegenstand haben. Der besondere Freiheitsraum, den Art. 12 Abs. 1 GG sichern wolle, könne auch durch Vorschriften berührt werden, die infolge ihrer tatsächlichen Auswirkungen geeignet seien, die Freiheit der Berufswahl mittelbar zu beeinträchtigen, obwohl sie keinen unmittelbar berufsregelnden Charakter tragen. Auch steuerliche Vorschriften könnten solche Wirkungen nach sich ziehen. Sie seien an Art. 12 Abs. 1 GG zu messen, wenn sie infolge ihrer Gestaltung in einem engen Zusammenhang mit der Ausübung eines Berufs stünden und — objektiv — eine berufsregelnde Tendenz deutlich erkennen ließen. Die innere und äußere Verbindung mit der beruflichen Betätigung bestehe jedenfalls dann, wenn ein Steuergesetz gerade die Erlangung der Erlaubnis zur Ausübung eines bestimmten Berufs als steuerbegründenden Tatbestand enthalte, also die Berufszulassung als Anfang der Berufsausübung mit wirtschaftlichen Nachteilen verbinde[57].

Der Fall einer die Berufsfreiheit tangierenden Nebenwirkung ist auch in der oben angeführten Entscheidung Bd. 18, 1 behandelt. Die Gewährung staatlicher Vorteile an einen von mehreren Konkurrenten beeinträchtigt unter Umständen die wirtschaftliche Bewegungsfreiheit der Nichtbegünstigten.

Über eine weitere Folgewirkungslage im Schutzbereich des Art. 12 Abs. 1 GG hat das Bundesverfassungsgericht in seinem Beschluß Bd. 22, 380 entschieden.

Die Beschwerdeführerin, eine Aktiengesellschaft, die sich mit der Auszahlung bzw. Gutschrift von Kapitalerträgen befaßt, rügte, daß die Pflicht zur Einbehaltung und Abführung der Kapitalertragssteuer nach dem Kuponsteuergesetz gegen ihre Grundrechte aus Art. 12 GG verstoße. Das Bundesverfassungsgericht bemerkte: Es könne nicht ausnahmslos gefordert werden, daß die berufliche Betätigung unmittelbar Regelungsobjekt einer Norm sein müsse, damit diese an Art. 12

---
[56] *BVerfG* Bd. 7, 377 (401 ff.). Der gleiche Gedankengang findet sich in den Entscheidungen Bd. 8, 72 (81); Bd. 11, 30 (43); Bd. 11, 168 (188 f.).
[57] *BVerfG* Bd. 13, 181 (185 f.); auch Bd. 16, 147 (162 f.).

Abs. 1 S. 2 zu messen sei. Der besondere Freiheitsraum, den Art. 12 Abs. 1 GG sichern wolle, könne auch durch solche Vorschriften berührt werden, die mit der Ausübung eines Berufes eine zusätzliche, außerhalb der eigentlichen Berufsausübung liegenden Tätigkeit verknüpft, wenn diese Tätigkeit im inneren Zusammenhang mit dem Beruf stehe und Rückwirkungen auf die Berufsausübung habe. Die Banken, welche die Kapitalerträge üblicherweise einzögen, ließen damit dem Steuerschuldner gerade das Einkommen zufließen, dessen Entstehung eine Kapitalertragssteuerpflicht auslöse. Deshalb liege es noch in der Sphäre ihrer Berufsausübung, wenn sie einen Teil dieser Erträge nicht an den Kunden weiterleiteten, sondern für ihn als Kapitalertragssteuer einbehielten. Es liege auf der Hand, daß diese Tätigkeit wegen der zusätzlichen Aufwendungen, die damit verbunden seien, die Rentabilität des Effektengeschäfts berühre. Deshalb müsse die in Frage kommende Steuernorm die für eine Berufsausübungsregelung geltenden Voraussetzungen erfüllen[58].

Schließlich liegt auch eine Entscheidung zu einem Nebenwirkungsfall im Rahmen des Art. 104 GG vor. Ein Vormund, der in Ausübung des ihm durch Gesetz eingeräumten Aufenthaltsbestimmungsrechts einen volljährigen Entmündigten in einer geschlossenen Anstalt unterbringe, habe zuvor eine gerichtliche Entscheidung herbeizuführen. Es verbiete sich nämlich, die Unterbringung so zu würdigen, als spiele sich die Freiheitsentziehung im Rahmen privatrechtlicher Beziehungen zwischen Staatsbürgern ab. Der Staat könne sich von der Grundrechtsbindung nicht dadurch befreien, daß er einen Privatmann zur Wahrung einer öffentlichen Aufgabe bestelle und diesem die Entscheidung über den Einsatz staatlicher Machtmittel überlasse. Der Freiheitsschutz durch richterliche Kontrolle sei unabhängig davon zu gewähren, ob der Staat die Fürsorgemaßnahmen unmittelbar durch staatliche Organe bewirke oder ob er sie mit Mitteln des Privatrechts herbeiführe[59].

Eine ähnliche, auf den Effekt abstellende Betrachtungsweise macht sich in der Rechtsprechung des Bundesverwaltungsgerichts bemerkbar. Auch sie ist kurz zu skizzieren:

Das Urteil Bd. 19, 339 befaßt sich mit einem, Art. 2 Abs. 1 GG berührenden Nebenwirkungsfall.

Der Prozeßbevollmächtigte des Klägers war von der mündlichen Verhandlung ausgeschlossen worden, weil ihm die gemäß Art. 1 § 1 RBerG erforderliche Erlaubnis fehlte. Das Gericht prüfte, ob der Kläger durch die Anwendung dieses Gesetzes in seinem Recht aus Art. 2 Abs. 1 GG verletzt sei. Es stellte fest: Unvereinbarkeit des RBerG

---
[58] Bd. 22, 380 (384).
[59] Bd. 10, 302 (327).

§ 7 Der grundrechtswidrige Effekt

mit Art. 2 Abs. 1 GG scheide nicht schon deshalb aus, weil dieses Gesetz thematisch zum spezielleren Schutzbereich des Art. 12 Abs. 1 GG gehöre. Das Spezialitätsverhältnis zwischen Art. 12 Abs. 1 GG und Art. 2 Abs. 1 GG sei nur erheblich, soweit die Rechtsstellung desjenigen in Frage stehe, der durch die Erlaubnispflicht des Art. 1 § 1 RBerG unmittelbar betroffen sei, weil diese Vorschrift ihn hindere, ohne Erlaubnis fremde Rechtsangelegenheiten geschäftsmäßig zu besorgen. Auch wenn jedoch durch Art. 2 Abs. 1 GG die Freiheit des Rechtsuchenden, sich durch eine Person seiner Wahl vor Gericht vertreten zu lassen, geschützt sein sollte, so sei diese Freiheit dann nicht verletzt, wenn das in Rede stehende Gesetz sich als Bestandteil der verfassungsmäßigen Rechtsordnung erweise[60].

Auch die Entscheidung Bd. 30, 191 behandelt eine Nebenwirkungslage. Dort wird dargelegt, daß eine Verletzung des Art. 2 Abs. 1 gegeben sein könne, wenn Konkurrenten eines Gewerbetreibenden durch öffentliche Subventionen derart begünstigt werden, daß eine Wettbewerbsverzerrung eintritt[61].

In einem anderen Fall prüfte das Bundesverwaltungsgericht[62], ob eine an sich zulässige Regelung der Berufsausübung eine Beschränkung erfahre, wenn der von der Regelung Betroffene in der Freiheit seines ärztlichen Gewissens beeinträchtigt wird. Es handelt sich also um eine Folgewirkungssituation. Das Gericht vertrat die Ansicht, daß über Art. 4 GG hinaus auch bei dem durch Art. 2 Abs. 1 GG verbürgten Schutz der Persönlichkeit die Gewissensentscheidung recht bedeutsam sei. Eine Standesorganisation könne im Rahmen ihres Selbstverwaltungsrechts die Mitglieder zu bestimmten Tätigkeiten heranziehen. Die berufsständische Rechtssetzungsgewalt finde aber in der Freiheit der Gewissensentscheidung, die ein Kernstück der ärztlichen Ethik darstelle, eine immanente und wesenseigene Beschränkung.

Ein Nebenwirkungsfall zu Art. 4 GG ist Gegenstand des Urteils Bd. 10, 91.

Die Behörde erlaubte in unmittelbarer Nähe einer Kirche den Betrieb einer Gaststätte. Das Bundesverwaltungsgericht bejahte die Klagebefugnis der betroffenen Kirchengemeinde. Es sei nämlich zu berücksichtigen, daß die Klage die Wahrnehmung kirchlicher Interessen, nämlich die Sicherung der durch Art. 4 Abs. 2 GG verfassungsrechtlich gewährleisteten ungestörten Religionsausübung bezwecke. Die unmittelbare Nähe einer Kirche könne die Versagung der Schankerlaubnis rechtfertigen, sofern der Betrieb einer Gaststätte gerade an dieser

---
[60] *BVerwG* Bd. 19, 339 (341 f.). Vgl. auch Bd. 17, 306 (309).
[61] *BVerwG* Bd. 30, 191 (197).
[62] *BVerwG* Urt. v. 18. 7. 1967, DÖV 67, 751.

Stelle das in Art. 4 Abs. 2 GG gewährleistete Recht der ungestörten Religionsausübung ernstlich beeinträchtige[63].

Zu Art. 5 GG hat das Bundesverwaltungsgericht über eine Folgewirkungslage entschieden[64].

Es ging dabei um die Versagung eines Prädikats durch die Filmbewertungsstelle. Das Bundesverwaltungsgericht legt dar, daß die Verleihung eines Prädikats die Berechtigung, einen Film aufzuführen, zwar nicht berühre. Jedoch sei bei der Auslegung des Art. 5 GG zu berücksichtigen, daß die in dieser Vorschrift geschützten Grundrechte nicht nur als Abwehrrechte gegen den Staat anzusehen seien. Ein Verstoß gegen das Zensurverbot könne man auch darin erblicken, daß durch die Ausgestaltung des Vergnügungssteuerrechts faktisch die Vorführung eines Kulturfilmes erheblich erschwert werde, wenn er nicht aufgrund einer Prädikatisierung steuerrechtliche Vergünstigungen erhalte. Eine Umgehung des Zensurverbots wäre bereits dann anzunehmen, wenn nach verständigen wirtschaftlichen Erwägungen ein nichtprädikatisierter Film kaum aufgeführt werden könnte. Die Ablehnung eines Prädikats müsse auf Erwägungen beruhen, die mit den Grundrechten der Verfassung vereinbar sind. Art. 5 Abs. 3 GG stehe einer Kulturpolitik durch Filmprädikatisierung nicht entgegen, soweit diese nicht dazu diene, der Tolerierung anderer Kunstauffassungen entgegenzuwirken und damit eine herrschende Kunstrichtung zu verfestigen[65].

Eine Art. 6 GG berührende Nebenwirkungslage behandelt die Entscheidung Bd. 15, 226.

Dem ehelichen Kind einer deutschen Mutter und eines staatenlosen Vaters hatte man die Ausstellung eines deutschen Passes verweigert, weil nach § 4 RuStaG ein eheliches Kind die deutsche Staatsangehörigkeit nur erwerben könne, wenn der Vater deutscher Staatsangehöriger sei. Das Bundesverwaltungsgericht verweist darauf, daß durch eine solche Regelung das Recht der Mutter zur Erziehung und Ausbildung des Kindes eingeengt werden könne, es könnte nämlich, wenn das Kind staatenlos wäre, Mutter und Kind durch ausländerpolizeiliche Maßnahmen getrennt werden, im Ausland könne die Mutter zwar für sich, aber nicht für ihr Kind den Schutz des Staates anrufen, für eine Berufsausübung des Kindes bedürfe das Kind unter Umständen einer Beschäftigungsgenehmigung[66].

Im Rahmen des Art. 7 Abs. 4 GG untersuchte das Bundesverwaltungsgericht die Auswirkungen einer Subventionierungsverweigerung

---

[63] *BVerwG* Bd. 10, 91 (92, 94).
[64] *BVerwG* Bd. 23, 194.
[65] *BVerwG* Bd. 23, 194 (198 f.).
[66] *BVerwG* Bd. 15, 226 (229).

§ 7 Der grundrechtswidrige Effekt

auf die Privatschulfreiheit. Die Garantie der Privatschulfreiheit werde allerdings, so legte es dar, in erster Linie durch solche Maßnahmen in Frage gestellt, die einen Eingriff in die freie Betätigung einer Privatschule darstellen oder zu einer Erschwerung oder Verweigerung der Anerkennung als Ersatzschule führten. Darüber hinaus müßten jedoch auch solche Maßnahmen in Betracht gezogen werden, welche sich in finanzieller Hinsicht besonders nachteilig auf das Privatschulwesen auswirkten, denn dieses könne nicht nur durch staatliche Eingriffe, sondern auch dadurch zum Erliegen kommen, daß der Besuch der öffentlichen Schulen besonders anziehend ausgestaltet werde. Böten die öffentlichen Schulen Vorteile, welche die Privatschulen nicht gewähren könnten, weil ihre finanziellen Mittel hierfür nicht ausreichten, so habe dies notwendigerweise zur Folge, daß das Privatschulwesen zum Erliegen kommen müsse und auf diese Weise der Grundsatz der Privatschulfreiheit ausgehöhlt werde[67].

Zu Art. 12 GG liegt ein Nebenwirkungsfall vor.

Einem Werbeunternehmen war die Genehmigung zur Anbringung eines Daueranschlages an einem Gebäude aus baugestalterischen Erwägungen versagt worden. Das Bundesverwaltungsgericht kommt bei der Prüfung der zugrunde liegenden Norm zu dem Ergebnis, es handle sich um eine zulässige Bestimmung des Eigentumsinhalts im Sinne des Art. 14 Abs. 1 S. 2 GG. Die aus der Norm ersichtlichen Maßstäbe seien nicht willkürlich, sondern sachgerecht. Aus diesem Grunde liege auch eine Verletzung des Art. 12 GG nicht vor. Das durch diese Verfassungsnorm grundsätzlich geschützte Recht, für Dritte Werbung zu betreiben, enthalte nicht die Befugnis, sich über die verfassungskonform dem Eigentum gezogenen Schranken hinwegzusetzen[68].

Als Beispiel für eine Nebenwirkung im Bereiche des Art. 14 GG ist die Entscheidung Bd. 17, 306 anzuführen. Ein privates, die Schadensversicherung betreibendes Versicherungsunternehmen hatte sich dagegen gewandt, daß einer öffentlichen Feuerversicherungsanstalt, bei der alle Gebäude des Geschäftsbereichs gegen Brand-, Blitz- und Explosionsschäden versichert werden müssen, auch noch die Genehmigung zur Aufnahme weiterer Schadensversicherungszweige erteilt wurde. Das Bundesverwaltungsgericht hält u. a. einen Verstoß gegen Art. 14 GG nicht für gegeben. Zur Zeit sei nicht erkennbar, inwieweit sich die neue Konkurrenz auf andere Geschäftsbetriebe auszuwirken vermöge, Art. 14 GG schütze nicht vor dem Auftreten eines neuen Konkurrenten, es sei denn, dieser erlange durch behördliche Maßnahmen eine Monopolstellung. Im gegebenen Fall komme allenfalls eine Er-

---

[67] *BVerwG* Bd. 23, 347 (348).
[68] *BVerwG* Bd. 21, 251 (257); ähnlich Bd. 18, 32 (33); Urt. v. 28. 9. 1965, DÖV 66, 165; Urt. v. 14. 1. 1965, DVBl 65, 768 (769).

schwerung im Versicherungsgeschäft des Betroffenen in Betracht. Würde man eine lediglich mögliche Erschwerung unter die Bestandsgarantie des Art. 14 GG fallen lassen, so führte diese Norm zu einer Erstarrung wirtschaftlicher Ausgangspositionen[69].

Im Schrifttum zeigen sich gleichfalls Ansätze zur Entwicklung eines auf den Effekt der Beeinträchtigung abstellenden Grundrechtsschutzes.

Schon *Lerche* hat auf die grundrechtsdogmatische Problematik der Normen aufmerksam gemacht, die, ohne in dem mit Substanz gefüllten, abgegrenzten Wirkungsbereich eines Grundrechts zielgerichtet hineinzuschneiden, dasselbe Ergebnis in mittelbarer Weise durch reflexive Auswirkungen eines anders gerichteten Vorgehens hervorrufen. Sie seien „eingreifensgleiche Normen"[70]. Es werde, so meint er, dem Gedanken Rechnung getragen werden müssen, daß gerade durch mittelbare reflexive Berührungen die erheblichsten Belastungen eintreten können. Daher seien „allgemeine Gesetze" grundsätzlich unzulässig, wenn das Ausmaß der mittelbaren Berührung einem unmittelbaren, zielstrebigen „Eingriff" in das grundrechtliche Rechtsgut gleichzuachten sei[71].

Werner Weber[72] hat darauf hingewiesen, daß der Rückhalt an den einzelnen Grundrechten gegenüber dem herrschenden sozialstaatlichen Trend nur wenig nütze. Der traditionsgebundene Schutz dieser Grundrechte richte sich nur gegen individuelle Beeinträchtigungen vornehmlich der Eingriffsverwaltung und funktioniere auch nur in diesem Bereich. Einen Ausweg sieht er darin, daß man Auslegung und Anwendung der Grundrechte weiter ausgreifen läßt, um die offenen Flanken in den Freiheitssicherungen der Verfassung zu schließen. Es gehöre zum rechten Verständnis der Funktion der Grundrechte und zu ihrer Sinnerfüllung, sie gegen die jeweilige Bedrohung und im Sinne ihrer jeweils notwendigen freiheitssichernden Wirkung ausschwenken zu lassen. Es gelte, ein justiziables Grundprinzip der Freiheitlichkeit der Sozialordnung ans Licht zu heben.

Speziell auf die Abhängigkeit der Grundrechte von der staatlichen Gesellschaftspolitik abstellend behandelt *Herzog* das Problem des Geltungsumfangs der Grundrechte. Er führt aus: Die Verfassungsrechtslehre werde nicht umhinkommen, sich die Frage vorzulegen, ob der Staat, der sich in seiner Verfassung zur Achtung von Grundrechten

---

[69] *BVerwG* Bd. 17, 306 (313 f.).
[70] Übermaß und Verfassungsrecht, S. 106, 258 ff.
[71] *Lerche*, a.a.O., S. 114. Vgl. auch ders., Werbung und Verfassung, S. 108: „Ein wirksames Eingriffsverständnis müsse auch alle jene mittelbaren, ungezielten und versteckten Rechtsbeeinträchtigungen aufnehmen, deren wachsendes Maß als ein Charakteristikum des modernen Verwaltungsstaates gelten darf."
[72] Der Staat, 1965, 409 (436 ff.).

§ 7 Der grundrechtswidrige Effekt

bekennt, nur an unmittelbaren Eingriffen gehindert sei oder ob dieser Grundentscheidung nicht auch dort Rechnung zu tragen habe, wo er in irgendeiner Weise gesellschaftliche Mechanismen in Bewegung setzte, aus denen erfahrungsgemäß oder sogar nach der ursprünglichen Intention Verluste der Grundrechtseffektivität resultieren. Sein Ergebnis: Die Grundrechte seien geschaffen, um dem Menschen einen Bereich letzter autonomer Gestaltung zu sichern. Es sei undenkbar, daß es irgendeine Art staatlicher Politik geben könne, die daran nicht gebunden wäre[73].

Friauf versteht den Grundrechtsschutz ebenfalls unabhängig von der Form, in der staatliche Gewalt ausgeübt wird. Das Instrumentarium des Freiheitsschutzes müsse sich, um nicht obsolet zu werden, den Veränderungen anpassen, die sich im Instrumentarium der staatlichen Eingriffe ergeben hätten. Diese Anpassung werde durch die Erwägung gerechtfertigt, daß die Grundrechte ihrer verfassungspolitischen Idee nach auf materielle Sicherung der individuellen Freiheitssphäre, nicht aber auf bestimmte rechtstechnische Gestaltungen hin angelegt seien[74].

Darüber hinaus gibt es eine Reihe von Stellungnahmen zu einzelnen faktischen Beeinträchtigungen, die gleichfalls im Sinne eines effektbezogenen Grundrechtsschutzes verstanden werden können[75].

---

[73] *Herzog*, Festschrift für Hirsch, S. 63 ff.
[74] *Friauf*, Verfassungsrechtliche Grenzen der Wirtschaftslenkung und Sozialgestaltung durch Steuergesetze, Recht u. Staat Bd. 325/326, S. 40 f.; zurückhaltender ders., DVBl 69, 368 (371). Vgl. überdies die Bemerkung *Bachofs*, Verfassungsrecht, Verwaltungsrecht, Verfahrensrecht, Bd. II, A 111, S. 113. Im übrigen tendiert wohl *Häberle*, Die Wesensgehaltsgarantie des Art. 19 Abs. 2 GG, in diese Richtung. Befreit man nämlich die Gesetzgebung im Grundrechtsbereich vom traditionellen Eingriffsdenken und überläßt man ihr nur die wesensmäßige Bestimmung der Grundrechtsgrenzen sowie die Ausführung der Grundrechte (a.a.O., S. 222 ff.), dann ergibt sich zwangsläufig, daß die Grundrechte gegen jede Art von Beeinträchtigung durch die staatliche Gewalt, die sich nicht als inhaltsbezogene „Grundrechtsdeterminierung" darstellt, ihre Abwehrfunktion entfalten.
[75] Vgl. etwa den von *Forsthoff* diskutierten Fall, daß durch das Apothekenurteil des Bundesverfassungsgerichts bestehende Realgewerbeberechtigungen gegenstandslos gemacht wurden, Staatsbürger und Staatsgewalt, Bd. II, S. 19 ff.; zum Fall mittelbarer Lenkungsschäden durch Steuergesetze und Subventionen *Bellstedt*, DÖV 61, 161 (167 f.); zum Problem der gesetzlichen Gewährung von Eingriffsbefugnissen an Private *Schulte*, DVBl 65, 386 ff.; zur Einwirkung eines gemeindlichen Anschluß- und Benutzungszwanges auf die Rechtsposition eines Unternehmers s. *Wilhelm*, BayVerwBl 65, 80 (82 f.); zum Verhältnis der Versagung eines Waffenscheines zu Art. 11 GG s. *Wilhelm*, DÖV 66, 329 (331). Zu den tatsächlichen Handlungen der öffentlichen Gewalt als Mittel der Einwirkung auf das Eigentum i. S. des Art. 14 GG, vgl. *Rudolf Schneider*, VerwArch Bd. 58 (1967), 197 (211). Schneider unterscheidet allerdings bei der Bestimmung des Objekts enteignungsrelevanter Beeinträchtigungen danach, ob die Ausübung eines Herrschaftsrechts durch eine Einwirkung auf den Gegenstand (das Substrat der Rechtsinhaberschaft) oder durch eine Einwirkung auf die Person tatsächlich ver-

Zwei Arbeiten, die sich speziell mit Beeinträchtigungen im Schutzbereich des Art. 14 GG beschäftigen, sind hervorzuheben.

Die eine ist die Abhandlung *Bellstedts* zum Berlin-Hilfe-Gesetz[76].

Bellstedt meint, die Steuer sei durch das Geben gekennzeichnet und habe deshalb mit Eingriffen im technischen Sinne nichts gemein. Dennoch seien Steuergesetze, die neben der Finanzierung von Staatsaufgaben noch andere Zwecke verfolgen, u. U. als grundrechtsrelevante Eingriffsnormen zu qualifizieren. Der Grund dafür liege in den „interventionistisch" durchkonstruierten Vorschriften. Dabei sollen alle Ausgrenzungen, Einengungen und inhaltliche Modifizierungen maßgebender Tatbestandselemente, welche nicht aus der Natur der Sache geboten sind, um den Tatbestand überhaupt praktikabel und vollziehbar zu machen, „interventionistischer" Natur sein[77]. Von diesem Ansatzpunkt aus untersucht er die Frage, ob die Rechtsposition aus Art. 14 GG relevant werde, wenn Auswirkungen auf den Eigentumsbereich ausschließlich von der durch ein Steuerlenkungsgesetz provozierten Verhaltensweise anderer Wirtschaftssubjekte abhängen. Nach seiner Ansicht darf man die Grenzen des Rechtsstaates nicht dort setzen, wo **die staatsrechtliche Tradition** sie gezogen hat. Der modern lenkende und umverteilende Steuerstaat der veränderten Wirklichkeit seien die rechtsstaatlichen Garantien neu zu interpretieren. Wenn der Staat dazu übergehe, durch Steuervergünstigungen die Wirtschaft zu lenken, um so jeden Anschein eines ungleich belastenden Einzeleingriffs zu vermeiden, so dürfe dies nicht darüber hinwegtäuschen, daß diese Lenkung im wirtschaftlichen Ergebnis zu ungleich belastenden Einzeleingriffen führen könne[78].

Zum anderen ist die Schrift von *Konow* zum Eigentumsschutz zu nennen[79].

Konow versteht unter dem Begriff „Eingriff" als Voraussetzung des Anspruchs aus enteignungsgleichem Eingriff jede Einwirkung auf ein vermögenswertes Recht, die zu einer Schädigung des Bürgers führt. Der Schaden könne in einer Güterminderung, im Entzug von Vortei-

---

hindert wird. Obrigkeitliche Einwirkungen auf die Person mit der Folge von Rechtsverlusten, z. B. die Hinderung an der Ausübung von Nutzungsbefugnissen aus Anlaß einer Freiheitsentziehung (also eine Folgewirkung i. S. der hier gebrauchten Terminologie), seien jedenfalls enteignungsrechtlich irrelevant. Erstaunlich ist, daß Schneider vorab betont, daß der verfassungsrechtliche Schutz des „Eigentums" sich sowohl auf die Substanz der Rechtsinhaberschaft als auch auf das Substrat, d. h., den Gegenstand selbst beziehen soll. Warum das Substrat gegen Einwirkungen, die aus Akten an die Person entstehen, nicht geschützt sein soll, bleibt eine offene Frage.

[76] *Bellstedt*, Wirtschaftslenkung durch Steuern.
[77] a.a.O., S. 124 f.
[78] a.a.O., S. 127 f. Kritisch, aber wohl zu pauschal *Wagner* VVDStRL Heft 27, S. 47 ff. (63 ff.).
[79] *Konow*, Eigentumsschutz gegen Eingriffe der öffentlichen Hand.

len, auch im Entzug eines Gewinns bestehen. Diese weite Fassung sei geboten, weil der Regelung des Art. 14 GG weder unmittelbar noch mittelbar aus dem Sachzusammenhang ein Anhaltspunkt dafür zu entnehmen sei, daß eine Beeinträchtigung des Grundrechts, abgesehen von den Voraussetzungen des hoheitlichen Handelns und der Rechtswidrigkeit, noch besondere Qualifikationen erfüllen muß, um als Eingriff gewertet werden zu können. Jedes zusätzliche Erfordernis würde den Schutz des Bürgers eingrenzen und im Ergebnis eine Minderung seiner verfassungsrechtlich gewährleisteten Rechtsposition bedeuten. Der Bürger, der durch hoheitliche Maßnahmen geschädigt wird, werde es verstehen, daß er die Beeinträchtigungen dulden muß, wenn der Eingriff eine Position betrifft, auf die er nach der Verfassung kein Recht hat oder wenn sich die Maßnahme im Rahmen der Gesetze hält. Unverständlich müsse das aber selbst einsichtigen Bürgern bleiben, wenn bei Schädigungen durch hoheitliche Maßnahmen sein Recht und die Rechtswidrigkeit des Verwaltungshandelns grundsätzlich anerkannt werden, den ihn schädigenden Einwirkungen jedoch der Charakter eines Eingriffs abgesprochen wird[80].

§ 8 Relativierung des prinzipiell effektbezogenen Grundrechtsschutzes

Bei der Betrachtungsweise, die auf den grundrechtswidrigen Effekt abstellt, findet man gelegentlich Ansätze, die Konsequenzen zu relativieren. Man bemüht sich, dem Umstand, daß es sich ja nur um faktische Beeinträchtigungen handelt, wenigstens in Randbereichen Rechnung zu tragen.

Die Relativierungen gehen in zwei Richtungen. Sie sind entweder formal orientiert und nehmen Beeinträchtigungen, die eine bestimmte, tatbestandsmäßig fixierbare strukturelle „Eingriffsferne" erkennen lassen, vom Grundrechtsschutz aus, oder sie konzentrieren sich auf den einzelnen Fall und veranlassen zu prüfen, ob sich nicht aus der besonderen Interessenlage eine spezielle Rechtfertigung für den an sich grundrechtswidrigen Effekt finden läßt.

Bei der „formalen" Relativierung besteht eine gewisse Übereinstimmung mit den Lösungswegen, die den Grundrechtsschutz überhaupt auf „Eingriffe" und „eingriffsähnliche" Beeinträchtigungen beschränkt wissen wollen[81]. Denn im Ergebnis ist es gleich, ob der Betroffene eine Beeinträchtigung hinzunehmen hat, weil sie sich als „eingriffsfern" zeigt, oder ob man ihm den Grundrechtsschutz versagt, weil der Beeinträchtigung die Merkmale eines „Eingriffs" fehlen.

---
[80] a.a.O., S. 62 f.
[81] Vgl. oben § 6.

Aber in anderer und in diesem Zusammenhang wesentlicherer Beziehung unterscheiden sich die beiden Wege. Spart man nämlich „eingriffsferne" Beeinträchtigungen aus, so bleibt es in allen anderen Fällen beim Grundrechtsschutz. Bindet man hingegen die Schutzfunktion der Grundrechte an einen formalisierten Eingriffstatbestand, dann geht der Betroffene jenseits der zugehörigen Sachverhalte leer aus. Das ist von erheblicher Bedeutung für die ungewissen Fälle, solange man sich über die rechtliche Relevanz eines Merkmals für den Eingriffsbegriff bzw. für den Tatbestand der Eingriffsferne nicht einigen kann.

Ansätze, den effektbezogenen Grundrechtsschutz zu relativieren, machen sich in der Rechtsprechung des *Bundesverfassungsgerichts* bemerkbar. Das Gericht schwankt jedoch noch in der Wahl der einschlägigen Gesichtspunkte. Mal liegt das Gewicht auf der objektiven, mal auf der subjektiven Komponente staatlichen Handelns.

Zum Beispiel wird in der Entscheidung Bd. 8, 222, ein formaler, durch die Natur des Hoheitsaktes geprägter Gesichtspunkt hervorgehoben. Durch Revisionsurteil hatte das Bundesverwaltungsgericht die Vorentscheidung, die den Beschwerdeführer belastete, aufgehoben und die Sache zur anderweitigen Verhandlung und Entscheidung zurückverwiesen. Hiergegen hatte der Betroffene Verfassungsbeschwerde eingelegt. Er meinte, aus verfassungsrechtlichen Erwägungen verbiete sich eine Rückverweisung. Das Bundesverfassungsgericht betrachtete die Verfassungsbeschwerde als unzulässig. Es war der Ansicht, der Beschwerdeführer sei durch den entscheidenden Teil des Urteils nicht in seinen Grundrechten verletzt. Zwar möge er durch die in den Urteilsgründen ausgesprochene Rechtsauffassung des Bundesverwaltungsgerichts faktisch belastet sein. Er müsse auch damit rechnen, daß nunmehr eine langwierige, schwierige und ihm möglicherweise lästige Beweisaufnahme angeordnet werde. All dies stelle aber keine Beschwer im Rechtssinne dar. Anders wäre es, wenn sich eine Verfassungsbeschwerde gegen ein Strafurteil mit der Rüge wendete, der Betroffene sei mangels Beweises freigesprochen worden, obwohl richtigerweise ein Freispruch wegen erwiesener Unschuld hätte erfolgen müssen. Der Inhalt der Gründe eines solchen Urteils berühre die Rechtsstellung des Betroffenen unmittelbar[82]. Die Unterscheidung zwischen unmittelbarer, rechtlicher und mittelbarer, faktischer Betroffenheit taucht nochmals in Bd. 15, 283 auf. Dort ist sie indessen nicht entscheidungserheblich[83].

Andererseits deutet das *Bundesverfassungsgericht* in mehreren Entscheidungen an, daß eine Grundrechtswidrigkeit auszuscheiden habe,

---

[82] *BVerfG* Bd. 8, 222 (224 f.).
[83] *BVerfG* Bd. 15, 283 (286).

§ 8 Relativierung des effektbezogenen Grundrechtsschutzes

wenn eine Beeinträchtigung sich nur als unbeabsichtigte Nebenfolge einer hoheitlichen Maßnahme darstelle. Hier spielt demnach auch ein subjektives Element mit. Es tritt neben das objektiv formale, das in der Charakterisierung „Nebenfolge" liegt.

In Bd. 6, 55 wird ausgeführt, daß zwar die Funktion des Art. 6 Abs. 1 GG als wertentscheidender Grundsatznorm die Freiheit gesetzgeberischen Ermessen beschränke. Daraus könne aber nicht gefolgert werden, daß solche Vorschriften mit der Verfassung unvereinbar seien, die nur in bestimmten Fällen die unbeabsichtigte Nebenfolge hätten, sich als Beschwer der Ehe auszuwirken[84].

An diese Differenzierung knüpft die Entscheidung Bd. 11, 50 an. Selbst wenn Verheiratete für verlorenen Hausrat gelegentlich eine geringere Entschädigung erhielten als Unverheiratete, die in einer Haushaltsgemeinschaft lebten, sei dem Verfassungsgebot zum Schutz der Ehe genügt. Nur dann nämlich könnte die verfassungsrechtliche Gewährleistung des Schutzes von Ehe und Familie verletzt sein, wenn Ehepaare allgemein oder doch eine beachtliche Gruppe der Verheirateten schlechter gestellt würden als Unverheiratete. Die Beschwer der Ehegatten in bestimmten Fällen stelle sich als Nebenfolge einer grundsätzlich die Ehe begünstigenden Gesamtregelung dar[85].

Pointiertere Gestalt gewinnt der Gesichtspunkt der unbeabsichtigten Nebenfolge in Bd. 12, 151. Dort ist ausgeführt: Es möge zwar sein, daß der Gesetzgeber die nachteiligen Wirkungen nicht beabsichtigt habe. Darauf könne es aber nicht ankommen. Eine allgemein und unverkennbar aus dem Inhalt eines Gesetzes sich ergebende Auswirkung — in Frage stand die Erhöhung der Lastenausgleichsabgabe für Zusammenveranlagte nach §§ 29 Abs. 1, 38 LAG — könne nicht als unbeabsichtigte Nebenfolge angesehen werden. Die Beeinträchtigung lasse sich auch inhaltlich nicht als Nebenfolge charakterisieren, da sie die einzige Folge dieser Regelung sei. Sie könne schließlich nicht als unbeachtlich abgetan werden, denn sie sei nicht absolut geringfügig[86].

Im Urteil Bd. 13, 331 verneint das Gericht das Vorliegen einer bloßen Nebenfolge der im übrigen unbedenklichen Regelung. Die zur Prüfung gestellte Norm, § 8 Ziff. 6 GewStG, habe die erhöhte Belastung nämlich zum alleinigen Inhalt. Die Benachteiligung sei weder unbeabsichtigt noch gelegentlich, sie werde gerade gewollt[87].

An anderer Stelle, Bd. 18, 97, befaßt sich das Gericht mit dem Steuererhöhungseffekt der Zusammenveranlagung von Eltern und Kindern. Den Hinweis der Bundesregierung auf die geringe Zahl der

---

[84] BVerfG Bd. 6, 55 (76 f.).
[85] BVerfG Bd. 11, 50 (58 ff.); vgl. auch Bd. 23, 85 (93 f.).
[86] BVerfG Bd. 12, 151 (168 f.).
[87] BVerfG Bd. 13, 331 (341 f.); vgl. auch Bd. 23, 327 (345 f.).

Anwendungsfälle tut es mit der Bemerkung ab, es handle sich nicht nur um eine unbeabsichtigte Nebenfolge der gesetzlichen Regelung, die bei der Beurteilung der Verfassungsmäßigkeit vernachlässigt werden dürfe. Denn die Mehrbelastung sei der wesentliche Inhalt der Bestimmung, sie werde damit vom Gesetzgeber auch gewollt[88].

Nach Bd. 21, 54 soll eine unterschiedliche Belastung von Gewerbetreibenden desselben Ortes, wie sie sich durch Einführung der Lohnsummensteuer ergebe, nicht verfassungswidrig sein. Es könne wohl zutreffen, daß im Vergleich zur allgemeinen Gewerbesteuer nach Gewerbeertrag und Gewerbekapital lohnintensive Betriebe mit geringem Kapital und Ertrag durch die Lohnsummensteuer stärker beansprucht würden. Daß eine Steuer sich mittelbar nach den sonstigen Verhältnissen des Steuerpflichtigen unterschiedlich auswirke, stelle sich aber als Nebenfolge einer an sich unbedenklichen Regelung dar[89].

Die Rechtsprechung des *Bundesverwaltungsgerichts* liefert ebenfalls Belege für den Versuch, den grundsätzlich effektbezogenen Grundrechtsschutz hier und da unter besonderer Berücksichtigung der Eigenheit einzelner Fälle einzuschränken. Hier überwiegen allerdings die substantiellen, d. h. aus der konkreten Freiheitsgewährleistung selbst gewonnenen, Gesichtspunkte.

Bei dem schon erwähnten Fall, in dem eine Kirchengemeinde sich gegen die Erteilung einer Gaststättenerlaubnis an einen Dritten wendete, verwies das Gericht z. B. darauf, daß das Recht auf ungestörte Religionsausübung den Betrieb einer Gaststätte in unmittelbarer Nähe der Kirche nicht schlechthin verbiete. Zu berücksichtigen sei auch der verfassungsrechtliche Schutz, den Art. 12 Abs. 1 GG der Berufsausübung gewähre. Diese Verfassungsnorm liefere unter Umständen den Rechtfertigungsgrund für eine Hoheitsmaßnahme, die den Schutzbereich des Art. 4 Abs. 2 GG berühre[90].

In Bd. 17, 306 wird der Gesichtspunkt hervorgehoben, daß die Zulassung eines Konkurrenzunternehmens für sich genommen das Grundrecht der Inhaber schon bestehender Unternehmen aus Art. 14 GG nicht beeinträchtige. Erst die Betätigung aufgrund der Zulassung sei geeignet, sich auf die wirtschaftliche Stellung der vorhandenen Unternehmen auszuwirken. Überdies wird bemerkt, Art. 14 GG schütze nicht vor dem Auftreten neuer Konkurrenten[91].

Auf die konkrete Lage einer faktischen Beeinträchtigung wird auch in der Argumentation des Urteils Bd. 21, 251 abgestellt. Eine nach Art. 14 Abs. 1 S. 2 GG zulässige Inhaltsbestimmung des Eigentums

---

[88] *BVerfG* Bd. 18, 97 (106 f.).
[89] *BVerfG* Bd. 21, 54 (69).
[90] *BVerwG* Bd. 10, 91 (94).
[91] *BVerwG* Bd. 17, 306 (314).

hatte sich auf den geschützten Bereich des Art. 12 Abs. 1 GG, nämlich das Recht, berufsmäßige Werbung zu betreiben, ausgewirkt. Das Gericht meinte, Art. 12 Abs. 1 GG umfasse nicht die Befugnis, sich über die dem Eigentum verfassungskonform gezogenen Schranken hinwegzusetzen[92].

Ähnliche Belege liefert die Literatur. Auch da bemüht man sich, den mehr oder minder umfassend und effektbezogen verstandenen Grundrechtsschutz im Hinblick auf gewisse Besonderheiten faktischer Beeinträchtigungen zu relativieren.

So meint etwa *Dürig*, daß Beeinträchtigungen der Religionsausübungsfreiheit im Wehrdienstverhältnis hinzunehmen seien, wenn sie sich als unbeabsichtigte und unvermeidbare mittelbare Nebenwirkungen an sich zulässiger Beschränkungen der Fortbewegungsfreiheit darstellen[93].

Eine entsprechende Einschränkung versucht *Stree*[94], indem er unerläßliche Begleiterscheinungen von Maßnahmen, die an sich zulässig sind, vom Grundrechtsschutz ausnimmt. Das Grundgesetz, meint er, schließe eine staatliche Regelung des dem Staate zugänglichen Sach- und Lebensbereiches nicht deswegen aus, weil sich dabei als unerläßliche Nebenfolge Auswirkungen auf Grundfreiheiten ergeben.

Daß man bei der Beurteilung, ob ein Grundrechtsverstoß vorliegt, nicht allein auf den durch die grundrechtliche Gewährleistung mißbilligten Effekt abstellen darf, sondern auch die für das ursächliche staatliche Handeln maßgebenden rechtlichen Gesichtspunkte sowie die sachlichen Hintergründe einzubeziehen hat, betont im besonderen *Lerche*, und zwar bei der Behandlung von Grundrechtsbeeinträchtigungen durch gesetzgeberisches Unterlassen[95].

Dritter Abschnitt

Kritische Würdigung

§ 9 Richtigkeit der differenzierenden Lösung

Schon die wenigen Hinweise auf die Stellungnahmen in Literatur und Rechtsprechung machen deutlich, daß es auf die Frage nach dem Grundrechtsschutz bei faktischen Beeinträchtigungen keine einheitliche, keine pauschale Antwort geben kann.

---
[92] BVerwG Bd. 21, 251 (257).
[93] *Maunz-Dürig-Herzog*, Art. 17 a, RdNr. 32, S. 18; vgl. die ähnliche Argumentation bei Art. 18, RdNr. 26 ff., S. 11 f.
[94] Deliktsfolgen und Grundgesetz, S. 150.
[95] *Lerche*, AöR 90, 341 (352 f.).

A. 3. Kritische Würdigung

Der Unterschied zwischen imperativen und faktischen Beeinträchtigungen eignet sich nicht zur Markierung der Grenze, an der sich die grundrechtserhebliche und die grundrechtlich irrelevanten Lebenssachverhalte voneinander scheiden. Andernfalls müßte man das Rad der dogmatischen Entwicklung des Grundrechtsschutzes zurückdrehen. Die punktuell verfestigten Rechtspositionen, die sich in der jüngsten Zeit zugunsten der Grundrechtsträger an Brennpunkten der Begegnung mit dem Staat ausgeformt haben, sind indessen mit einer Verfeinerung des Rechtsbewußtseins verbunden. Man beginnt zu wissen, welche Gefahren für die Freiheit des einzelnen vom Staate ausgehen können, selbst wenn dieser weder befiehlt noch regelt. Dieser Trend verdient Beachtung.

Andererseits kann man auch an der tatsächlichen und rechtlichen Verschiedenheit von imperativen und faktischen Beeinträchtigungen nicht achtlos vorübergehen.

Die These, vor den Normen des Grundrechtskatalogs seien Art und Weise einer Beeinträchtigung des einzelnen durch die staatlichen Gewalten ganz und gar ohne Gewicht, stießen schon bei einer nur oberflächlichen Erprobung auf ernste Bedenken. Daß bei manchen Grundrechten Beeinträchtigungen durch den Staat einer ausdrücklichen Grundlage in förmlichem Gesetz bedürfen, daß unter Umständen das Junktim von Beeinträchtigung und Entschädigung zu beachten ist, daß der Gesetzgeber bei der Ausfüllung von Gesetzesvorbehalten das betroffene Grundrecht ausdrücklich zu bezeichnen hat, liefert auf Anhieb geeignetes Argumentationsmaterial. In der Tat müßte eine Vernachlässigung der Beeinträchtigungsmodalität bei der Anwendung gerade dieser Vorschriften den Grundrechtsschutz aus dem Bereich des rechtlich und tatsächlich Möglichen hinausführen.

Zum anderen ist darauf Bedacht zu nehmen, daß die faktischen Beeinträchtigungen nicht lediglich im rechtlichen Kraftfeld zwischen dem Staat einerseits und dem Betroffenen andererseits liegen. Sie empfangen ihre rechtlichen Impulse also nicht allein aus diesem Dualismus, sondern sie stehen in weitergreifenden rechtlichen Bezugssystemen, an denen auch noch andere Interessenträger als schutzwürdig beteiligt sind.

So bleibt für das aufgeworfene Problem nur die Lösung zwischen den Extremen. Man hat zu differenzieren zwischen solchen faktischen Beeinträchtigungen, die sich als grundrechtswidrig darstellen und somit die rechtliche Reaktion der verschiedenen Grundrechtsnormen auslösen, und solchen, die mit den Grundrechten vereinbar sind. Das lenkt den Blick auf die Auswahl der zulässigen Differenzierungsgesichtspunkte.

§ 10 Die unzureichende normative Absicherung der Differenzierung des Grundrechtsschutzes

Zweifellos haben imperative Beeinträchtigungen eine andere Struktur als faktische. Auch die verschiedenen Typen der faktischen Beeinträchtigungen, die zwangsläufigen und die gelegentlichen, die Reflexwirkungen und die schlichten Beeinträchtigungen sind untereinander strukturell verschieden. Zu fragen ist indessen, ob sich allein aus der jeweils vorgefundenen Beeinträchtigungsmodalität ein für die Beurteilung der Grundrechtswidrigkeit tauglicher und überzeugender rechtlicher Differenzierungsgrund entwickeln läßt.

Zumal die Bemühungen, den Grundrechtsschutz insgesamt in eine Abhängigkeitsbeziehung zu formalen Eingriffsvorstellungen zu bringen, die allein durch Anschauung des in der Wirklichkeit Vorgefundenen gewonnen wurden, sind einer kritischen Würdigung zu unterziehen.

Immerhin hat man ja mit solchen Versuchen bisher ziemlich schlechte Erfahrungen gemacht. Der überkommene Eingriffsbegriff konnte bisher der Sprengkraft der Tatsachen nicht standhalten. Obwohl in seinen formalen Kriterien fortwährend abgewandelt und erweitert, erweist er sich noch immer als zu eng und als unzulänglich[96]. Die Tendenz scheint sogar auf eine völlige Auflösung dieser Denkkategorien hinauszulaufen[97].

Der Grund für diese Entwicklung liegt einmal in der nicht zu übersehenden Schutzbedürftigkeit auch eines „eingriffslos" Betroffenen[98] und zum anderen darin, daß der Hinweis, es fehle eben an einem „Eingriff" als Rechtfertigung solcher Beeinträchtigungen nicht überzeugt. Konsequenterweise wird man sich angesichts dieses Befundes den methodischen Grundlagen jener Vorstellungen zuwenden müssen, die mit dem Grundrechtsschutz erst bei staatlichem Handeln von „Eingriffs-"Qualität einsetzen wollen.

Exakt hier stößt man in der Tat auf einen neuralgischen Punkt. Die Bestimmung des Eingriffstatbestandes mit Hilfe formaler Kriterien wie Finalität, Vorhersehbarkeit, Unmittelbarkeit, Zwangsläufigkeit usw. entscheidet zugleich über den Umfang des Grundrechtsschutzes. Nicht finale, unvorhersehbare, mittelbare oder zufällige Beeinträchtigungen sollen grundrechtsunerheblich sein. Solchem Vorgehen fehlt in-

---
[96] *Schack*, DÖV 65, 616 (619).
[97] Vgl. *Menger*, VerwArch 1965, 374 f.; *Häberle*, Die Wesensgehaltsgarantie des Art. 19 Abs. 2 GG, S. 222 ff.
[98] Hierzu *Vogel*, VVDStRL Heft 24, 125 (153 f.); *Konow*, Eigentumsschutz gegen Eingriffe der öffentlichen Hand, S. 63.

dessen die Absicherung in Normativen[99]. Eine Differenzierung nach Gesichtspunkten, die aus den Erscheinungen des Lebens selbst gewonnen sind, besitzt als solche noch keinerlei rechtliche Durchschlagskraft. Man hätte erst noch zu prüfen, ob der aufgefundene Gesichtspunkt im positiven Recht so verankert ist, daß nach ihm auch von Rechts wegen differenziert werden darf.

Das normative Bekenntnis des Grundgesetzes zu den Grundfreiheiten des einzelnen benennt immerhin umfassende Gewährleistungsbereiche menschlichen Verhaltens. Wäre es daher nicht eigentlich und zunächst angebracht, die Frage, was ein Eingriff ist und den Grundrechtsschutz auslöst, an Hand des normativen Gehalts der einzelnen Grundrechte zu beantworten? Statt dessen hat es nicht selten den Anschein, als vernachlässige man ranghöchste normative Aussagen und stütze sich auf außernormative Gesichtspunkte, ohne sich Rechenschaft abzulegen, wie und woher diese Gesichtspunkte ihre rechtliche Verbindlichkeit beziehen. Das Ergebnis ist dann jener „Hauch von Beliebigkeit", der allen Differenzierungen anhaftet, bei denen man sich nicht zuvor Klarheit über den materiellen Gehalt der verfassungsrechtlichen Regelung verschafft hat[100].

Der Verdacht liegt nur zu nahe, daß man sich bei der Typisierung von Beeinträchtigungslagen keine hinreichende Rechenschaft abgibt, ob der jeweils gefundene Typ Beispiel oder Voraussetzung einer

---

[99] Das gilt auch für die im Enteignungsrecht gelegentlich geäußerten Vorstellungen, daß mittelbare Schäden nur in den §§ 844, 845 BGB vergleichbaren Lagen zu berücksichtigen seien, so BGH 7, Bd. 37, 44 (47) mit Nachw.; Reissmüller JZ 60, 122 (123). Die zivilrechtliche Zäsur zwischen Erst- und Zweitbetroffenen ist als schadensersatzrechtliche Regelung mindestens nicht ohne weiteres in das Enteignungsentschädigungsrecht übertragbar. In diesem Zusammenhang bedarf der Erwähnung, daß auch im zivilrechtlichen Schadensersatzrecht nicht die „Schadensnähe" bzw. die „Schadensferne" über den Kreis der Ersatzberechtigten entscheidet. Maßgebend ist allein, „ob die betreffende Norm eine Schädigung dieser Art an diesem Rechtsgut auch bei dieser Person verhindern sollte", vgl. *Esser*, Schuldrecht, Bd. 1, Allgem. Teil, 3. Aufl. § 43 I, S. 292. Eben diese Frage ist, wenngleich unter entsprechenden Abwandlungen, aus Art. 14 GG zu beantworten. Das heißt aber nichts anderes, als daß der Adressatenkreis und Regelungsbereich einer Norm stets aus dieser Norm selbst zu bestimmen ist.

Aus demselben Grund verbietet sich eine Übertragung strafrechtlicher Kategorien auf das Handeln im Grundrechtsbereich. Der strafrechtliche Handlungsbegriff ist auf Vorwerfbarkeit bezogen, also auf einen Gesichtspunkt, dem in der Grundrechtsdogmatik keine zentrale Relevanz zukommt. Vgl. hierzu schon die Kritik *Scheuners*, Ius 61, 243 (246, FN. 22), an dem von *Janssen*, Der Anspruch auf Entschädigung bei Aufopferung und Enteignung, S. 194 ff., an „Finalität" ausgerichteten Enteignungsbegriff. In der Tat steht dieser Begriff nicht im Dienst, staatliches Handeln zu werten, sondern den Schutz des Eigentums zu vervollständigen. Daher kann es auf die Intentionen des Staates und den Grad seiner Sorgfalt nicht ankommen.

[100] Vgl. hierzu *Lerche*, AöR 90, 341 (343).

§ 10 Die normative Absicherung der maßgebenden Gesichtspunkte 45

Grundrechtsverletzung sein soll. So kann es dann geschehen, daß ein Typ unversehens von der einen zur anderen Funktion überwechselt.

Daß zum Beispiel „unmittelbare rechtliche Auswirkungen" hoheitlichen Tuns auf Grundrechtsbereiche Grundrechtsverletzungen darstellen können, steht außer Zweifel. Daß jedoch nur „unmittelbare rechtliche Auswirkungen" als Grundrechtsverletzungen in Betracht kommen können, stößt aus guten Gründen auf Skepsis.

Die diversen Bemühungen, den Grundrechtsschutz auf staatliches Handeln zu beschränken, das sich an Hand formaler Kriterien als „Eingriff" oder als „eingriffsgleich" erweisen läßt, sowie die Versuche, bestimmte Handlungen der öffentlichen Gewalten aus dem grundrechtlich geschützten Bereich auszuklammern, weil man sie für „eingriffsfern" hält, stehen und fallen letztlich mit einer These, die eher unterschwellig als bewußt, jedenfalls aber unbewiesen ist. Sie lautet: Grundrechte schützen nur vor Eingriffen im Sinne eines formal zu definierenden Eingriffsbegriffes.

Solange diese These aber nicht dogmatisch gesichert ist, muß man die Diskussion um den Grundrechtsschutz gegenüber staatlichen Akten, die keine „Eingriffe" sind, wohl auf anderer Basis und mit anderen Argumenten führen. Man hat jeweils zu prüfen, ob eine den Grundrechtsträger beeinträchtigende Maßnahme substantiell grundrechtswidrig ist. Es ist also vom Einzelfall ausgehend zu erwägen, einmal ob eines der Grundrechte die Beeinträchtigung thematisch überhaupt erfaßt, zum anderen ob die verursachende staatliche Maßnahme im Verhältnis zu dem in Mitleidenschaft gezogenen Grundrecht in irgendeiner Weise verfassungsrechtlich gerechtfertigt werden kann. Hierbei spielt es zum Beispiel eine Rolle, ob dem Grundrecht ein tragfähiger Vorbehalt beigefügt ist. In dem so abgesteckten äußeren Rahmen wären dann alle Gesichtspunkte zu berücksichtigen, auch diejenigen, die sich aus der sachlichen Besonderheit der die Grundrechte nur faktisch berührenden Hoheitsakte ergeben.

Damit ist freilich noch nicht gesagt, daß der formale Eingriffsbegriff gleich welcher Prägung seine Rolle in der Grundrechtsdogmatik ausgespielt haben müßte. Wo sich grundrechtliche Schutzfunktionen erkennbar auf staatliche Akte mit formalem Eingriffscharakter beziehen, behielte der Eingriffsbegriff auch weiterhin Sinn und Bedeutung. Nur in den anderen Fällen müßte man sich um bündigere Antworten bemühen.

Als entscheidend zeichnet sich allerdings schon hier die Erkenntnis ab, daß mit formalen Eingriffsbegriffen allein nicht mehr auszukommen ist und daß man, ehe man im Grundrechtsbereich mit dem Gesichtspunkt der Eingriffsqualität operiert, die verfassungsrechtliche Maßgeblichkeit gerade dieses Gesichtspunktes aus dem normativ Vorgegebenen plausibel zu machen hat.

§ 11 Das Problem des richtigen Regel-Ausnahme-Verhältnisses

Die Überlegungen zum Grundrechtsschutz bei nur faktischen Beeinträchtigungen bedürfen zudem in einer anderen, schon beiläufig angedeuteten Beziehung stärkerer Akzentuierung.

Die vorhandenen, differenzierenden Lösungsansätze schenken dem Standort der jeweils für beachtlich befundenen Gesichtspunkte innerhalb des normativen Systems zu wenig Beachtung. Man vernachlässigt, daß die eine Differenzierung tragende rechtliche Erwägung womöglich aus einem Normgefüge gewonnen wird, das Regel-Ausnahme-Mechanismen begründet[101].

Es ist keineswegs nur eine Frage der Rechtstechnik, ob ein bestimmter Sachverhalt im Tatbestand einer Norm, die ein Prinzip aufstellt, erscheint oder ob er im Tatbestand einer Norm Eingang findet, die dieses Prinzip ausnahmsweise durchbricht.

Die Normierung von Regel-Ausnahme-Strukturen hat eine nicht zu unterschätzende materiell-rechtliche Bedeutung. Sie entscheidet einmal darüber, was zu gelten hat, wenn eine Sachfrage offen bleibt. Handelt es sich nämlich um ein Tatbestandsmerkmal der Regelnorm, so tritt das dort statuierte Prinzip eben nicht in Aktion. Betrifft es hingegen ein Tatbestandsmerkmal der Ausnahmevorschrift, so bleibt es bei der prinzipiellen Regelung[102]. Materiell-rechtliches Gewicht gewinnt die Regel-Ausnahme-Struktur überdies bei der Frage, ob man eine Vorschrift auf vergleichbare Sachverhalte analog anwenden kann. Geht es um die Analogiefähigkeit der Regel-Norm, dann trägt der vom Prinzip Begünstigte die Last der nicht gezogenen Analogie. Steht hingegen die Analogiefähigkeit der Ausnahmevorschrift zur Debatte[103], so hat es, solange man sich zu einer analogen Anwendung nicht entschließen kann, wiederum bei der prinzipiellen Regelung sein Bewen-

---

[101] Zur Aufgabe der Regel-Ausnahme-Struktur vgl. *Esser*, Grundsatz und Norm in der richterlichen Fortbildung des Privatrechts, 2. Aufl., S. 6 f.; speziell im Hinblick auf die Pressefreiheit *Peter Schneider*, Pressefreiheit und Staatssicherheit, S. 111 ff.

[102] Zur Frage der Beweislastverteilung im Rahmen grundrechtlicher Gewährleistungen vgl. *Peter Schneider*, Festschrift Deutscher Juristentag 1960, S. 263 ff.; *Eike v. Hippel*, NJW 67, 539 (541); *Gallwas*, BayVerwBl 66, 310.

[103] Die Auslegungsregel, daß Ausnahmevorschriften der Analogie nicht fähig seien, gilt keineswegs unangefochten. Vgl. *Larenz*, Methodenlehre der Rechtswissenschaft, 2. Aufl., S. 329.

§ 11 Das Problem des richtigen Regel-Ausnahme-Verhältnisses

den. Dasselbe gilt freilich mit umgekehrtem Vorzeichen, wenn es darum geht, ob eine restriktive Interpretation geboten ist[104].

Gerade für die Diskussion der verfassungsrechtlichen Behandlung faktischer Beeinträchtigungen ist die Frage nach dem systematischen Standort des jeweils einschlägigen Gesichtspunktes höchst folgenreich.

Wer nur bestimmte Typen faktischer Beeinträchtigungen in den Grundrechtsschutz einbezieht, macht den Grundrechtsschutz gegenüber faktischen Beeinträchtigungen zur Ausnahme. Wer jedoch lediglich in bestimmten Fällen faktischer Beeinträchtigungen den Grundrechtsschutz versagt, erhebt auch bei den faktischen Beeinträchtigungen den Grundrechtsschutz zum Prinzip. Man hat es also jeweils mit gegensätzlichen rechtstechnischen Modellen und Mechanismen zu tun.

In einem Fall gilt: Faktische Beeinträchtigungen genießen keinen Grundrechtsschutz, es sei denn, sie erfüllen zum Beispiel die besonderen Merkmale A und B. Im anderen Fall hingegen: Faktische Beeinträchtigungen sind an den Grundrechten zu messen, es sei denn, sie tragen die konträren Merkmale A' und B'. Weil sich aber diese Regelungsformen nicht im Bereich des Rechtstechnischen halten, sondern sich materiell-rechtlich auswirken, kann man sie nicht frei wählen. Gesetzgebung und Rechtsanwendung stehen selbst unter dem Einfluß verfassungsrechtlich vorgegebener Regel-Ausnahme-Strukturen[105]. Man wird in dieser Beziehung an folgender Grundregel nicht vorübergehen können: Ein allgemeines verfassungsrechtlich begründetes Regel-Ausnahme-Verhältnis darf weder durch den einfachen Gesetzgeber noch durch rechtsanwendende staatliche Gewalten in sein Gegenteil verkehrt werden; für eine Durchbrechung bedarf es besonderer verfassungsrechtlicher Rechtfertigungsgründe.

Als Nutzanwendung für die rechtliche Behandlung der faktischen Beeinträchtigungen ergibt sich: Der methodische Ansatz für die Problemlösung ist auf die allgemeinen Aussagen des Grundgesetzes zum Verhältnis zwischen Bürger und Staat abzustimmen.

So besehen scheint jener Lösungsweg, der auf den grundrechtswidrigen Effekt abstellt, als der richtigere, denn er verläuft in geringerem Abstand zu der freiheitlichen Gesamttendenz des Grundgesetzes als der Versuch, nur „eingriffsähnliche" Vorgänge dem Grundrechtsschutz zuzuführen.

---

[104] Zur materiell-rechtlichen Bedeutung einer Regel-Ausnahme-Struktur vgl. auch *E. R. Huber*, Deutsche Verfassungsgeschichte, Bd. III, S. 12; sowie das von *Ipsen* im Hinblick auf Art. 14 Abs. 3 S. 2 GG angesprochene Risiko einer falschen Begriffsdeutung, VVDStRL Heft 10, S. 74 (97).
[105] Vgl. hierzu die Bemerkungen des *Bundesverfassungsgerichts* in der Entscheidung zum Sammlungsgesetz Bd. 20, 150 (157), sowie Bd. 2, 266 (276 f.) und *Peter Schneider*, Verfassungswidrigkeit und Rechtsmißbrauch im Aktienrecht, S. 69 ff. (103); ders., Pressefreiheit und Staatssicherheit, S. 111 ff.

A. 3. Kritische Würdigung

§ 12 Zusammenfassung

Die Funktion grundrechtlicher Schutznormen bei faktischen Beeinträchtigungen der statuierten Freiheiten ist offenbar problematisch. Die Grundrechte sind einerseits in den genannten Fallbereichen nicht von vornherein bedeutungslos. Andererseits führt es zu unzuträglichen Konsequenzen, wollte man die faktischen Beeinträchtigungen durchwegs den imperativen gleichstellen. Es bedarf daher der Differenzierung.

Wenig erfolgversprechend erscheinen die Versuche, den Grundrechtsschutz von bestimmten formalen Voraussetzungen der Beeinträchtigung abhängig zu machen. Dieser Weg ist überdies bisher weder methodisch noch dogmatisch hinreichend abgesichert.

Einige Plausibilität besitzen dagegen solche Lösungen, die jede konkrete faktische Beeinträchtigung an den einschlägigen Grundrechtsnormen messen und hierbei zumal auf den grundrechtswidrigen Effekt abstellen. Auch in diesem Zusammenhang erhebt sich jedoch die Frage, wann und in welchem Maße den sachlichen Besonderheiten faktischer Beeinträchtigungen durch entsprechende Relativierungen Rechnung zu tragen ist. Bei der Erarbeitung der Antwort ist Bedacht zu nehmen, daß vorgegebene verfassungsrechtliche Regel-Ausnahme-Beziehungen nicht in ihr Gegenteil verkehrt werden.

Das Fazit der dargelegten Erwägungen steckt den Bereich der möglichen Lösungsvorstellungen ab.

Erfahrungen, wie man sie vor allem mit den formal strukturierten Eingriffsbegriffen gemacht hat, legen es nahe, einen anderen Weg einzuschlagen und den grundrechtswidrigen Effekten nachzugehen.

Die entscheidende Frage lautet also nicht, welche von den faktischen Beeinträchtigungen den imperativen Beeinträchtigungen strukturell so ähnlich sind, daß sie wie diese den Schutz der Grundrechte auslösen. Vielmehr stellt sich das Problem umfassender, die Relevanz jener Frage einbeziehend dahin, ob der Grundrechtsschutz überhaupt, sei es ausschließlich oder mindestens prinzipiell, auf den imperativen Charakter von Beeinträchtigungen abstellt. Es geht m. a. W. um die Richtigkeit folgender Ausgangshypothese: Grundsätzlich erfaßt der Grundrechtsschutz alle Beeinträchtigungen der im einzelnen gewährleisteten Freiheit; Ausnahmen bedürfen besonderer verfassungsrechtlicher Rechtfertigung.

ZWEITER HAUPTTEIL

Grundrechtsverletzungen durch faktische Beeinträchtigungen

§ 13 Vorbemerkungen

Der den ersten Hauptteil abschließende Satz, wonach grundsätzlich alle Beeinträchtigungen der jeweils gewährleisteten Freiheit am Grundrechtsschutz teilnehmen und Ausnahmen hiervon besonderer verfassungsrechtlicher Rechtfertigung bedürfen, ist hypothetisch. Zur rechtsverbindlichen Aussage wird er erst, wenn es gelingt, verfassungsrechtliche Gründe darzulegen, aus denen sich ergibt, daß das Grundgesetz ihn mindestens impliziert.

Zwei Argumentationsmethoden stehen zur Verfügung: Auslegung oder gegebenenfalls analoge Anwendung der Grundrechtsnormen. Entscheidend ist jeweils, ob eine Beschränkung des Grundrechtsschutzes auf imperative Beeinträchtigungen, sei es unter Einbeziehung eines Teils der diesen in der einen oder anderen Beziehung ähnlichen faktischen Beeinträchtigungen, zu Wertungswidersprüchen führen würde.

Die Frage, wo und in welchem Umfang es zu Wertungswidersprüchen kommen kann, läßt sich nicht generell für die Grundrechte, sondern nur speziell an Hand der verschiedenen im Grundgesetz normierten grundrechtlichen Schutzfunktionen beantworten.

Dabei sind zwei Grundformen der Gewährleistung zu unterscheiden.

Einmal gibt es Grundrechtsnormen, die die thematische Substanz der geschützten Freiheit bezeichnen. Hierher gehören zunächst die Gewährleistungsnormen selbst. Gemeint sind die Vorschriften, die zum Beispiel die Freiheit des Glaubens, die Freiheit der Presse, die Rechte, seine Meinung zu äußern oder sich zu versammeln, garantieren. Sodann sind die thematisch fixierten Vorbehaltsnormen zu dieser Gruppe zu rechnen, also etwa die gesetzlichen Bestimmungen zum Schutze der Jugend oder das Verbot von Vereinigungen, die sich gegen den Gedanken der Völkerverständigung wenden. Gewährleistungsnormen und thematisch fixierte Vorbehaltsnormen ergeben durch ihr Zusammenspiel die thematische Substanz der geschützten Freiheit. Sie umschrei-

B. Grundrechtsverletzungen durch faktische Beeinträchtigungen

ben den Individualraum, in den die staatlichen Gewalten weder allgemein noch im konkreten Fall eindringen dürfen.

Zum anderen findet man eine Vielzahl von Grundrechtsnormen, die den Hoheitsträger zur Beachtung bestimmter Handlungsformen verpflichten. Um das Recht auf körperliche Unversehrtheit beschränken zu können, muß der Staat zunächst ein förmliches Gesetz erlassen; nur das Bundesverfassungsgericht darf eine Grundrechtsverwirkung aussprechen; Grundrechtseinschränkungen durch Gesetz müssen das betroffene Grundrecht unter Angabe des Artikels nennen; Enteignungen dürfen nur durch oder auf Grund eines Gesetzes erfolgen, das gleichzeitig eine Entschädigungsregelung trifft.

Verbunden mit den zuvor genannten Gewährleistungsnormen schaffen diese Vorschriften einen zusätzlichen Schutzbereich zugunsten des einzelnen. In ihm ist die Freiheit zwar relativierbar, aber eben nur durch staatliche Entscheidungen, die spezifischen formell-rechtlichen Anforderungen entsprechen. Maßnahmen des Staates, die diese Voraussetzungen nicht erfüllen, besitzen hingegen nicht die rechtliche Kraft, in diesen Bereich hineinzuwirken. Verfügt zum Beispiel ein Minister des Innern gegen einen Bürger, der die Meinungsäußerungsfreiheit zum Kampf gegen die freiheitlich demokratische Grundordnung mißbraucht, eine Verwirkung dieses Grundrechts, dann ist nicht nur Art. 18 S. 2 GG, sondern zugleich Art. 5 Abs. 1 S. 1 GG verletzt[1]. Auf diese Weise legt sich um die Zone substantiell geschützter Freiheit, die im konkreten Fall den staatlichen Gewalten jedes Eindringen verwehrt, eine weitere, gewissermaßen formelle Schutzzone, in der Freiheitsbeeinträchtigungen unzulässig sind, wenn sie den übrigen Vorschriften über die Rechtmäßigkeit staatlichen Handelns nicht genügen.

Auf Grund der festgestellten Zweiteilung des Grundrechtsschutzes sollen zwei Arten der Grundrechtswidrigkeit unterschieden werden: Staatliche Maßnahmen, die in den substantiell geschützten Freiheitsbereich eindringen, seien materiell grundrechtswidrig, die anderen formell grundrechtswidrig[2].

---

[1] Vgl. *BVerfG* Bd. 10, 118 (121), wo diese Rückkoppelung der Zuständigkeitsnorm des Art. 18 S. 2 auf Art. 5 Abs. 1 S. 2 GG ausdrücklich vorgenommen wurde; nicht weniger deutlich *BVerfG* Bd. 24, 367 (385).

[2] Eine ähnliche Unterscheidung trifft schon *W. Schmidt*, AöR 91, 42 (66). Er trennt zwischen „formeller Eingriffsprüfung" und „materieller Grundrechtsprüfung", wobei er an die Schwerpunkte der verschiedenen Prüfungsabschnitte anknüpft: das Eingriffsgesetz und seine formelle Verfassungsmäßigkeit einerseits, das Freiheitsgrundrecht und dessen materieller Inhalt andererseits. Seine These (a.a.O., S. 67), daß die auf das einzelne Freiheitsrecht bezogene Eingriffsfreiheit zwar die notwendige Ergänzung der jeweiligen grundrechtlichen Handlungsfreiheit sei, jedoch nicht von Inhalt und Grenzen des Freiheitsrechts abhängig, nicht mit dem Freiheitsrecht identisch, nicht selbst materielles Grundrecht sei, sondern lediglich dem Schutz

Erster Abschnitt

Materielle Grundrechtswidrigkeit

Erster Unterabschnitt: Der grundrechtliche Gewährleistungsbereich

§ 14 Der Textbefund

Alle Versuche, die Frage nach dem Umfang grundrechtlicher Gewährleistungen zu beantworten, müssen vom Textbefund des Grundgesetzes ausgehen. Der mögliche Wortsinn der Grundrechtsnormen gibt den Ausschlag, welche methodischen Schritte zur Lösung der aufgeworfenen Frage zu unternehmen sind. Innerhalb des vom möglichen Wortsinn erfaßten Bereiches geht es um Auslegung, und man hat deren Regeln zu beachten. Jenseits dieser Grenzen handelt es sich um Lückenfüllung[3].

Die Gewährleistungsseite der Grundrechte ist in einer Weise formuliert, die für eine prinzipielle Differenzierung des Grundrechtsschutzes je nachdem, ob man es mit einer imperativen oder mit einer faktischen Beeinträchtigung zu tun hat, letztlich nichts hergibt. Mal ist

---

und der Durchsetzung des Freiheitsrechts diene, ist mindestens ungenau. Die Eingriffsfreiheit ist durchaus vom Inhalt des Freiheitsrechts abhängig. Wo keine Freiheit gewährleistet ist, besteht auch keine Eingriffsfreiheit. *Schmidt* verweist selbst (a.a.O., S. 72) darauf, daß die formelle Eingriffsprüfung nur sinnvoll ist, wenn sich eine materielle Grundrechtsprüfung anschließen kann. Die Eingriffsfreiheit ist recht besehen, d. h. auf die Gewährleistung der Freiheit bezogen, nichts anderes als ein Teil des materiellen Freiheitsrechts und mit diesem insoweit auch identisch. Es kann kein Zweifel sein, daß es, solange die staatlichen Gewalten den ihnen eröffneten Vorbehaltsbereich nicht ordnungsgemäß, also unter Beachtung der übrigen Verfassungsvorschriften, zumal der staatlichen Organisationsnormen, konkretisiert haben, bei der prinzipiell gewährleisteten Freiheit bleibt.
Dieser Funktionszusammenhang zwischen den einzelnen, thematisch verschiedenen Grundrechten und der formellen Eingriffsfreiheit, der auch der Rechtsprechung des *BVerfG* zugrunde liegt, vgl. BVerfG Bd. 6, 32 (41); 9, 83 (88); 10, 118 (121 f.); 24, 367 (385); ebenso *Schumann*, Verfassungs- und Menschenrechtsbeschwerde gegen richterliche Entscheidungen, S. 181 FN. 7, wird nicht immer deutlich gesehen. Vgl. etwa *Hesse*, Grundzüge des Verfassungsrechts der Bundesrepublik Deutschland, 3. Aufl., S. 190. Ihm erscheint die allgemeine Handlungsfreiheit nur als Kehrseite des Verbots ungesetzlicher Eingriffe. Lerche andererseits scheint der Ansicht zuzuneigen, die Freiheit vor formell verfassungswidrigen Hoheitsakten sei nach der Rechtsprechung des BVerfG nur durch Art. 2 Abs. 1 GG, nicht aber durch die jeweils thematisch einschlägigen Spezialgrundrechte erfaßt, vgl. *Lerche*, Übermaß und Verfassungsrecht, S. 299, FN. 158; ders., AöR 90, 341 (361, FN. 72).

[3] *Larenz*, Methodenlehre der Rechtswissenschaft, 2. Aufl., S. 301 ff.; *Canaris*, Die Festellung von Lücken im Gesetz, S. 22 f. mit weiteren Nachweisen FN. 21.

B. 1. Materielle Grundrechtswidrigkeit

von „Rechten"[4] die Rede und mal von „Freiheiten"[5], mal von „Gewährleistungen"[6], mal von „Unverletzlichkeit"[7].

Schwerlich wird man unter Berufung auf den Sprachgebrauch behaupten können, daß „Recht", „Freiheit", „Gewährleistung" oder „Unverletzlichkeit" nur auf bestimmte Beeinträchtigungsmodalitäten zugeschnitten seien. Dasselbe hat für die Formulierungen zu gelten, die für Art. 3 Abs. 3, Art. 6 Abs. 1 und Abs. 4, Art. 11 Abs. 1 und Art. 103 Abs. 1 gewählt wurden.

Bemerkenswert ist, daß Art. 4 Abs. 3 und Art. 12 Abs. 2 S. 4 einen ausdrücklichen Schutz der Gewissensfreiheit vor solchen Beeinträchtigungen statuieren, die beim Kriegsdienst mit der Waffe oder im Zusammenhang mit der Ableistung des Ersatzdienstes auftreten könnten. Es handelt sich hierbei nämlich um einen positiv-rechtlich geregelten Fall einer Folgewirkung.

Auch die normative Umgebung der grundrechtlichen Gewährleistungen verdient Beachtung. Besonderes Gewicht kommt den speziell ausgeformten Schutzfunktionen sowie den jeweils beigefügten Vorbehalten zu. Hier geht es um den naheliegenden Schluß von der Beschränkungsbefugnis auf den Umfang des Freiheitsbereiches. Soviel ist sicher: Beschränkungsvorbehalte sind nur sinnvoll, wo ohne die vorgesehene Beschränkungsmöglichkeit Freiheit herrschte. Man darf also getrost davon ausgehen, daß die Freiheitssphäre mindestens so weit reicht wie der Vorbehaltsbereich, der den staatlichen Gewalten zur Ausfüllung überlassen ist[8].

Mit dieser Erwägung ist allerdings für die Beantwortung unserer Frage kaum etwas gewonnen. Denn in den Grundrechtsvorbehalten wird man vergebens nach einem ausdrücklichen Hinweis suchen, der sich mit faktischen Beeinträchtigungen beschäftigt. Allenfalls kommt an dieser Stelle der Auslegung des Begriffes „allgemeine Gesetze" in Art. 5 Abs. 2 eine gewisse Bedeutung zu[9].

---

[4] Art. 2 Abs. 1, Abs. 2 S. 1; Art. 5 Abs. 1; Art. 6 Abs. 2; Art. 7 Abs. 2, Abs. 4 S. 1; Art. 8 Abs. 1; Art. 9 Abs. 1, Abs. 3; Art. 11 Abs. 2; Art. 12 Abs. 1; Art. 16 Abs. 2 S. 2; Art. 17.
[5] Art. 2 Abs. 2 S. 2; Art. 4 Abs. 1; Art. 5 Abs. 3.
[6] Art. 4 Abs. 2; Art. 7 Abs. 4 S. 1; Art. 9 Abs. 3; Art. 14 Abs. 1.
[7] Art. 2 Abs. 2 S. 2; Art. 4 Abs. 1; Art. 10 S. 1; Art. 13 Abs. 1.
[8] Vgl. hierzu die Argumentation des BVerfG im Elfes-Urteil (Bd. 6, 32 [36]), das die Beschränkungen des Art. 2 Abs. 1 GG heranzieht, um das Ausmaß der in diesem Artikel gewährleisteten Freiheit zu bestimmen.
[9] Und zwar deswegen, weil der in diesem Rahmen zulässige Rechtsgüterschutz nur faktisch auf die Freiheit der Meinungsäußerung einwirkt. Vgl. etwa den Hinweis im Elfes-Urteil des BVerfG Bd. 6, 32 (44), wonach man sich nicht auf Art. 5 berufen könne, wenn man an einer Meinungskundgabe im Ausland durch ein gerechtfertigtes Ausreiseverbot gehindert wird. Vgl. im übrigen zu diesen Fällen mittelbarer Grundrechtsprägungen *Lerche*, Übermaß und Verfassungsrecht, S. 112 ff.; *Bettermann*, JZ 64, 601 (603); *Adolf Arndt*, JZ 65, 337 (340).

§ 14 Der Textbefund

Zweifelsfrei ist im übrigen auch folgendes: Wo der Grundgesetzgeber den Vorbehaltsbereich seinerseits wieder mit Einschränkungen versehen, also gewissermaßen eine Gegenschranke aufgerichtet hat, darf angenommen werden, daß insoweit Freiheit bestehen soll. Viel ist jedoch auch mit dieser Überlegung nicht anzufangen. Denn eine dieserart aufschlußreiche Rückausnahme bietet nur Art. 12 Abs. 2 S. 4 GG. Das Verbot, durch ein Gesetz über den Ersatzdienst die Freiheit der Gewissensentscheidung zu beeinträchtigen, erweitert den Schutzbereich des Art. 4 Abs. 1 GG in den Vorbehaltsbereich des Art. 12 Abs. 2 und 3 GG hinein[10].

Der Textbefund auf der Vorbehaltsseite ist höchst unergiebig. Abgesehen von den Befugnissen, die der Vorbehalt zugunsten der „allgemeinen Gesetze" verleiht, und dem Verbot einer Regelung des Ersatzdienstes zu Lasten der Gewissensfreiheit, liefert er keine zusätzlichen Belege, die für den Grundrechtsschutz bei faktischen Beeinträchtigungen sprechen könnten.

Das Schweigen des Grundgesetzgebers bei den Grundrechtsvorbehalten kann man indessen nicht einfach zum Argument gegen die Einbeziehung faktischer Beeinträchtigungen in den Gewährleistungsbereich erheben. Schweigen des Gesetzgebers ist für sich genommen bekanntlich immer mehrdeutig. Erst vor dem Hintergrund des übrigen Normgefüges läßt es sich zu spezifischen Aussagen verdichten. In unserem Fall hätte man zum Beispiel nachzuweisen, daß der Grundgesetzgeber den Gewährleistungsbereich vernünftigerweise niemals soweit erstreckt haben würde, ohne auf der Vorbehaltsseite entsprechende Regelungen zu treffen[11].

Ein solcher Nachweis ist jedoch für die faktischen Beeinträchtigungen, da diese erst allmählich und eigentlich erst in der jüngsten Zeit auf breiter Ebene als problematisch in das Bewußtsein treten und zu rechtlicher Relevanz gelangen, nicht zu führen.

Der Textbefund ergibt somit: Die Normen, welche die Gewährleistungsseite der Grundrechte umschreiben, sind in ihrem Wortlaut so weit gefaßt, daß sie auch für faktische Beeinträchtigungen gelten könnten. Wie Art. 5 Abs. 2 GG („allgemeine Gesetze") und Art. 4 Abs. 3 S. 1 sowie Art. 12 Abs. 2 S. 4 GG zeigen, ist dem Grundgesetz die fak-

---

[10] Vgl. in diesem Zusammenhang auch die in der Funktion ähnliche Vorschrift des § 39 Abs. 1 S. 3 BVerfGG: andere als die verwirkten Grundrechte dürfen nicht beeinträchtigt werden.
[11] Vgl. hierzu die Begründung des BVerfG Bd. 6, 32 (35) für die Ansicht, daß die Ausreisefreiheit nicht von Art. 11, sondern von Art. 2 Abs. 1 GG erfaßt werde, weil Art. 11 GG die herkömmlichen und sachgerechten Beschränkungen der Ausreisefreiheit nicht erwähne, aber nicht anzunehmen sei, daß die Ausreisefreiheit ohne diese Schranken gewährt sein solle, beziehe sich Art. 11 Abs. 1 nicht auf diese Freiheit.

tische Beeinträchtigung grundrechtlich gewährleisteter Freiheiten als Konflikttyp nicht völlig fremd.

Dieses Ergebnis zwingt zu der Frage, ob es Gründe gibt, den Wortlaut der grundrechtlichen Gewährleistungsnormen im Hinblick auf die eine oder andere Beeinträchtigungsmodalität einschränkend auszulegen; mit anderen Worten, ob die vom Grundgesetz geregelten Fälle faktischer Beeinträchtigungen die große Ausnahme bilden oder spezielle Ausformungen allgemeiner Schutzpositionen darstellen?

Es geht hier um den Nachweis, daß die faktischen Beeinträchtigungen im ganzen oder zum Teil den imperativen Beeinträchtigungen in einem Maße unähnlich sind, daß eine Gleichbehandlung beider dem Gebot, „Ungleiches ungleich" zu behandeln, d. h. die wertungsmäßig gebotenen Differenzierungen vorzunehmen, zuwiderliefe. Für die Frage, ob eine Differenzierung nach der Art der Beeinträchtigung geboten ist, kommt es vor allem auf den Sinn und Zweck der nach ihrem Wortlaut weit gefaßten Grundrechtsnorm an, aber auch auf den Sinn und Zweck anderer Normen und schließlich auf die der Rechtsordnung immanenten Prinzipien an, denen gegenüber den Grundrechtsnormen ein Vorrang gebührt[12].

§ 15 Das überkommene Grundrechtsverständnis

Dem Versuch, die faktischen Beeinträchtigungen in den Schutzbereich grundrechtlicher Gewährleistungen einzubeziehen, kann man nicht mit der Einwendung begegnen, dies widerspreche dem historisch gewachsenen, auch für die Grundrechte des Grundgesetzes verbindlichen Grundrechtsverständnis.

Zunächst ist zu beachten, daß man sich den sachlichen Unterschieden zwischen imperativen und faktischen Freiheitsbeeinträchtigungen lange Zeit nicht bewußt war. Vergebens sucht man in den Darlegungen zur Grundrechtsdogmatik in der Zeit vor 1933 eine dezidierte Stellungnahme allgemeinerer Art zu Fragen, die mit der Erscheinung der nicht-imperativen Beeinträchtigungen durch staatliches Handeln verbunden sind.

Das ist um so erstaunlicher, weil in der zivilrechtlichen Literatur Probleme wie das der Rückwirkung rechtlicher Tatsachen auf Dritte auch außerhalb der Schadenslehre längst gesehen und behandelt worden waren[13].

Die verwaltungsrechtliche Dogmatik war gleichfalls schon einen Schritt weiter. Sie hatte vom Zweck normativer Regelungen ausgehend,

---

[12] Zu der hier angesprochenen methodischen Figur der „teleologischen Reduktion" vgl. *Larenz*, Methodenlehre der Rechtswissenschaft, 2. Aufl., S. 369 ff.
[13] Vgl. *Ihering*, Iherings Jahrbücher Bd. 10 (1871), S. 245 ff.

§ 15 Das überkommene Grundrechtsverständnis

den Begriff des Rechtsreflexes ausgeformt, mit dessen Hilfe man zu begründen versuchte, daß bestimmte nachteilige Folgen hoheitlichen Handelns vom Betroffenen selbst dann hinzunehmen seien, wenn das entsprechende Handeln als solches mit der objektiven Rechtslage unvereinbar war[14].

An einzelnen Brennpunkten trat freilich bereits in der Grundrechtsdiskussion der Weimarer Zeit der problematische Charakter der Beeinträchtigungsmodalität zu Tage. Das gilt zumal für die Arbeiten zur Bestimmung des Begriffes der „allgemeinen Gesetze" in Art. 118 Abs. 1 WRV[15].

Aus gleichem Grund darf man auch die vorhandenen Aussagen zur Schutzfunktion der Grundrechte, die sich den Darstellungen nach nur auf imperative Beeinträchtigungen zu beziehen scheinen, letztlich nicht in einem ausschließlichen Sinn verstehen[16]. Die imperative Beeinträchtigung bildet nun mal den Prototyp der Grundrechtsverletzung. Schon deshalb steht sie im Mittelpunkt grundrechtsdogmatischer Überlegungen. Der Schluß, daß man nach überkommener Vorstellung jenseits des Imperativen überhaupt keinen Gegenstand für grundrechtliche Schutzfunktionen habe anerkennen wollen, wäre voreilig.

Zwar ließe sich beispielsweise aus der Lehre *Georg Jellineks* vom Grundrecht als „status negativus" und Abwehrrecht gegen staatlichen Zwang eine Tendenz zur Beschränkung des Grundrechtsschutzes auf imperative Beeinträchtigungen herauslesen. Man könnte nämlich folgern, daß für einen Grundrechtsschutz kein Raum sei, wo der Staat keinen Zwang einsetze. Überzeugend wäre eine solche Argumentation jedoch nicht. Auch hier gilt die Bemerkung *Carl Schmitts*, daß wegen des geschichtlich zu erklärenden Interesses an einer bestimmten Schutzrichtung der Grundrechte mitunter deren prinzipielle Bedeutung

---

[14] Zum Rechtsreflex vgl. *Georg Jellinek*, System der subjektiven öffentlichen Rechte, 2. Aufl., S. 67 ff.; *Bühler*, Die subjektiven öffentlichen Rechte, S. 47 ff.; *Fleiner*, Institutionen des Deutschen Verwaltungsrechts, 8. Aufl., S. 172 ff.; *Bachof*, Gedächtnisschrift für *Walter Jellinik*, 2. Aufl., S. 287 ff.; *Hans J. Wolff*, Verwaltungsrecht Bd. I, 7. Aufl., § 43 I b, S. 264 ff.
[15] Vgl. hierzu *Anschütz*, Die Verfassung des Deutschen Reiches, 14. Aufl. Neudruck 1960, Art. 118, S. 553 ff. Vgl. auch den Hinweis bei *Smend*, VVDStRL Heft 4, S. 44 (66), wonach Verordnungen, die sich nicht gegen die geistigen Tätigkeiten des Forschens und Lehrens bzw. nicht gegen die geistigen Inhalte dieser Tätigkeiten richten, sondern gegen Gefahren, die von bestimmten Gegenständen ausgehen, nicht gegen Art. 142 WRV verstoßen.
[16] Vgl. etwa die Formel *Georg Jellineks*, System der subjektiven öffentlichen Rechte, 2. Aufl. 1919, Neudruck 1964, S. 103: Das Individuum solle vom Staat zu keiner gesetzwidrigen Leistung herangezogen werden und habe Anspruch auf Unterlassung und Aufhebung der die gesetzlichen Vorschriften überschreitenden obrigkeitlichen Befehle.
Oder *Carl Schmitts* Verteilungsprinzip des bürgerlichen Rechtsstaates, nach dem die Freiheit vorausgesetzt werde und der gesetzliche Eingriff als die Ausnahme erscheine, Verfassungslehre 1928, Neudruck 1954, S. 166.

und die verschiedenen Inhalte und Richtungen der Garantie ganz übersehen werden[17].

Im übrigen ist nicht zu verkennen, daß sich gerade in der Grundrechtslehre der Weimarer Zeit die Erkenntnis umfassenderer Schutzfunktionen der Grundrechte ihre Bahn brach und sich auszubreiten begann. Richtungsweisend sind etwa die Formulierungen von *Triepel* und *Smend* auf der Münchner Staatsrechtslehrertagung. Schon da sah man in den Grundrechten „legalisierte Wertungen"[18] und nahm an, daß die Verfassung in den Grundrechten dem Leben sachliche Inhalte gebe[19].

Ähnlich wirken die Versuche *Carl Schmitts*, die Garantie der Grundrechte — wenngleich mit jeweils verschiedenem Aktualisierungsgrad — auch bei Verfassungsrevisionen, Akten der einfachen Gesetzgebung und bei anderen staatlichen Tätigkeiten sich entfalten zu lassen[20].

Schon damit war wenigstens für Teilbereiche der Grundstein für eine dogmatische Entwicklung des Grundrechtsschutzes gelegt, die auch faktischen Beeinträchtigungen zugute kommen könnte. Selbst wenn man damals noch meinte, daß mittelbare Berührungen kein eigentliches Problem unter dem Gesichtspunkt der einzelnen Freiheitsgewährleistung seien[21].

§ 16 Im Grundgesetz angelegte teleologische Gesichtspunkte

Im Mittelpunkt der Beschäftigung mit der Frage, wie weit der Schutz grundrechtlicher Gewährleistungen reicht, muß eine Auseinandersetzung mit dem Zweck der im Grundgesetz normierten Grundrechte stehen. Man hat zu fragen, ob der Schutz vor faktischen Beeinträchtigungen im vorgegebenen Grundrechtszweck inbegriffen ist, bzw. ob sich Zweckgesichtspunkte erkennen lassen, die einer solchen Auffassung zuwiderlaufen?

Was der Zweck grundrechtlicher Gewährleistung ist, unterliegt mannigfachen Deutungen. Das hat seinen Grund vor allem darin, daß die Statuierung von Grundrechten sich nicht nach einem bestimmten System vollzieht, sondern für gewöhnlich eine Art Kontrastprogramm zur vorhergehenden Staatsordnung bildet[22]. Dennoch darf man sich

---

[17] Verfassungslehre 1928, Neudruck 1954, S. 178 f.
[18] VVDStRL Heft 4, S. 90.
Siehe auch *Thoma*, in: Die Grundrechte und Grundpflichten der Reichsverfassung, S. 15 ff.; *Fleiner*, Institutionen des Deutschen Verwaltungsrechts, S. 176 ff.; *Anschütz*, Die Verfassung des Deutschen Reiches, S. 511.
[19] VVDStRL Heft 4, S. 44 (46).
[20] Verfassungslehre, S. 175 ff.
[21] Vgl. *Smend* VVDStRL Heft 4, S. 69 f.
[22] So spricht zum Beispiel *Hesse*, Grundzüge des Verfassungsrechts der Bundesrepublik Deutschland, 3. Aufl., S. 118 f., die Grundrechte als „punktuelle Gewährleistungen" an.

§ 16 Im Grundgesetz angelegte teleologische Gesichtspunkte

nicht dazu verführen lassen, mit der teleologischen Exegese bei den einzelnen Sätzen des Grundrechtsteils samt ihren Entstehungsgeschichten zu beginnen und aufzuhören. Das den Grundrechten Gemeinsame bliebe verborgen.

Auf diese Neigung in der Grundrechtsliteratur hat bereits *Thoma* aufmerksam gemacht[23]. Sie zeigt sich, obzwar abgewandelt, auch in den modernen Versuchen, die sich gegen eine Systembildung bei den Grundrechten wenden[24]. Freilich ist es richtig, daß die positivierten Grundrechte nicht als Ableitungen aus einem abstrakten und allgemeinen Prinzip entstanden sind. Das schließt aber nicht aus, die Grundrechte trotz ihrer jeweils speziellen Geschichte auf ein gemeinsames, konkretes Verfassungsprinzip des Grundgesetzes zurückzuführen, das seinerseits die Auslegung der einzelnen Bestimmungen zu beeinflussen vermag.

Eine Grundrechtsexegese, welche die maßgeblichen Interpretationsgesichtspunkte vorwiegend aus den speziellen Grundrechtsformulierungen zu gewinnen sucht, erscheint mindestens dann unvollständig, wenn die Verfassung selbst interpretationserhebliche Leitlinien erkennen läßt. Damit ist man bei den Impulsen, die die zentrale Vorschrift des Art. 1 GG auf die nachfolgenden Grundrechte ausübt. Die einzelnen Grundrechtsvorschriften sind, das ist trotz aller rechtstechnischen Unzulänglichkeiten des Art. 1 GG unbestreitbar, von der Idee unverletzlicher und unveräußerlicher Menschenrechte und diese wiederum von der Achtungs- und Schutzpflicht aller staatlichen Gewalten zugunsten der Menschenwürde durchdrungen[25].

Wenn es aber so ist, daß das Grundgesetz dem einzelnen um seiner Würde als Mensch willen u. a. die Freiheit des Gewissens, das Recht zur Meinungsäußerung und das Eigentum gewährleistet, dann gewinnen die Spezialrechte von eben diesem normierten Zweck her einen besonderen rechtlichen Gehalt. Sie beschreiben nicht mehr nur einen Bereich rechtlich irrelevanter Handlungen, nicht mehr nur Vorgänge, die als solche niemandes, namentlich nicht des Staates Recht tangieren, die also auf gleicher Ebene stehen wie der „Genuß des eigenen Weines" oder „der Spaziergang auf eigenem Grundstück"[26], sondern sie be-

---

[23] In: Die Grundrechte und Grundpflichten der Reichsverfassung, S. 3 ff.; vgl. auch *Carl Schmitt*, Verfassungslehre, 1928, S. 178 f. sowie *Nipperdey*, Grundrechte, Bd. II S. 1 ff. (19).
[24] Vgl. etwa *Hesse*, a.a.O., S. 118 ff.; *Ehmke*, VVDStRL Heft 20, 53 (82 ff.); *Scheuner* VVDStRL Heft 22, 1 (44 f.).
[25] *Wintrich*, BayVerwBl 57, 137 (138); ders., Zur Problematik der Grundrechte, S. 12 ff.; *Dürig*, Maunz-Dürig-Herzog, Art. 1 Abs. I RdNr. 6 ff., S. 6 ff.; *Nipperdey*, Grundrechte, Bd. II S. 1 ff. (8 ff.); *Maihofer*, Rechtsstaat und menschliche Würde, S. 7 ff.; *Zeidler*, VVDStRL Heft 19, 208 (226 f.).
[26] So noch *Georg Jellinek*, System der subjektiven öffentlichen Rechte, 2. Aufl., 1919, Neudruck 1964, S. 104.

zeichnen einen individuellen Raum von so großer rechtlichen Erheblichkeit, daß der Staat für Einwirkungen gleich welcher Art einer besonderen Legitimation bedarf[27]. Art. 1 bewirkt, daß dasjenige, was die Grundrechte als prinzipiell gewährleistet benennen, dem Staat nicht nur gleichgültig zu sein hat, daß er vielmehr sein eigenes Verhalten, und zwar sein gesamtes Verhalten, so einrichten muß, daß die im Schutzbereich liegenden Lebensvorgänge sich möglichst reibungslos vollziehen[28]. Gerade dies ist der Gegenstand des Achtungsauftrages, den Art. 1 Abs. 1 Satz 2 GG den staatlichen Gewalten auferlegt.

Daß für eine Differenzierung nach der Art der Beeinträchtigung kein Raum ist, wird durch den gleichfalls statuierten Schutzauftrag deutlich. Der Staat hat den einzelnen nicht nur vor Beeinträchtigungen zu bewahren, die von ihm, dem Staat selbst ausgehen, sondern auch vor denjenigen, welche von anderen Interessenträgern herrühren[29]. Letztere sind aber ihrem Wesen nach niemals imperativ. Es wäre einfach ungereimt, wenn der Staat zwar berufen sein sollte, faktische Beeinträchtigungen, die sich aus der außerstaatlichen Sphäre ergeben, abzuwehren, seinerseits hingegen ungehindert solche Beeinträchtigungen sollte herbeiführen dürfen.

Freilich ließe sich denken, daß der Impuls zum Schutze der Menschenwürde nur punktuell auf die einzelnen Grundrechte einwirkt, nämlich in der Weise, daß der allgemeine Gewährleistungsbereich der speziellen Grundrechte sich an Stellen, wo die Menschenwürde tangiert werden könnte, zusätzlich[30] verdichtet und für staatliche Einwirkungen schlechterdings unzugänglich wird.

---

[27] Diesem Ansatzpunkt verschließt sich *Bettermann*, Festschrift für Hirsch, S. 1 ff. (18 f.), mit dem Hinweis, die Freiheitsgarantien der Grundrechte schützten nur vor Zwangsakten im Subjektionsverhältnis. Angesichts der in Art. 1 Abs. 1 GG normierten Achtungs- und Schutzpflichten ist aber gerade dies fragwürdig.
Denselben Einwand muß sich *Hans H. Klein*, Die Teilnahme des Staates am wirtschaftlichen Wettbewerb S. 169 ff. gefallen lassen; zumal das Argument, Art. 12 Abs. 1 GG bringe mit der Vokabel „geregelt" sinnfällig zum Ausdruck, daß es auf den Einsatz staatlicher Herrschaftsgewalt, d. h. regelmäßig eines Gesetzes oder eines Verwaltungsaktes bedarf (S. 177), ist etwas vordergründig.
[28] Das heißt jedoch nicht ohne weiteres, daß der Grundrechtsträger vom Staat Bereitstellung der zur Grundrechtsausübung erforderlichen sächlichen und finanziellen Mittel verlangen kann. Vgl. in diesem Zusammenhang *Maunz*, Maunz-Dürig-Herzog, Art. 7 RdNr. 86, S. 51 f.
[29] *Wintrich*, Zur Problematik der Grundrechte, S. 12 f.; *Dürig*, Maunz-Dürig-Herzog, Art. 1 Abs. I, RdNr. 2 f., S. 3 ff.; *v. Mangoldt-Klein*, Art. 1 Anm. III 5, S. 152; *Nipperdey*, Grundrechte, Bd. II, S. 1 ff. (19 f.); *Wertenbruch*, Grundgesetz und Menschenwürde, S. 150; *Zippelius*, Bonner Kommentar, Art. 1 (Zweitbearbeitung) RdNr. 35, S. 25; dieser Gesichtspunkt wird von *Hans H. Klein*, Die Teilnahme des Staates am wirtschaftlichen Wettbewerb, S. 170, verkannt.
[30] Angesichts der Breite und der Tiefe des Geltungsbereichs des Art. 2 Abs. 1 GG kann Art. 1 Abs. 1 GG kaum sinnvoll als „vorgelagerter Auffang-

§ 16 Im Grundgesetz angelegte teleologische Gesichtspunkte 59

Denkbar ist aber auch, daß der genannte Impuls in seiner Wirkung generalisierend aufzufassen ist, als Verstärkung der verschiedenen Gewährleistungsbereiche insgesamt. Gerade weil die Freiheit des Gewissens, die Freiheit der Meinungsäußerung, Eigentum und Erbrecht usw. mit der Würde des Menschen zusammenhängen und daher Beeinträchtigungen jener Positionen geeignet sind, auf die Würde des Menschen zurückzuwirken, könnten diese Positionen zu Grundrechten ausgeformt sein[31].

Der Unterschied beider Auffassungen liegt darin, daß bei der ersten eine konkrete Beeinträchtigung der Menschenwürde Voraussetzung für den verstärkten Grundrechtsschutz im einzelnen Fall ist, während bei der zweiten die Möglichkeit einer Beeinträchtigung der Menschenwürde das Motiv für eine prinzipiell umfassendere Gewährleistung liefert. Die Konsequenzen sind offenbar: Sie betreffen wiederum das Regel-Ausnahme-Verhältnis.

Bei der ersten Auffassung erhält die einzelne, prinzipiell eigenständig verstandene grundrechtliche Gewährleistung zusätzlich einen Menschenwürde-Kern, der allerdings lediglich in Ausnahmefällen Bedeutung gewinnt. In der Regel bliebe es bei den herkömmlichen Schutzfunktionen der Grundrechte. Der Betroffene trüge die Last der Fehldeutung sowohl dessen, was den Inhalt der Menschenwürde ausmacht, als auch dessen, welche Beeinträchtigungsarten rechtlich relevant sind.

Bei der zweiten Auffassung dagegen erscheint die Freiheit von Beeinträchtigungen, gleichviel welcher Art, als Regel, und Durchbrechungen dieser Regel bedürften besonderer verfassungsrechtlicher Rechtfertigung[32].

Die Annahme, daß Art. 1 Abs. 1 GG das maßgebende Motiv für die nachfolgenden Grundrechte ist, diesen also zu einer umfassenderen Schutzfunktion verhilft und so der Freiheit des einzelnen von Verfassungs wegen eine breitere Basis verschafft, kann sich auf mehrere Erwägungen stützen.

---

tatbestand" fungieren; so aber *Zippelius*, Bonner Kommentar, Art. 1 (Zweitbearbeitung), RdNr. 33, S. 24.

[31] Zum Problem der Interdependenz des Würdebegriffes und des Freiheitsbegriffes *Luhmann*, Grundrechte als Institution, S. 53 ff. (77). Vgl. hierzu auch *Maihofer*, Rechtsstaat und menschliche Würde, S. 61 ff.; die Freiheit des einzelnen erscheint dort nicht als Zweck, sondern als „Mittel zum Zwecke: der Hervorbringung des Menschlichen in freier sittlicher Selbstbestimmung des Menschen" (S. 72).

[32] Hierin dürfte vor allem der Sinn der von Dürig betonten Ausgangsvermutung zugunsten des Menschen liegen. Vgl. *Dürig*, Maunz-Dürig-Herzog, Art. 1 Abs. I, RdNr. 15, S. 9 f.; ihm folgend *Marçic*, Vom Gesetzesstaat zum Richterstaat, S. 319.
Auch der Satz „in dubio pro libertate" erhält wohl von daher seine Rechtfertigung; vgl. hierzu die Zusammenstellung bei *Ossenbühl*, DÖV 65, 649 (657, FN. 111).

B. 1. Materielle Grundrechtswidrigkeit

Als man im Parlamentarischen Rat über die Grundrechte beriet, war man sich einig über die Aufgabe, „der Allmacht des Staates Schranken zu setzen, damit der Mensch in seiner Würde wieder anerkannt werde". Es bestand Klarheit über die Notwendigkeit, „die Grundrechte aus den besonderen Verhältnissen der Gegenwart neu zu gestalten und neu zu formen". Ursprünglich war sogar ein Zusatz von Art. 1 Abs. 3 geplant, wonach die Grundrechte „für unser Volk aus unserer Zeit geformt seien". Wenngleich man diesen Passus wieder gestrichen hat, sollten Sinn und Inhalt der Grundrechte unverändert geblieben sein. Man glaubte, die gerade für die Grundrechte „so wichtige Anpassungsfähigkeit an fortschreitenden Entwicklungen in besonderem Maße gesichert" zu haben[33].

Besonders dieser Überlegung trägt ein Verständnis des rechtstechnischen Verhältnisses zwischen Art. 1 GG und den nachfolgenden Grundrechtsbestimmungen Rechnung, das der Menschenwürde ihre zentrale Stellung innerhalb der Grundrechtsdogmatik bewahrt. Hingegen wäre diese Aussage, wollte man den Rechtsgehalt des Menschenwürdesatzes nur in konkreten Beeinträchtigungsfällen aktualisieren, nicht zuletzt wegen der noch immer bestehenden Unschärfe der verschiedenen Menschenwürdekomponenten praktisch weitgehend bedeutungslos, ein Ergebnis, mit dem sich der Verfassungsinterpret bei den ranghöchsten Verfassungsnormen nicht ohne Not zufrieden geben sollte[34].

Damit ist unverkennbar die gleichfalls freiheitsverbürgende Funktion der Rechtsklarheit angesprochen. Das Recht als äußere Ordnung hat zumal dort, wo Handlungen nach mehr oder minder diffuser Werthaltigkeit beurteilt werden müßten, häufig sein Heil und seine Praktikabilität darin gefunden, Ziel und Mittel einer Regelung voneinander zu trennen[35]. In der Tat würde die Unschärfe des Begriffes der Menschenwürde in ihrer negativen Wirkung gemildert, wenn man die Grundrechte als das Mittel ansähe, um Achtung und Schutz der Menschenwürde in den jeweils benannten Bereichen zu gewährleisten[36].

Eine weitere Stütze findet diese Auffassung im systematischen Aufbau des Art. 1 GG, der Anlaß gibt, die Bindungsklausel des dritten Ab-

---

[33] *v. Mangoldt*, Schriftlicher Bericht des Parlamentarischen Rates zum Entwurf des Grundgesetzes für die BRD, S. 5.
[34] Vgl. hierzu die bekannte Bemerkung *Thomas*, in: Die Grundrechte und Grundpflichten der Reichsverfassung, S. 9, wonach „die Jurisprudenz, wenn nicht Treu und Glauben verletzt werden sollen, von mehreren, mit Wortlaut, Dogmengeschichte und Entstehungsgeschichte vereinbarten Auslegungen einer Grundrechtsnorm allemal derjenigen den Vorzug zu geben hat, die die juristische Wirkungskraft der betreffenden Norm am stärksten entfaltet".
[35] Zu dieser Überlegung *Evers*, AöR 90, 88 (95).
[36] Vgl. hierzu auch *Maihofer*, Rechtsstaat und menschliche Würde, S. 44 ff., größtmögliche und gleiche Freiheit eines Jeden sei „Bedingung eines menschenwürdigen Daseins jedes Einzelnen" (S. 61 ff.).

§ 16 Im Grundgesetz angelegte teleologische Gesichtspunkte

satzes als Konkretisierung der Leitidee des ersten Absatzes zu verstehen[37].

Der aus Art. 1 GG gewonnene allgemeine Gesichtspunkt für die Grundrechtsinterpretation läßt sich auch im besonderen, von den einzelnen Grundrechtsgewährleistungen her entwickeln.

Wie jedes andere subjektive Recht entscheiden die Grundrechte Interessengegensätze. Sie enthalten Wertungen für erwartete Konflikte[38]. Unter der Voraussetzung der im einzelnen normierten Tatbestandselemente geht ein individuelles Interesse dem Interesse der staatlichen Gemeinschaft vor.

Eine Besonderheit der Grundrechte ist darin zu erblicken, daß die jeweils rechtsbegründenden Tatbestände weniger exakt fixiert sind. Der Verfassungsgeber faßt eine Vielzahl inhaltlich verschiedener Interessen wegen ihrer Beziehung zu einem maßgeblichen Gesichtspunkt wie zum Beispiel dem der Kunst, dem der Wissenschaft, dem der Religion oder der allgemeinen Handlungsfreiheit zusammen. Für gewöhnlich ist also ein ganzes Bündel von im einzelnen noch nicht präzisierten individuellen Interessen geschützt[39].

Geht man davon aus, daß die Grundrechte herkömmlicherweise Kollisionen zwischen individuellen Interessen und staatlichen Interessen, die im Gewande imperativer Beeinträchtigungen auftreten, regeln, dann liegt die Frage nur allzu nahe, was aus den derart geschützten Individualinteressen wird, wenn sie mit einem sich nur faktisch auswirkenden, staatlichen Interesse kollidieren?

Eine an der zentralen Bedeutung des Interesses ausgerichtete Betrachtungsweise hat darauf abzustellen, ob sich rechtserhebliche Gesichtspunkte ermitteln lassen, die eine Beschränkung des Grundrechts-

---

[37] Vgl. *Dürig*, Maunz-Dürig-Herzog, Art. 1 Abs. I, RdNr. 4 ff., S. 5 ff.; *v. Mangoldt-Klein*, Art. 1, Anm. IV 1, V 1, S. 155 f., 158 f.; *Wertenbruch*, Grundgesetz und Menschenwürde, S. 129 ff.

[38] *Triepel*, VVDStRL Heft 4, S. 90. Zur Interessenjurisprudenz im Staatsrecht vgl. ders., Staatsrecht und Politik, S. 20, S. 36 ff.; ihm folgend *Müller-Erzbach*, Wohin führt die Interessenjurisprudenz? S. 46; *Engisch*, Monatsschrift für Kriminalpsychologie und Strafrechtsreform 1934, S. 65 (66). Das BVerfG argumentiert gleichfalls unter Berücksichtigung der Interessenkonstellationen vgl. Bd. 20, 351 (359); siehe auch *Zippelius*, Wertungsprobleme im System der Grundrechte, S. 64 ff.

[39] Das „Grundrechtssystem" ist geradezu ein Musterbeispiel für eine „offene Rechtsordnung", vgl. hierzu *Esser*, Grundsatz und Norm in der richterlichen Fortbildung des Privatrechts, S. 44 ff., und S. 75 ff. Grundrechtsinterpretation ist daher auch nicht denkbar ohne Beachtung der „topischen Grundstruktur" der Jurisprudenz. Hierzu *Ehmke*, VVDStRL Heft 20, 53 (61 ff.); *Salzwedel*, AöR 87, 82 (85 ff.).
Zur Bedeutung der Grundrechte für topische Argumentationen vgl. *Horn*, NJW 67, 601 (608), im Grundrechtsteil sei eine große Anzahl allgemeiner Grundsätze der materiellen Rechtstheorie verfassungsrechtlich positiviert.

schutzes auf die Fälle imperativer Beeinträchtigungen individueller Interessen rechtfertigen könnten.

Derartige Gesichtspunkte sind nicht erkennbar. Man wird auch schwerlich den Nachweis führen können, daß sie unserer Rechtsordnung immanent seien. Es gibt weder gute Gründe für die Annahme, daß der nur faktisch in seiner Freiheit Beeinträchtigte nicht schutzwürdig sei, noch plausible Argumente für die Meinung, daß die staatlichen Gewalten im Hinblick auf die faktischen Beeinträchtigungen ihres Handelns bindungsfrei gestellt werden müßten. Statt dessen spricht einiges für die Schutzwürdigkeit des faktisch Beeinträchtigten. Immerhin gibt es alltäglich Situationen, in denen der Bürger durch faktische Beeinträchtigungen in der Substanz der gewährleisteten Freiheiten ebenso stark betroffen wird wie von imperativen Maßnahmen. Speziell das verfassungsrechtliche Eigentumsrecht liefert in dieser Hinsicht eine Unzahl von Beispielen der Verfolgung staatlicher Interessen auf Kosten des einzelnen. Es ergeben sich Minderung oder sogar Verlust an privaten Eigentumspositionen, ohne daß spezifisch eigentumsbelastende oder eigentumsentziehende Befehle oder Regelungen erlassen wurden, und vor allem da kündigt sich in der rechtlichen Beurteilung eine Tendenz an, die vom Geesichtspunkt des Imperativen der Beeinträchtigung immer mehr abrückt[40].

Aus diesem Grund wird man an einer Erscheinung nicht vorübergehen können, die *Philipp Heck* mal als „Fernwirkung" gesetzlicher Normierungen bezeichnet hat[41]. Demnach soll, wenn sich ein Gesetz unmittelbarer Anwendung, also der einfachen Subsumtion entzieht, eine weitere beachtenswerte Bindung bestehen. Gemeint ist die Bindung an die im Gesetz ausgesprochenen Werturteile[42].

Wer in den einzelnen Grundrechten ein prinzipielles Werturteil zugunsten der jeweils benannten Individualinteressen, z. B. dem Interesse an einer bestimmten, frei gewählten Religionsausübung, an der Wahl eines bestimmten Berufes, sieht, wer zudem dem Umstand, daß die typische Konfliktssituation zwischen individuellem und staatlichem Interesse in der imperativen Beeinträchtigung liegt, nur den Rang einer im letzten unerheblichen Größe beimißt, der muß zu dem Ergebnis kommen, daß mindestens im Prinzip das grundrechtlich ge-

---

[40] Vgl. oben § 6.
[41] Gesetzesauslegung und Interessenjurisprudenz, 1914, S. 230 f.
[42] Diesen Gedankengang findet man auch bei *Herzog*, Festschrift für Hirsch, S. 63 ff. Er unterscheidet zwischen dem „Primäreffekt" der Grundrechte, der im Verbot bestimmter staatlicher Maßnahmen besteht, und dem „Sekundäreffekt", der u. a. bewirkt, daß eine staatliche Wirtschaftspolitik auch dann verfassungswidrig ist, wenn sie nicht die hergebrachten Mittel des Eingriffs im Einzelrechte bedient, und eine staatliche Gesellschaftspolitik selbst dann unvereinbar mit der Verfassung ist, wenn kein unmittelbarer Zwang, sondern nur sanfte Berieselung erfolgt (S. 72 ff.).

schützte Interesse des Einzelnen seinen Vorrang auch dann bewahrt, wenn staatliche Interessen nur in der Form einer faktischen Beeinträchtigung mit ihm kollidieren. Anderenfalls bewegte man sich auf äußerst schwankender Basis. Allzu leicht setzte man sich dem Vorwurf aus, man interpretiere die Grundrechtsnormen in einer Weise, die zu Wertungswidersprüchen führe[43].

§ 17 Die modernen Grundrechtstheorien

Die Ansicht, daß die Grundrechte im Prinzip auch vor faktischen Beeinträchtigungen schützen, findet Parallelen und Stützen in den verschiedenen Bemühungen zur allgemeinen Theorie der Grundrechte.

Sieht man von Nuancen und Facette ab, so lassen sich die Versuche, Struktur und Funktion der Grundrechte des Grundgesetzes zu umreißen, auf zwei Hauptströmungen zurückführen.

Die einen argumentieren unter Heranziehung werttheoretischer Erwägungen. Der Grundrechtskatalog wird ihnen zur Tafel der Werte, die es zu vollziehen und im Vollzug zu schützen gilt.

Die anderen legen das Hauptgewicht auf eine soziologische Betrachtung der Funktionen grundrechtlicher Gewährleistungen. Man bemüht sich zumal um das Wechselspiel zwischen staatsfreien Lebensbereichen und der Ordnung des Gemeinwesens als Gesamtheit.

Auch das bedarf einer kurzen, wenigstens im groben profilierenden Skizze.

Das *Bundesverfassungsgericht* sieht die fundamentalen Strukturen der freiheitlich-demokratischen Grundordnung als Grundwerte. Die verfassungspolitische Entscheidung des Grundgesetzes beruhe auf der Vorstellung, daß der Mensch in der Schöpfungsordnung einen eigenen, selbständigen Wert besitze und Freiheit und Gleichheit dauernde Grundwerte der staatlichen Einheit seien[44]. Im Grundrechtsteil sei eine objektive Wertordnung aufgerichtet. In ihr komme eine prinzipielle Verstärkung der Geltungskraft der Grundrechte zum Ausdruck[45]. Grundsatznormen, die für bestimmte Bereiche Wertentscheidungen des Verfassungsgebers ausdrückten, begrenzten auch die Gestaltungsfreiheit des Gesetzgebers[46]. Aus der Funktion der Grund-

---

[43] Dazu, daß Wertungswidersprüche zur Bestimmung der Zwecke einer Norm oder eines Normengefüges herangezogen werden dürfen, weil angenommen werden darf, die Intention des Gesetzes sei auf das sachlich Angemessene gerichtet, vgl. *Larenz*, Methodenlehre, 2. Aufl., S. 316 ff.
[44] BVerfG Bd. 2, 1 (12); 6, 32 (40); 12, 1 (4).
[45] BVerfG Bd. 7, 198 (205).
[46] BVerfG Bd. 6, 55 (71); 6, 386 (387 f.); 7, 198 (205); 9, 237 (248); 12, 151 (163); 13, 290 (316).

rechte als objektiver Normen könne der einzelne ein Abwehrrecht herleiten[47].

Die Qualität einer Wertentscheidung hat das Bundesverfassungsgericht folgenden Grundrechten ausdrücklich zugesprochen: Art. 2 Abs. 1[48], Art. 5 Abs. 1[49], Art. 6 Abs. 1[50], Art. 6 Abs. 5[51], Art. 12[52], Art. 13[53], Art. 14 Abs. 1[54, 55].

Werttheoretisch fundiert ist auch das Grundrechtsverständnis *Dürigs*. Nach ihm bildet die unantastbare Menschenwürde die Grundlage für ein verfassungsrechtliches Wertsystem. Als Wert sei sie für das rechtliche Zusammenleben umzuformen in den Wertanspruch eines Wertträgers; man müsse den Hauptwert in Teilwerte aufspalten[56]. Der in Art. 1 Abs. 1 GG fixierte Wertanspruch auf Menschenwürde, der durch Art. 1 Abs. 2 GG rein formal in Einzelrechte aufgelöst und in Art. 1 Abs. 3 GG formal adressiert werde, erfahre in den nachfolgenden Grundrechten eine inhaltliche Präzisierung zu Teilrechten auf Freiheit und Gleichheit[57]. Die Werte personaler Ethik wirkten bestimmend und beschränkend für die Legitimität von Staat und Recht[58].

Den Gedanken, daß die Verfassung Ausdruck eines Rechtssystems sei, das durch die Hierarchie der tragenden Werte bestimmt und geprägt werde, hatte zuvor schon *Wintrich*[59] herangezogen[60].

---

[47] BVerfG Bd. 6, 386 (388).
[48] BVerfG Bd. 6, 32 (40 f.); 13, 97 (104 f.).
[49] BVerfG Bd. 7, 198 (208); 12, 113 (128).
[50] BVerfG Bd. 6, 55 (71 f.); 10, 59 (81); 13, 290 (298 f.); 17, 210 (217); 22, 93 (98); 24, 119 (135, 149).
[51] BVerfG Bd. 8, 210 (216 f.); 17, 148 (153); 22, 103 (172).
[52] BVerfG Bd. 7, 377 (397); 13, 97 (104); 16, 214 (217, 219).
[53] BVerfG Bd. 18, 121 (132).
[54] BVerfG Bd. 14, 263 (277 f.); 18, 121 (132); 20, 351 (361).
[55] Zur Wertordnungslehre des BVerfG vgl. auch *Maunz*, Staatsrecht, 17. Aufl., § 9 II 5, S. 51 f. Als Vorläufer des BVerfG darf in dieser Hinsicht der Bayerische Verfassungsgerichtshof angesehen werden; hierzu *Wintrich*, Recht Staat Wirtschaft, Bd. IV, S. 139 (142 ff.). Kritisch zum werttheoretischen Grundrechtsverständnis *Forsthoff*, Festschrift für Carl Schmitt 1959, S. 35 (40 ff., 50 ff.); ders., Rechtsstaat im Wandel 1964, S. 176 ff.; *Hesse*, Grundzüge des Verfassungsrechts der Bundesrepublik Deutschland, 3. Aufl., S. 118; *Leisner*, Grundrechte und Privatrecht 1960, S. 371 ff.; *Gerhard Müller*, FamRZ 69, 4 ff.
[56] *Dürig*, Maunz-Dürig-Herzog, Art. 1 Abs. I RdNr. 1 f., S. 3 f.; RdNr. 5, S. 6.
[57] *Dürig*, Maunz-Dürig-Herzog, Art. 1 Abs. I, RdNr. 10, S. 7.
[58] Ders., a.a.O., RdNr. 15, S. 9 f.
[59] Zur Problematik der Grundrechte 1957, S. 10 f.
[60] *Wintrich* lehnt sich vor allem an die Vorstellungen *Kägis*, ZSchweizR N.F. Bd. 75, S. 740 a (827 a, 816 a), an. Indessen, auch die Verbindungslinien zu Rudolf Smends Gedanken vom Grundrechtsteil als Wert- und Gütersystem sind unverkennbar. Vgl. *Smend*, Verfassung und Verfassungsrecht 1928, S. 163.

§ 17 Die modernen Grundrechtstheorien

Auf eben diesem Gedanken basieren nicht zuletzt die verschiedenen Ausformungen der Drittwirkungslehre[61], die man, wohl ohne zu übertreiben, als ersten großen Schub auf dem Wege, die Grundrechtstheorie vom Eingriffsdenken zu befreien, bezeichnen darf[62].

Werttheoretische Erwägungen beherrschen vor allem das Grundrechtsverständnis von *Häberle*[63].

Für ihn besitzen die Grundrechte eine doppelte Bedeutung: Sie sind selbst „Höchstwerte", und sie ermöglichen dem Menschen, Werte zu finden und zu aktualisieren. Im objektiven Wertsystem der Verfassung liege eine materielle Allgemeinheit, und zwar die einer konkreten Gemeinschaft und der in ihr stehenden Menschen, die im Grundgesetz ihre Wertmaßstäbe fixiert und darin Ort und Rang ihrer Rechtsgüter bestimmt hätten. Die materiale Allgemeinheit sei der Inbegriff, das Gesamt der verfassungsrechtlich legitimierten Werte[64]. Das Wertreich sei nicht von oben an das Rechtliche herangetragen. Bei den grundgesetzlichen Werten handle es sich vielmehr um solche, die von der Verfassung positiviert und konkretisiert seien, deren ständig neue Aktualisierung hic et nunc aufgegeben sei[65, 66].

Ähnliche Aspekte deutet *Herbert Krüger* an[67]. Grundrechte sind nach ihm Wertentscheidungen, die das Wertgefühl der Bürger konkretisieren. Bekenne sich z. B. ein Grundrecht zur Freiheit der Religion, so sei damit von Staats wegen und von Verfassungs wegen „Toleranz" als Wert gesetzt[68]. Bei Krüger taucht indessen auch schon ein Gesichtspunkt auf, der zu einem soziologisch funktionalen Grundrechtsverständnis überleitet. Er vertritt nämlich die Ansicht, die Grundrechte schafften Einigkeit durch die verfassungsmäßige Feststellung, daß man sich in den von ihnen angesprochenen Themen nicht einig werden kann, daß daher ihre Behandlung und erst recht ihre Entscheidung

---

[61] Siehe hierzu insbesondere *Nipperdey*, RdA 50, 121 (125 ff.); ders., Grundrechte Bd. IV 2. Halbbd. S. 741 (747 ff.); *Geiger*, Grundrechte in der Privatrechtsordnung; ders., Die Wandlung der Grundrechte, in: Gedanke und Gestalt des Demokratischen Rechtsstaates, S. 9 (26 ff.); *Leisner*, Grundrechte und Privatrecht, pass.; *Dürig*, Maunz-Dürig-Herzog, Art. 1 Abs. III, RdNr. 127 ff., S. 64.
[62] Vgl. auch die Bemerkungen *Leisners* in der Schlußbetrachtung, Grundrechte und Privatrecht, S. 404 ff.; sowie *Herzog*, Festschrift für Hirsch, S. 63 ff. (67 f.).
[63] Die Wesensgehaltsgarantie des Art. 19 Abs. 2 Grundgesetz, 1962.
[64] a.a.O., S. 6.
[65] a.a.O., S. 7.
[66] Kritisch zur Darstellung Häberles neuerdings *Podlech*, Der Staat 1967, 341 (348 ff.).
[67] Allgemeine Staatslehre, 2. Aufl. 1966, S. 536 ff.
[68] Gleichfalls dem Wertaspekt zuneigend *Maunz*, Staatsrecht, 17. Aufl., § 9 II 5, S. 52; *Klein*, Schmidt-Bleibtreu/Klein, Kommentar zum Grundgesetz, Einl. III c, S. 16. Als „materiale Grundwerte" bezeichnet die Grundrechte *Geiger*, Die Wandlung der Grundrechte, in Gedanke und Gestalt des Demokratischen Rechtsstaates, S. 9 (26 f.).

durch die Allgemeinheit zu unterbleiben habe und daß sich der Bürger auf dies alles so sicher soll verlassen können, wie es unter irdischen Verhältnissen überhaupt Sicherheit geben kann. Die Gewißheit schaffe das gegenseitige Vertrauen, das eine staatliche Gruppe vor allem zusammenhalte. Die peinlichste Einhaltung der Grundrechte, insbesondere also auch die Vermeidung des bösen Anscheins, würden sich als die Grundlage des Vertrauens zwischen den Staatsbürgern erweisen[69].

Der Vertrauensgedanke kehrt bei *Luhmann* wieder. Dieser hat den wohl umfassendsten Versuch unternommen, die Grundrechte soziologisch funktional zu deuten[70]. Nach Luhmann dienen die Grundrechte der Erhaltung eines sozialen Differenzierungspotentials und insofern der Stabilisierung einer differenzierten Sozialstruktur[71]. Die Funktion der Grundrechte erstrecke sich auf mehrere gesellschaftliche Sphären, nämlich auf die Selbstdarstellung der Person, auf die Bildung verläßlicher Verhaltenserwartungen, auf die wirtschaftliche Bedarfsbefriedigung und auf die Möglichkeit, gemeinsam-verbindliche Entscheidungen zu treffen[72].

In der ersten Sphäre bewirkten die Grundrechte den Schutz der individuell-persönlichen Selbstdarstellung gegen staatliche Eingriffe, welche das symbolisch-kommunikative Ausdruckspotential der Persönlichkeit entscheidend lähmen könnten. Selbstdarstellungen seien nur im sozialen Kontakt, also nur auf der Grundlage komplementärer Verhaltenserwartungen möglich. Wo die Komplementarität gefährdet sei, müsse die Sozialordnung entgegenwirken, da es nicht in der Kraft der Persönlichkeit liege, die Folgeprobleme mangelnder Komplementarität in sich selbst auszutragen[73].

Solche Folgeprobleme müsse der Staat lösen helfen. Hierbei stabilisierten die Grundrechte an kritischen Stellen die erforderliche Distanz des politischen Systems; und zwar vor allem dort, wo das politische System dazu tendiere, über seine spezifische Funktion der Herstellung verbindlicher Entscheidungen hinauszugreifen, soziale Prozesse in sich hineinzuziehen und sie unter politischen Gesichtspunkten zu integrieren[74].

Was die wirtschaftliche Bedarfsbefriedigung betreffe, garantiere Art. 14 GG dem einzelnen seine Teilnehmerrolle am Kommunikationssystem der Wirtschaft, weil ohne diese Garantie das Kommunikationssystem nicht generalisiert werden könne[75]. Die Freiheit der Arbeits-

---

[69] *Herbert Krüger,* a.a.O., S. 541.
[70] *Niklas Luhmann,* Grundrechte als Institution, 1965.
[71] *Luhmann,* a.a.O., S. 23.
[72] Ders., a.a.O., S. 37.
[73] *Luhmann,* a.a.O., S. 85.
[74] Ders., a.a.O., S. 96 f.

und Berufswahl hingegen schütze die Arbeitsentscheidung vor regressiver Wiedereinführung allzu direkter und partikularer Arbeitsmotive mit Hilfe der Zwangsmittel des Staates. Die Grundrechte schützten die differenzierte Struktur der modernen Gesellschaft gegen Tendenzen zu simplifizierender Entdifferenzierung, die vom politischen System ausgehen könnten[76]. Sie hemmten die strukturell bedingten Expansionstendenzen des politischen Systems im Interesse der Erhaltung einer differenzierten Kommunikationsordnung, die in ihren einzelnen Sphären auf spezifische funktionale Probleme der Gesellschaft bezogen sei[77, 78].

Von ähnlichen Vorstellungen sind Darlegungen von *Evers* geprägt. Er meint, das Grundgesetz hätte nur um den Preis, seine Friedensfunktion zu verfehlen, die eine oder andere Anthropologie positivieren können. Als Interpretationshilfe sei daher nur der Rückgriff auf gesicherte gemeinsame Grundlagen der geistigen Auseinandersetzung statthaft. Dazu gehöre auch die in der deutschen Rechtstradition anerkannte Einsicht in die Verantwortung des Menschen für sich und den andern. Dieses Grundprinzip sei notwendig inhaltsarm, frei von konkreten Wertbezügen und berge viele Möglichkeiten der Verwirklichung in sich. Speziell für Art. 2 Abs. 1 GG folge aus dem abstrakten Charakter der geistigen Grundlage des Grundgesetzes, daß auch die Freiheit allgemein sei und durch Wertbezogenheit weder belastet und vertieft noch eingeengt werde, daß sie vielmehr dem Menschen überläßt, wie er sich begreifen und ob und wie er sich entfalten wolle[79].

Gleichviel, ob man die einzelnen Grundrechte als Wertentscheidungen versteht, welche den Vollzug der benannten Werte in besonderem Maße sichern sollen, oder ob man in ihnen die rechtlichen Instrumente zur Erhaltung der Selbstdarstellungschancen gegen Expansionstendenzen politischer Systeme sieht, faktische Beeinträchtigungen eines individuellen Wertvollzuges können ebensowenig von vornherein aus dem Grundrechtsschutz ausscheiden wie faktische Beeinträchtigungen einer Selbstdarstellungschance.

Die neueren Versuche zur Grundrechtstheorie stehen einer Erstreckung der Grundrechte auf weitere Schutzbereiche nicht entgegen, sie

---

[75] Ders., a.a.O., S. 120.
[76] Ders., a.a.O., S. 134 f.
[77] *Luhmann*, a.a.O., S. 197.
[78] Vgl. die Besprechung der Arbeit Luhmanns durch *Podlech*, Der Staat 1967, S. 341 ff. Bemerkenswerterweise gelangt der Rezensent zu der Ansicht, alle gesellschaftlich relevanten Probleme ließen sich aufgrund der Wertung, daß die Chance von Freiheit, Sicherheit und Moralität ihrem Gegenteil vorzuziehen ist, sowie aufgrund der These von der notwendigen Bedingung des Staates für diese Chance diskutieren, a.a.O., S. 353.
[79] *Evers*, AöR 90, 88 (95); vgl. auch *Isensee*, Subsidiaritätsprinzip und Verfassungsrecht, S. 288: die grundrechtliche Freiheit sei „wesenhafte Chance, **Virtualität**".

scheinen sie eher zu bekräftigen. Wert oder Chance — für eine Differenzierung nach der Art der Beeinträchtigung ist kein rechter Raum.

§ 18 Das Zuordnungsproblem

Anerkennt man, daß auch faktische Beeinträchtigungen an den Grundrechten zu messen sind, so stellt sich als nächstes die Frage, welches Grundrecht hierfür jeweils in Betracht kommt.

Als erstes hat man zu prüfen, ob zwischen den allgemeinen und den speziellen Grundrechtsverbürgungen eine Zäsur verläuft, welche für faktische Beeinträchtigungen nur eine Zuordnung zum Bereich der allgemeinen Gewährleistung erlaubt. Das grundrechtliche Spezialitätsverhältnis ist bekanntlich dadurch gekennzeichnet, daß Art. 2 Abs. 1 GG ein allgemeines Freiheitsrecht[80], Art. 3 Abs. 1 GG ein allgemeines Gleichheitsrecht[81] benennt und die thematisch spezielleren Normierungen Vorrang genießen, und zwar gleichviel, ob sie durch ihre Ausgestaltung im einzelnen den Schutz der allgemeinen Norm erweitern, begrenzen oder lediglich wiederholen. Erst dann darf auf die allgemeine Grundrechtsnorm zurückgegriffen werden, wenn für eine bestimmte Lage sowohl eine spezielle Schutznorm[82] als auch eine spezielle Regelung fehlt, die gerade diesen Fall von der Gewährleistung ausnimmt. Es wäre widersinnig, wenn die Realisierung eines bestimmten Interesses kraft Spezialnorm dem Gewährleistungsbereich entzogen wäre, ihm aber auf dem Umweg über die allgemeine Norm wieder zugeführt werden könnte.

Für die Annahme, daß spezielle grundrechtliche Gewährleistungen immer nur gegen imperative Beeinträchtigungen wirken, lassen sich triftige Anhaltspunkte nicht gewinnen[83]. Die oben aufgestellte These, wonach der Grundrechtsschutz nach seinem Zweck grundsätzlich auch faktische Beeinträchtigungen erfaßt, gilt nicht nur für die allgemeinen, sondern auch für die speziellen Gewährleistungen.

---

[80] *BVerfG* Bd. 6, 32 (36); 9, 83 (88); *Dürig*, Maunz-Dürig-Herzog, Art. 1 Abs. I, RdNr. 11, S. 7 f.; Art. 2 Abs. I, RdNr. 6, S. 7.
[81] *BVerfG* Bd. 3, 225 (240); 6, 55 (71); *Dürig*, Maunz-Dürig-Herzog, Art. 1 Abs. I, RdNr. 12, S. 8.
[82] *BVerfG* Bd. 6, 32 (35 f.).
[83] Die Erwägung *Zachers*, VVDStRL Heft 25, 308 (368 f.), ein ausgebliebener Vorteil könne, weil der Sondervorteil Anteil am Allgemeinen, das Sonderopfer aber Verlust am Eigenen sei, für den Benachteiligten grundsätzlich nur den Schutz des Gleichheitssatzes auslösen, erscheint nicht ganz überzeugend. Einmal sind bei der Auslegung des allgemeinen Gleichheitssatzes die speziell ausgeformten Schutzpositionen mit zu berücksichtigen; es entsteht also ein Weiterweisungseffekt. Zum andern läßt sich aus Art. 14 GG gerade nicht ohne weiteres entnehmen, daß sein Schutz erst bei „finalen und effektiv ungleichen Angriffen" auf das bestehende Eigentum in Aktion tritt.

§ 18 Das Zuordnungsproblem

Gute Gründe sprechen dafür, in dieser Beziehung keine Unterschiede zu machen: Die Spezialrechte schirmen bestimmte, historisch erfahrene Gefährdungslagen in besonderem Maße ab. Die denkbaren Konflikte zwischen Staatsapparat, Allgemeinheit und Grundrechtsträger haben in ihnen eine subtilere rechtliche Behandlung erfahren. Man sollte die aus historischem Erleben gewonnenen und als maßgeblich positivierten Gesichtspunkte für die Entscheidung solcher Kollisionslage nicht achtlos beiseite schieben, solange man sich nicht davon überzeugt hat, daß sie ausschließlich für bestimmte Modalitäten von Freiheitsbeeinträchtigungen gedacht waren und nur für sie das rechte Maß geben. Beispielsweise erscheint das Entschädigungsgebot des Art. 14 Abs. 3 GG auch in denjenigen Fällen gerecht, in denen sich staatliche Maßnahmen nur faktisch auf individuelle Eigentumspositionen auswirken, und es wäre kaum überzeugend, wollte man eine Entschädigung mit der Begründung verweigern, daß faktische Beeinträchtigungen nur den Schutz der Art. 2 Abs. 1, Art. 3 Abs. 1 GG genießen und es allein Sache des Gesetzgebers sei, eine zureichende Entschädigungsgrundlage zu schaffen.

Die Ansicht, daß faktische Beeinträchtigungen zunächst an Hand der speziellen Grundrechte zu beurteilen sind, findet eine Stütze in der Rechtsprechung des *Bundesverfassungsgerichts*. Wenn nämlich das Gericht den Gestaltungsraum des Gesetzgebers absteckt, zieht es gerade nicht lediglich das allgemeine Willkürverbot und die speziellen Konkretisierungen des allgemeinen Gleichheitssatzes heran, sondern gewinnt in erster Linie aus den einzelnen Freiheitsrechten, kraft deren Eigenschaft als Wertentscheidungen, spezielle Differenzierungsverbote[84].

Letztlich ist es aber nur eine Frage der Betrachtung und der rechtlichen Konstruktion und keine Frage des Ergebnisses, ob man den Gestaltungsraum des Gesetzgebers durch eine Wertentscheidung bindet, von der man annimmt, sie liege in den Grundrechten, oder ob man sagt, daß Gesetze, welche sich auf den grundrechtlich gesicherten Freiheitsbereich auswirken, gegen die betreffenden Grundrechte selbst verstoßen[85].

---

[84] BVerfG Bd. 6, 55 (71); 6, 386 (387 f.); 7, 198 (205); 9, 237 (248); 12, 151 (163); 13, 290 (316 f.).
[85] Vgl. auch den Konstruktionsvorschlag *Rudolf Schneiders*, VerwArch Bd. 58 (1967), 197 (207 f.); Normen, welche die Freiheit des Eigentums oder der Berufswahl und -ausübung auf mittelbarem Wege, d. h. vermittels einer Norm, die wie eine Steuernorm unmittelbar nur die allgemeine Handlungsfreiheit betrifft, aushöhlen, seien nicht Bestandteil der „verfassungsmäßigen Ordnung" i. S. d. Art. 2 Abs. 1 GG. Die Fälle mittelbarer Beeinträchtigungen von Spezialgrundrechten werden auf diese Weise dem unmittelbar betroffenen Grundrecht zugeordnet. Ebenso ders., DVBl. 69, 325 (327 f.).

Faktische Beeinträchtigungen sind demgemäß dem Gewährleistungsraum entweder der speziellen Grundrechte oder der allgemeinen Verbürgungen zuzurechnen, und zwar jeweils nach Maßgabe der allgemeinen Regeln für das Verhältnis von genereller zu spezieller Grundrechtsnorm.

Welcher spezielle Gewährleistungsbereich im einzelnen angesprochen ist, bemißt sich danach, welche von den im Grundgesetz als geschützt genannten Individualinteressen durch staatliches Handeln (Tun oder Unterlassen) in Mitleidenschaft gezogen wurde. Sind mehrere Gewährleistungsbereiche betroffen, so ist prinzipiell für jeden von ihnen zu prüfen, ob sich die Beeinträchtigung mit der verfassungsmäßigen Gewährleistung verträgt. Man hat also jeweils zu untersuchen, ob sie durch einen ausreichenden Vorbehalt gedeckt ist.

Zweiter Unterabschnitt: Der Vorbehaltsbereich

§ 19 Vorbemerkungen

Die These, daß der Gewährleistungsbereich der Grundrechte im Prinzip auch vor faktischen Beeinträchtigungen Schutz bietet, zwingt zu einer entsprechenden Betrachtung der Vorbehaltsseite. Man hat sich darüber Klarheit zu verschaffen, in welchen Fällen die grundrechtliche Gewährleistungsfunktion durchbrochen werden darf, welche faktischen Beeinträchtigungen also grundrechtsgemäß sind.

Gewährleistungsbereich und Vorbehaltsbereich der Grundrechte, das ist zur Klarstellung vorauszuschicken, schließen sich gegenseitig nicht aus. Es ist nicht so, daß der Gewährleistungsbereich endete, wo der Vorbehaltsbereich beginnt. Vorbehalte bedürfen immer der Aktualisierung. Solange der Gesetzgeber oder die anderen ermächtigten Staatsgewalten nicht tätig geworden sind, bleibt es bei der Gewährleistung[86]. Gewährleistungsbereich und Vorbehaltsbereich überschneiden einander. Beide Bereiche fügen sich daher gleichfalls als Bauformen einer Regel-Ausnahme-Beziehung zusammen: Die Gewährleistung bildet das Prinzip, der Vorbehalt bestimmter Beeinträchtigungen die Ausnahme[87].

Gegenstand der Betrachtung sind zunächst nur die inhaltlich benannten Vorbehalte. Das sind diejenigen, bei denen sich aus dem

---

[86] Ganz deutlich zeigt sich das, wenn ein Grundrecht zwar mit einem Gesetzesvorbehalt versehen ist, der Gesetzgeber aber noch keinen Gebrauch davon gemacht hat. Selbst dort, wo das Grundgesetz von sich aus die Einschränkungsvoraussetzungen normiert, wie etwa in Art. 9 Abs. 2 GG, bedarf es jedoch noch eines konkretisierenden Rechtsanwendungsaktes; vgl. *BVerwG* Bd. 6, 333 f. mit Nachweisen.

[87] Vgl. Peter *Schneider*, Pressefreiheit und Staatssicherheit, S. 111 ff.

geschriebenen oder ungeschriebenen Verfassungsrecht selbst die sachlichen Voraussetzungen für eine generelle oder spezielle Einengung der Gewährleistung ergeben. Gemeint ist etwa der thematisch fixierte Vorbehalt des Art. 13 Abs. 2 GG, der die Unverletzlichkeit der Wohnung zurückstellt, wenn es gilt, „eine gemeine Gefahr" abzuwehren oder eine „Seuchengefahr zu bekämpfen".

Die formellen, also rein verfahrensmäßigen Voraussetzungen, die die staatlichen Gewalten bei der Beeinträchtigung individueller Freiheiten zu beachten haben, wie zum Beispiel die Einhaltung der Kompetenzvorschriften, die Beachtung des Grundsatzes der Gesetzmäßigkeit der Verwaltung, des Zitiergebotes, der Junktimklausel usw. sollen erst im nächsten Abschnitt bei der Frage der formellen Grundrechtswidrigkeit faktischer Beeinträchtigungen untersucht werden.

Das geltende Verfassungsrecht kennt zwei Arten von sachlichen Vorbehalten: den geschriebenen Grundrechtsvorbehalt und den ungeschriebenen Mißbrauchsvorbehalt. Sie sind gesondert um ihre Konsequenzen für das Problem der faktischen Beeinträchtigungen zu befragen.

1. Der geschriebene Grundrechtsvorbehalt

§ 20 Der Textbefund

Zunächst interessiert wiederum der Textbefund. Die Normen, welche die staatlichen Gewalten zu Einwirkungen auf den an sich geschützten Gewährleistungsbereich ermächtigen und diese Ermächtigungen näher ausgestalten, lassen sich je nachdem, wie sich ihr Wortlaut zu Fällen faktischer Beeinträchtigungen verhält, in drei Gruppen einteilen.

Die erste Gruppe befaßt sich mit staatlichen Maßnahmen, die wesensmäßig in Gestalt imperativer Beeinträchtigungen erfolgen. Das gilt zum Beispiel für die Trennung der Kinder von der Familie gegen den Willen der Erziehungsberechtigten, Art. 6 Abs. 3 GG, für das staatliche Aufsichtsrecht über das Privatschulwesen, Art. 7 Abs. 1 GG, für Verbotsverfügungen gemäß Art. 9 Abs. 2 GG, für die Auferlegung von Dienstleistungspflichten oder der Verpflichtung zum Ersatzdienst, Art. 12 Abs. 2 GG, für die Anordnung einer Wohnungsdurchsuchung nach Art. 13 Abs. 2 GG, für die Sozialisierung i. S. d. Art. 15 GG, den Entzug der deutschen Staatsangehörigkeit, Art. 16 Abs. 1 GG, die Verwirkung, Art. 18 GG, das Verbot der Todesstrafe, Art. 102 GG, und schließlich die Vorschriften der Art. 103 Abs. 2, Abs. 3 sowie des Art. 104 GG[88].

---

[88] Das BVerfG sieht den Zweck des Art. 104 GG im Schutz vor unmittelbarem Zwang. Die Vorladung zur Teilnahme am Verkehrsunterricht brauche

B. 1. Materielle Grundrechtswidrigkeit

Eine weitere Gruppe bilden die Vorschriften über staatliche Handlungen, die sich nach ihrer Struktur nur faktisch auf den sachlichen Gewährleistungsbereich auswirken. Hierzu zählt das Verbot, jemanden zum Kriegsdienst mit der Waffe oder zum Ersatzdienst heranzuziehen, wenn dadurch der Betroffene in der Freiheit seines Gewissens beeinträchtigt wird, Art. 4 Abs. 3 S. 1, Art. 12 Abs. 2 S. 4 GG. Zu dieser Gruppe gehören überdies alle prozessualen Vorschriften, die sich mit der Durchsetzung grundrechtlich geschützter Interessen befassen, denn ihre Beachtung bzw. Nichtbeachtung wirkt mittelbar auf das durchzusetzende Interesse zurück. Das ist unbezweifelbar für Art. 19 Abs. 4 GG, gilt aber auch für das Verbot, jemanden seinem gesetzlichen Richter zu entziehen, Art. 101 Abs. 1 S. 2 GG. Schon *Thoma* verstand den die gleiche Regelung umfassenden Art. 105 WRV als mittelbare Umhegung eines Stückes unantastbarer Freiheitssphäre[89].

Die dritte Gruppe, das Gros der Vorschriften über die Vorbehaltsseite der Grundrechte, ist indessen im Hinblick auf die Beeinträchtigungsart indifferent. Diese Normen lassen sich weder der einen noch der anderen Gruppe von Beeinträchtigungen ohne weiteres und ausschließlich zuordnen. Die Indifferenz ist offensichtlich, wenn wie z. B. in Art. 3 Abs. 3 GG ein Benachteiligungsverbot ausgesprochen ist oder wenn das Grundgesetz wie „Schranken", „Beschränkungen" oder „Regelungen" benutzt (Art. 5 Abs. 2, Art. 8 Bs. 2, Art. 10 S. 2, Art. 12 Abs. 1 S. 2, Art. 13 Abs. 3, Art. 14 Abs. 1 S. 2, Art. 19 Abs. 1 S. 1).

Selbst dann, wenn die Vorbehaltsregelung ausdrücklich zu „Eingriffen" ermächtigt (Art. 2 Abs. 2 S. 3, Art. 13 Abs. 3), darf man sich wohl nicht darauf versteifen, daß damit ausschließlich imperative Beeinträchtigungen gemeint seien. Zwar mag es zutreffen, daß „Eingriff" in der Regel etwas Modales bezeichnet, etwas, was seinem Wesen nach darauf angelegt ist, eine Beeinträchtigung herbeizuführen. Allein, mit dem Sprachgebrauch ist auch ein „Eingriffs"-Verständnis vereinbar, das gleichbedeutend ist mit Einbuße, also das Wort gerade nicht modal, sondern erfolgsbezogen verwendet[90]. Dementsprechend fungierte all das als „Eingriff", was eine wie auch immer geartete Grenze überschreitet, faktische Beeinträchtigungen inbegriffen. Im übrigen setzte man sich wohl dem Vorwurf aus, man huldige vordergründiger Begrifflichkeit, wenn man den Begriff des Eingriffs in den Grundrechten nicht funktional, d. h. bezogen auf die Substanz des jeweils Gewährleisteten, verstände.

---

daher den Vorschriften dieser Bestimmung nicht zu entsprechen, Bd. 22, 21 (26).
[89] Die Grundrechte und Grundpflichten der Reichsverfassung, Bd. I, S. 22 ff.
[90] Vgl. *Grimm*, Deutsches Wörterbuch, Bd. II Sp. 193, dort sind als Bedeutungsinhalte sowohl „immissio" als auch „vis illata" aufgeführt.

Eine allgemeine und einheitliche Aussage über die Anwendbarkeit oder Unanwendbarkeit der den Vorbehaltsbereich bestimmenden Normen in Fällen faktischer Beeinträchtigung läßt sich, so viel ist bereits erkennbar geworden, aus dem Grundrechtstext nicht gewinnen. Die Normierungsstrukturen sind hierfür zu verschieden. Es bleibt also letztlich nur der Weg, die einzelnen einschlägig erscheinenden Vorschriften auf ihren Aussagegehalt zu untersuchen. Dabei ist die Frage von besonderem Gewicht, was zu gelten hat, wenn die einzelnen Vorbehaltsnormen ein „non liquet" ergeben.

§ 21 Systematische und methodische Gesichtspunkte für die Auswertung der einzelnen Vorbehaltsnormen

Der Vorbehaltsbereich der Grundrechte wird durch zwei rechtstechnisch verschiedene Mittel geprägt.

Einmal sind es die eigentlichen Vorbehaltsnormen, die den prinzipiellen Gewährleistungsbereich unter mehr oder minder bestimmten Voraussetzungen für Beeinträchtigungen durch die staatlichen Gewalten zugänglich machen. Art. 5 Abs. 2 GG z. B. läßt Beeinträchtigungen der Meinungsfreiheit u. a. nur zu, sofern diese sich im Rahmen des „Allgemeinen" halten.

Ihnen gegenüber stehen die Gegenschranken. Das sind Normen, die sich beeinträchtigungsbegrenzend auswirken, weil sie den Regelungsbereich, der dem Staat ausnahmsweise eröffnet wurde, wieder einengen. Markantestes Beispiel ist das Übermaßverbot. Keine Regelung auf Kosten der Grundrechte darf über das Erforderliche oder über das Verhältnismäßige hinausgehen.

Bei der Prüfung, ob eine konkrete Norm des Vorbehaltsbereiches auch für faktische Beeinträchtigungen gilt, ist diese Unterscheidung zu beachten. Sie bestimmt die Tragweite der normativen Aussagen.

1. Bei Unklarheit, ob eine eigentliche Vorbehaltsnorm, also eine Vorschrift, die den staatlichen Gewalten den prinzipiellen Gewährleistungsbereich für bestimmte sachliche Regelungen aufschließt, nur zu imperativen oder auch zu faktischen Beeinträchtigungen ermächtigt, darf stets auf folgende Erwägung zurückgegriffen werden: Die Ermächtigung zu imperativen Grundrechtsbeeinträchtigungen umschließt in der Regel auch die Befugnis zur faktischen Beeinträchtigung des an sich geschützten Interesses.

Der Grund hierfür liegt in folgender Überlegung: Ermächtigungen zu imperativen Beeinträchtigungen beruhen auf der verfassungspolitischen Entscheidung, daß bestimmte Interessen des Staatsapparates, der Allgemeinheit oder einzelner Bürger den durch das Grundrecht geschützten Freiheitsinteressen vorgehen sollen. Der Schutz, den die Gewährleistungsnorm prinzipiell verleiht, verliert auf diese Weise partiell seine Kraft; die Verfassung läßt es zu, daß man sich über ein an sich geschütztes Individualinteresse hinwegsetzt. Der Grundrechtsträger hat eine solche Substanzeinbuße hinzunehmen, gleichgültig, ob sie ihn in der Art einer imperativen oder einer faktischen Beeinträchtigung trifft[91]. Theoretisch wäre es zwar denkbar, daß eine Ermächtigung sich ausschließlich auf imperative Beeinträchtigungen bezieht. Praktisch ist es indessen wohl nicht vorstellbar, daß der Verfassungsgeber in bestimmten Lagen zwar beeinträchtigende Gebote und Verbote erlaubte, aber alle anderen Beeinträchtigungen der betreffenden Individualinteressen untersagte.

Beispiel: Jemandem, der sich als Feind der Verfassung hervorgetan hat, wird der Paß versagt. Der Betroffene muß aus diesem Grund seinen Plan, im Ausland Verträge zu halten, die sich gegen die Verfassung der BRD richten, aufgeben. Die Versagung kann auf § 7 Abs. 1 Buchst. a des Gesetzes über das Paßwesen gestützt werden. Sie wendet sich primär gegen den Gewährleistungsbereich des Art. 2 Abs. 1 GG (Ausreisefreiheit). Durch den Vorbehalt der „verfassungsmäßigen Ordnung" ist sie an sich gedeckt. Sie wirkt sich aber überdies auch noch faktisch auf das Recht der freien Meinungsäußerung aus, und zwar trifft sie den Grundrechtsträger in Form einer gelegentlichen Folgewirkung[92].

Ein Verstoß gegen Art. 5 Abs. 1 GG liegt jedoch nicht vor. Art. 18 GG konkretisiert den Vorbehaltsbereich der Meinungsäußerungsfreiheit. Danach können Freiheitsausübungen, die sich kämpferisch gegen die freiheitlich demokratische Grundordnung richten, verboten werden[93]. Die Regelung des Art. 18 GG dient dem Schutz der freiheitlich demokratischen Grundordnung. Die Erhaltung dieser Ordnung geht dem Interesse, sich verfassungsfeindlich zu betätigen, vor. Der Betroffene kann sich, da die Paßversagung zugleich die Voraussetzung der auf Art. 5 Abs. 1 GG bezogenen Vorbehaltsnorm erfüllt, nicht auf die Gewährleistung der Meinungsfreiheit berufen, um einen Paß zu bekommen[94]. Der aus Art. 18 GG gewonnene Vorbehaltsgesichtspunkt gilt zwar primär für imperative, umfaßt aber auch faktische Beeinträchtigungen der Freiheit des Art. 5 Abs. 1 GG. Als speziellerer Gesichtspunkt verdient er wohl auch den Vorzug gegenüber einer Auswertung

---

[91] *Lerche*, Übermaß und Verfassungsrecht, S. 106, spricht in diesem Zusammenhang von Tatbeständen, die von den Gesetzesvorbehalten für die unmittelbar eingreifenden Normen „mitverschluckt" werden.
[92] Vgl. oben § 3, 1 a, aa, 2 b.
[93] Im einzelnen hierzu *Gallwas*, Mißbrauch von Grundrechten, 1967, S. 130 ff., S. 148.
[94] Im Ergebnis ebenso BVerfG Bd. 6, 32 (44).

des Begriffes der „allgemeinen Gesetze" im Sinne des Art. 5 Abs. 2 GG für unseren Fall.

2. Ist hingegen ungewiß, ob eine Gegenschranke, also eine Vorschrift, die den ausnahmsweise eröffneten Vorbehaltsbereich wieder einengt, gleichfalls für faktische Beeinträchtigungen gilt, so liegen die Dinge von Grund auf anders.

Die Erwägung, daß eine gegenständlich bestimmte Ermächtigung zu imperativen Beeinträchtigungen zugleich als Rechtfertigung für faktische Beeinträchtigungen wirkt, hilft hier nicht weiter. Man kann sie nicht etwa dahin abwandeln, daß sich normative Einschränkungen des Vorbehaltsbereichs auf alle Beeinträchtigungen, imperative wie faktische, beziehen. Andernfalls geriete man in die Nähe eines sachlich nicht begründbaren „Ebenso"- bzw. „Erst-recht"-Schlusses. Was für imperative Beeinträchtigungen gilt, braucht deswegen noch nicht durchwegs für faktische Beeinträchtigungen zu gelten. Es wäre nämlich durchaus sinnvoll, den staatlichen Gewalten nur die Anwendung bestimmter Beeinträchtigungsmodalitäten zu verwehren, ihnen aber im übrigen freie Hand zu lassen. Nicht nur, daß imperative Beeinträchtigungen den Betroffenen in der Regel nachhaltiger und unausweichlich belasten, und deshalb als schärfere und gefährlichere Waffe angesehen werden können; die faktischen Beeinträchtigungen sind häufig nicht vorhersehbar. Würde man sie denselben Verboten und Beschränkungen unterwerfen wie imperative Beeinträchtigungen, so setzte man die staatlichen Gewalten u. U. tiefgreifenden Lähmungseffekten aus, ohne daß man der Besonderheit der Fallgestaltung bei faktischen Beeinträchtigungen Rechnung tragen könnte. Solche Argumente haben innerhalb des verfassungsrechtlich umrissenen Vorbehaltsbereiches ein anderes Gewicht als innerhalb des prinzipiellen Gewährleistungsbereiches. Hier sind sie mehr als nur etatistischer Vorwand.

Um den Geltungsumfang der Gegenschranken zu ermitteln, muß man daher anders vorgehen.

Wiederum hat man beim Wortlaut der einzelnen einschlägigen Norm anzusetzen. Je nachdem, ob diese eindeutig nur imperative Beeinträchtigungen erfaßt oder ob nach ihr die Einbeziehung faktischer Beeinträchtigungen möglich erscheint, richtet sich das weitere Vorgehen.

Im ersten Fall hat man zu fragen, ob die für imperative Beeinträchtigungen geltende Regelung auf faktische Beeinträchtigungen analog anzuwenden ist. Anderenfalls ist zu prüfen, ob die anscheinend auch faktische Beeinträchtigungen erfassende Norm nicht etwa doch restriktiv ausgelegt werden muß.

a) Zum einen, also bei Gegenschranken, deren Wortlaut sich auf imperative Beeinträchtigungen beschränkt, bedarf es mithin der Prüfung, ob diese Beschränkung sachlich gerechtfertigt ist. Läßt sich ein einleuchtender Grund nicht finden, so hat man zu fragen, ob ein „gesetzespolitischer Fehler" oder eine „Lücke" vorliegt[95].

Entscheidend ist letztlich wieder, ob die in der zu prüfenden Norm getroffene Regelung nach Intention der Typus als handlungsbezogen oder erfolgsbezogen zu qualifizieren ist. Nur wenn sie erkennbar erfolgsbezogen ist, muß der rechtliche Gesichtspunkt, der der Norm zugrunde liegt, auch bei Handlungen berücksichtigt werden, die den Gewährleistungsbereich nur faktisch beeinträchtigen[96].

Beispiel: Ein Delinquent soll an seinen Heimatstaat ausgeliefert werden. Dort erwartet ihn die Todesstrafe. Der Auslieferungsbeschluß trifft in erster Linie den Gewährleistungsbereich des Art. 2 Abs. 2 S. 2 GG (körperliche Bewegungsfreiheit). Zusätzlich wirkt er sich auf das nach Art. 2 Abs. 2 S. 1 GG geschützte Recht auf Leben aus. Nach Art. 2 Abs. 2 S. 3 GG besteht ein umfassender Gesetzesvorbehalt. Zur Realisierung staatlicher Strafansprüche darf dieser Gewährleistungsbereich beeinträchtigt werden. Die Ermächtigung der staatlichen Gewalten, Strafansprüche zu normieren und durchzusetzen, wird allerdings durch die Entscheidung für die Abschaffung der Todesstrafe (Art. 102 GG) begrenzt. Diese Vorschrift ist nach Wortlaut und Sinn handlungsbezogen. Sie verbietet die Verhängung und die Vollstreckung von Todesstrafen durch die staatlichen Organe der BRD. Einer Auslieferung steht sie nicht entgegen. Zwingende Gründe, den Art. 102 GG erfolgsbezogen zu verstehen, d. h. als Verbot aller staatlichen Handlungen, die ein Todesurteil im Ausland ermöglichen, bestehen nicht[97].

b) Bei den Gegenschranken, die ihrem Wortlaut nach eine Anwendung auf faktische Beeinträchtigungen zulassen, ist gewissermaßen umgekehrt vorzugehen. Man hat hier nicht darzutun, daß ein rechtlicher Gesichtspunkt, der für imperative Beeinträchtigungen gilt, auch für faktische Beeinträchtigungen Bedeutung hat. Statt dessen ist zu begründen, warum eine bestimmte Vorbehaltsnorm nur für imperative Beeinträchtigungen passen sollte. Den entscheidenden Gesichtspunkt liefert hier gleichfalls die Handlungs- bzw. Erfolgsbezogenheit der zu prüfenden Norm. Läßt sich der Nachweis ausschließlicher Handlungsbezogenheit nicht führen, dann gibt die Norm auch für solche Handlungen das Maß, die faktische Beeinträchtigungen auslösen.

---

[95] Zu dieser Alternative *Larenz*, Methodenlehre der Rechtswissenschaft, 2. Aufl. S. 350 ff. (353 f.).
[96] So schon *Lerche*, Übermaß und Verfassungsrecht, S. 114, jedoch besteht keine Übereinstimmung mit der wohl zu allgemein geratenen Formulierung, daß, wenn schon „Eingriffe" nicht vorgesehen seien, dies ebenso für eingriffsgleiche Grundrechtsberührungen zu gelten habe.
[97] Im Ergebnis ebenso BVerfG Bd. 18, 112 (116 ff.). Vgl. auch *Geck*, Jus 65, 221 ff.

Aus diesem Grund wird man zum Beispiel die Wesensgehaltsgarantie des Art. 19 Abs. 2 GG auch dort zu beachten haben, wo der grundrechtliche Gewährleistungsbereich nur faktisch betroffen wird.

§ 22 Die Vorbehaltsnormen im Regel-Ausnahme-Schema

Faktische Beeinträchtigungen sind, so das bisher gefundene Ergebnis, materiell verfassungsmäßig, wenn sie sich im Rahmen einer gegenständlich benannten Vorbehaltsnorm halten. Sie sind hingegen materiell verfassungswidrig, sofern sie sich thematisch einer erfolgsbezogenen Gegenschranke zuordnen lassen.

In das Regel-Ausnahme-Schema projiziert erscheinen die beeinträchtigungsbegrenzenden Normen, die Gegenschranken als Unterausnahmen. Sie verfestigen den Gewährleistungsbereich, indem sie dessen Relativierung durch den gegenständlich benannten oder allgemein gehaltenen Vorbehalt punktuell wieder aufheben. Die eigentliche Vorbehaltsnorm bildet folglich die Ausnahme zur Regel der prinzipiellen Gewährleistung und findet ihre Unterausnahme in der Gegenschranke.

Aus diesem Gefüge lassen sich materielle Aussagen gewinnen. Wo nämlich eine Vorbehaltsnorm fehlt oder in ihrem Tatbestand nicht erfüllt ist, bleibt es bei der Gewährleistung[98]. Sind hingegen die sachlichen Voraussetzungen einer Gegenschranke nicht gegeben oder ist eine solche Norm nicht vorhanden, dann hat es bei der staatlichen Befugnis zur Beeinträchtigung der Freiheit, wie sie die Vorbehaltsnorm einräumt, sein Bewenden.

Zu klären ist, ob Aussagen wie diese auch für die faktischen Beeinträchtigungen Geltung besitzen. Läßt sich also die These entwickeln, daß überall dort, wo ein geeigneter Beeinträchtigungsvorbehalt fehlt, der Gewährleistungsbereich auch vor nur faktischen Beeinträchtigungen zu verschonen ist. Dürfen immer dann, wenn keine thematisch einschlägige Gegenschranke bereitsteht, Vorbehaltsnormen auch auf dem Wege faktischer Beeinträchtigungen aktualisiert werden? Ins Konkrete gewendet geht es um die Frage, ob faktische Beeinträchtigungen etwa der Freizügigkeit immer unzulässig sind, wenn die gegenständlich benannten Voraussetzungen des Art. 11 Abs. 2 GG fehlen, bzw. ob sie stets dann zulässig sind, wenn diese Voraussetzungen erfüllt sind und ein Verstoß gegen die Wesensgehaltsgarantie oder das Prinzip der Verhältnismäßigkeit nicht ersichtlich ist.

Zunächst ist auf die beiden oben[99] entwickelten Thesen zurückzugreifen. Wo imperative Beeinträchtigungen erlaubt sind, darf auch

---
[98] Vor allem hierin liegt die Funktion des „beredten Schweigens", als das *Dürig*, Maunz-Dürig-Herzog, Art. 2, Abs. I, RdNr. 8, S. 9 f.; RdNr. 69, S. 55 f. fehlende Gesetzesvorbehalte würdigt.
[99] Vgl. § 21.

faktisch beeinträchtigt werden; ein Verbot imperativer Beeinträchtigungen gilt nicht ohne weiteres auch für faktische Beeinträchtigungen.

Danach ergibt sich einmal: Fehlt eine Gegenschranke oder ist sie im konkreten Fall unanwendbar, so sind alle vom Vorbehalt der Sache nach erfaßten imperativen Beeinträchtigungen unbedenklich und in gleichem sachlichen Umfang auch faktische Beeinträchtigungen zulässig. Das Schweigen des Verfassungsgebers ist also in dieser zusätzlichen Hinsicht in der Tat „beredt".

Beispiel: Art. 102 GG verbietet den staatlichen Organen die Anwendung der Todesstrafe. Ein allgemeines Verbot von Handlungen, welche die Verhängung oder Vollstreckung einer Todesstrafe ermöglichen könnten, besteht nach geltendem Recht nicht. Der Gesetzgeber ist gestützt auf Art. 2 Abs. 2 S. 3 GG an sich befugt, auch eine Norm zu schaffen, die selbst dann zur Auslieferung ermächtigte, wenn den Auszuliefernden im Empfängerstaat die Todesstrafe erwartete. Aus diesem Grund steht Art. 2 Abs. 2 S. 1 GG auch einer entsprechenden faktischen Beeinträchtigung mindestens materiell-rechtlich[100] nicht entgegen.

Zum anderen gilt: Wenn eine zu Beeinträchtigungen ermächtigende Vorbehaltsnorm fehlt oder im konkreten Fall unanwendbar ist, bleibt die Frage nach der Grundrechtswidrigkeit einer faktischen Beeinträchtigung zunächst offen. Zwar hat man das Fehlen von Beschränkungsvorbehalten als rechtserhebliche Aussage gegen die staatliche Verfügungsmacht und für den unentziehbaren Gehalt des betreffenden Grundrechts[101] zu verstehen. Aber diese Aussage ist auf die typischen Konfliktslagen, also vor allem auf die Fälle imperativer Beeinträchtigungen gemünzt. In dieser Beziehung kann die Erwägung verfangen, der Verfassungsgeber hätte es — bei der Subtilität seiner Regelung im übrigen — zum Ausdruck gebracht, wenn ihm weitere Vorbehalte vorgeschwebt hätten. Für atypische Konfliktslagen wie sie faktische Beeinträchtigungen im wesentlichen darstellen, kann diese Überlegung nicht ohne weiteres gelten.

„Beredt" wird das Schweigen indessen auch im Hinblick auf faktische Beeinträchtigungen, sobald man es vor dem Hintergrund der prinzipiellen Gewährleistung des jeweils geschützten Freiheitsbereiches sieht. Dann nämlich besagt es, daß es beim Prinzip, dem Schutz der individuellen Freiheit bleibt, und zwar deswegen, weil es insoweit an einer das Prinzip durchbrechenden Gegennorm fehlt. Gehört es zum Beispiel zur Freiheit des Art. 4 Abs. 1 GG, daß man seinen

---

[100] Es bleibt freilich die Frage, ob das staatliche Organ, das den Auslieferungsbeschluß erläßt, selbst den Vorbehaltsbereich des Art. 2 Abs. 2 S. 3 aktualisieren darf. Das ist eine Frage der formellen Grundrechtswidrigkeit. Vgl. dazu unten §§ 26 ff.

[101] Vgl. *Dürig*, Maunz-Dürig-Herzog, Art. 2 RdNr. 69, S. 55.

Glauben nicht zu offenbaren braucht, dann dürfen die Schulbehörden die Schüler nicht dadurch aus ihrer Reserve herauslocken, daß sie religiöse Veranstaltungen abhalten, welche die Anhänger religiöser Minderheiten veranlassen, entweder ihren anderen Glauben zu bekennen oder aber schweigend an diesen Veranstaltungen teilzunehmen[102].

§ 23 Die Mittel-Zweck-Relation

Wo immer Interessen miteinander kollidieren und das objektive Recht die Befugnis verleiht, die einen auf Kosten der anderen durchzusetzen, stellt sich die Frage nach dem richtigen Verhältnis zwischen Mittel und Zweck.

Die Rechtsordnung kann nicht, ohne gleichzeitig ihre prinzipielle Friedensfunktion zu verfehlen, Rechtsmacht um jeden Preis einräumen. Selbst an Stellen, wo sie Beeinträchtigungen erlaubt, vielleicht sogar gebietet, muß sie die betroffenen Interessen weiterhin im Auge behalten. Eben deshalb bilden sich im Recht Rechtsausübungsschranken. Zu ihnen gehört vor allem das Übermaßverbot: Niemand darf zur Durchsetzung seiner Interessen von mehreren Mitteln das einschneidendere wählen, solange ein gelinderes, das den gleichen Erfolg verspricht, zur Verfügung steht; niemand darf Mittel einsetzen, deren Folgen im Hinblick auf den angestrebten Zweck evident unangemessen sind.

Das Übermaßverbot beherrscht den gesamten Vorbehaltsbereich. Über seine positiv-rechtliche Verankerung ist man sich allerdings alles andere als einig. Man bemüht u. a. die überkommene Rechtsstaatsvorstellung, das Willkürverbot, den Gleichheitssatz, die einzelnen Freiheitsnormen, die Wesensgehaltsgarantie, aber auch den Satz von der Menschenwürde[103]. Daß zu diesen Normbereichen Querverbindungen und Parallelen gezogen werden können, ist offensichtlich. Die vollständige Einbettung des Übermaßverbotes will aber auf diese Weise nicht recht gelingen. Daher scheint es in der Tat geboten, auf den gemeinsamen Nenner zurückzugreifen und dem Vorschlag *Lerches* folgend sich „der produktiven Kraft des rechtsstaatlichen Leitbildes zu besinnen"[104].

Die Rechtsregeln, die das Übermaßverbot für die Bemessung der Mittel-Zweck-Relation bereitstellt, sind für die Beurteilung der Ver-

---

[102] Vgl. hierzu das Urteil des *Hessischen Staatsgerichtshofs* vom 27. 10. 1965, NJW 66, 31 ff. Die Entscheidung hat eine ganze Reihe von Stellungnahmen ausgelöst, siehe hierzu die Übersicht bei *Scheuner*, DÖV 67, 585 (586 FN. 9).
[103] Dazu im einzelnen die Darstellung bei *Lerche*, Übermaß und Verfassungsrecht, S. 29 ff.; vgl. auch *Wittig*, DÖV 68, S. 817 ff. mit weiteren Nachweisen.
[104] a.a.O., S. 57.

fassungsmäßigkeit faktischer Beeinträchtigungen von besonderer Bedeutung. Hat man es doch mit allgemeinen Normen zu tun, die ihrer überkommenen Struktur nach gerade solche Interessenbeeinträchtigungen rechtlich aufbereiten, welche außerhalb des eigentlichen Zielgebietes staatlichen Handelns liegen. Sowohl nach dem Erforderlichkeitsprinzip als auch nach dem Verhältnismäßigkeitsgrundsatz werden Nebenfolgen, also faktische Beeinträchtigungen in unserem Sinn, zum Hebel, um an sich zulässige Maßnahmen des Staates aus den Angeln der Rechtmäßigkeit zu heben. Mag einem Polizisten erlaubt sein, auf einen fliehenden Dieb zu schießen, sobald der Schuß konkrete Gefahren für Dritte heraufbeschwört, handelt der Schütze rechtswidrig.

Ein Verstoß gegen die Grundsätze des Übermaßverbotes bewirkt, daß die übermäßig beeinträchtigende hoheitliche Handlung als grundrechtswidrig qualifiziert wird[105]. Aus der Funktion der Grundsätze, nämlich die Rechtsposition des Betroffenen in die Beurteilung staatlicher Handlungen einzubeziehen, und aus prinzipiell umfassenden Schutzwirkung der Freiheitsgrundrechte folgt, daß Verstöße gegen das Übermaßverbot nicht nur dort zu grundrechtlicher Relevanz gelangen, wo die beeinträchtigungsauslösende Handlung nach irgendwelchen Kriterien als „Eingriff" qualifiziert werden kann[106]. Die Grundsätze des Übermaßverbotes geben für alle Arten faktischer Beeinträchtigungen das Maß, gleichgültig, ob sie als Reflexwirkungen oder als schlichte Beeinträchtigungen erscheinen.

Ansätze, zumal Akte der schlichten Hoheitsverwaltung mit übermäßig störenden Auswirkungen als Verletzung der betroffenen Spezialfreiheitsrechte einzustufen, hat bereits *Martens* erkennen lassen[107]. Er vertritt die Ansicht, daß bei Immissionen durch hoheitlich betriebene Verwaltungseinrichtungen sowohl die Kompetenz zu eigentumsgestaltenden Bestimmungen (Art. 14 Abs. 1 S. 2 GG), als auch die Prinzipien der Erforderlichkeit und Verhältnismäßigkeit zu beachten seien. Jeweils im Einzelfall müsse geprüft werden, ob die „immittierenden

---

[105] Vgl. statt vieler *BVerfG* Bd. 24, 367 (404).
[106] So schon *Lerche*, Übermaß und Verfassungsrecht, S. 258 ff. (261); allerdings wird dort zugleich auf eine „eingrenzende Seite" verwiesen. Diese wohl auf den Ausführungen S. 134 ff. aufbauende Erwägung ist indessen mit dem in dieser Arbeit gewählten Ausgangspunkt, dem mindestens im Prinzip geschützten individuellen Freiheitinteresse, nicht vereinbar. Dem Gesetzgeber mag zwar hier und da ein tiefgreifender Gestaltungsbereich eröffnet sein, daß es jedoch Bereiche geben sollte, in denen er sich um Freiheitsinteressen der Bürger a priori nicht zu kümmern bräuchte, ist kaum einsehbar. Womöglich beruht die Divergenz zu den Auffassungen Lerches in den unterschiedlichen Vorstellungen über die Bauformen der Freiheitsrechte. Der „mit Substanz gefüllte, abgegrenzte Wirkungsbereich eines Grundrechts" (S. 106) erscheint als tragendes Element des Grundrechtsverständnisses zu eng.
[107] *Martens*, Hamburger Festschrift für Friedrich Schack, 1966, S. 85 (94); vgl. auch *Wittig*, DÖV 68, 817 (819, FN. 27).

§ 23 Die Mittel-Zweck-Relation

Verwaltungsrealakte" um der Funktionsfähigkeit des Verwaltungsbetriebes notwendig seien und ob ihre Auswirkungen in einer angemessenen Relation zu dem konkreten Verwaltungszweck stünden.

Wo immer eine staatliche Maßnahme Beeinträchtigungen im Gefolge hat, wird sie rechtswidrig, wenn sie mit gelinderen Beeinträchtigungen verbunden oder gar ohne solche durchführbar wäre. Nicht zuletzt aus diesem Grund scheint der Versuch des *Bundesverfassungsgerichts*, Beeinträchtigungen, die sich als „unbeabsichtigte Nebenfolgen in bestimmten Fällen" darstellen[108], vom Grundrechtsschutz auszunehmen, nicht überzeugend. Man hätte statt dessen zu prüfen, ob sich der gewünschte Erfolg nicht auch ohne die beanstandete Nebenwirkung erzielen ließe. Hier öffnet sich das weite Feld grundrechtsgebotener Härteregelungen[109].

Andererseits hat man stets zu erwägen, ob die mit einer staatlichen Maßnahme verknüpfte Einbuße an prinzipiell gewährleisteter Freiheit nicht erkennbar schwerer wiegt, als der solchermaßen auf Kosten der Freiheit erstrebte öffentliche Zweck. Faktische Beeinträchtigungen zugunsten eines Zweckes, der mit zureichender Evidenz in der rechtlichen Bewertung hinter dem betroffenen Freiheitsinteresse rangiert, sind verfassungswidrig.

Das Übermaßverbot als Regelungskomplex für die richtige Mittel-Zweck-Relation erfährt eine Verdichtung durch die Garantie des Art. 19 Abs. 2 GG.

Wenn das Grundgesetz den Wesensgehalt eines jeden Grundrechts derart erhöht, daß er „in keinem Fall angetastet werden darf", dann ist auf der Ebene ausdrücklicher Positivität eine letzte Grenze zwischen Maß und Übermaß gezogen. Staatliche Handlungen, die den Wesensgehalt berühren, können nicht einfach dadurch gerechtfertigt werden, daß man sie als mildeste und im Hinblick auf den erstrebten Zweck angemessenste Konkretisierung grundrechtlicher Vorbehalte ausgibt. Ein solches Vorgehen wäre nur statthaft, wenn man belegen könnte, daß die Wesensgehaltsgarantie lediglich eine andere Bezeichnung für das Übermaßverbot ist[110], oder wenn und soweit sich

---

[108] Vgl. *BVerfG* Bd. 6, 55 (77); 11, 50 (60); 12, 151 (168); 13, 331 (341 f.); 18, 97 (106 f.); 21, 54 (69).
[109] Hierzu *Lerche*, Übermaß und Verfassungsrecht, S. 193 f.
[110] Das ist bisher nicht gelungen. Zum Versuch u. a. des BGH, den Wesensgehaltsbegriff so auszudeuten, vgl. die Kritik *Lerches*, Übermaß und Verfassungsrecht, S. 34 f. Der Sache nach gelten ähnliche Einwendungen auch für die Thesen *Häberles*, Die Wesensgehaltsgarantie des Art. 19 Abs. 2 Grundgesetz, nämlich sofern Häberle den Grundsatz der Verhältnismäßigkeit zu den Prinzipien für die Konkretisierung des Vorbehaltsbereichs zählt und den Wesensgehalt nur als abgekürzte Bezugnahme auf diese Prinzipien versteht, vgl. a.a.O., S. 234 in Verb. mit S. 67 ff. Auch die Arbeit *Eike von Hippels*, Grenzen und Wesensgehalt der Grundrechte, kann sich dieser Kritik nicht entziehen.

dartun ließe, daß die sprachlich umfassendere Garantie des Art. 19 Abs. 2 GG teleologisch zu reduzieren ist[111]. Die Vorstellung vom Wesensgehalt als letzter Grenze zwischen Maß und Übermaß basiert auf der bekannten Überlegung, nach der Art. 19 Abs. 2 GG ein „substantielles Minimum" schützt[112]. Für diese Ansicht sprechen die besseren Gründe. Wortlaut und systematische Stellung der Vorschrift stempeln diese zur Ausnahmeregelung[113]. An sich zulässige Konkretisierungen eines Vorbehaltsbereichs werden verfassungswidrig, sobald der Staat die Schwelle des Wesensgehalts überschreitet.

In die gleiche Richtung weist auch der Zweck der Bestimmung. Daß das rechtstechnische Mittel des Grundrechtsvorbehalts nicht dazu dienen darf, ein Grundrecht als solches zu beseitigen, ist eine verfassungsdogmatische Selbstverständlichkeit[114]. Daß andererseits die grundrechtlichen Gewährleistungen permanent in Gefahr sind, vom Vorbehalt her aufgerollt und ausgehöhlt zu werden, so daß sie aufhören, auch im Tatsächlichen die Regel zu bilden, daß sie praktisch zu „leerlaufenden Grundrechten" denaturieren, ist historische Erfahrung[115]. Flexible Vorbehalte sind nun einmal mißbrauchsanfällig, und exakt diesem Effekt soll die Wesensgehaltsgarantie des Art. 19 Abs. 2 GG entgegenwirken.

Die absolute Gewährleistung eines „substantiellen Minimums" ist aber so gut wie unmöglich, wenn man sie auf das Grundrecht in

---

[111] In diese Richtung tendiert anscheinend *Lerche*, a.a.O., S. 243, indem er den Achtungs- und Schutzanspruch des Art. 1 GG einen Rechtfertigungsgehalt für die Fälle der Annäherung an das institutionelle Tabu entnimmt. Eine punktuelle teleologische Reduktion wurde zum Beispiel im Hinblick auf die verfassungsrechtliche Zulässigkeit lebenslänglicher Freiheitsentziehung von *Dürig* vorgeschlagen, Maunz-Dürig-Herzog, Art. 104, RdNr. 4, S. 5. Ähnliches muß wohl auch für die Verwirkung nach Art. 18 GG gelten, vgl. *Gallwas*, Mißbrauch von Grundrechten, S. 134.

[112] Vgl. *Lerche*, Übermaß und Verfassungsrecht, S. 35 f., mit weiteren Nachweisen.

[113] Diese Funktion wird am nachhaltigsten verkannt von *Häberle*, Die Wesensgehaltsgarantie des Art. 19 Abs. 2 Grundgesetz, S. 234 ff. Er versteht die Bestimmung gerade nicht als zusätzliche Sicherung der Grundrechte. Hierdurch verblassen die Konturen, an denen sich die den Vorbehaltsbereich konkretisierenden Gewalten brechen könnten. Kritisch zu diesem Punkt *Lerche*, DÖV 65, 212 (213).
Der Ausnahmecharakter verliert sich auch bei *Eike von Hippel*, Grenzen und Wesensgehalt der Grundrechte, S. 46 ff. Dort wird die Garantie letztlich zur allgemeinen Konkretisierungsvoraussetzung für den gesamten Vorbehaltsbereich umgedeutet. Beeinträchtigungen von Freiheitsinteressen sollen nur zum Schutz höherwertiger Rechtsgüter zulässig sein. Damit wird dem Gesetzgeber die Möglichkeit genommen, im Rahmen der Grundrechtsvorbehalte selbst zu entscheiden, welche Interessen der Freiheit vorzugehen haben. Der Grundrechtsvorbehalt verliert so seinen eigentlichen Sinn.

[114] Vgl. hierzu schon die Darlegungen *Carl Schmitts*, Verfassungslehre, 1928, Neudruck 1954, S. 177 f.

[115] Und zwar nicht erst eine Erfahrung unseres Jahrhunderts, dazu *E. R. Huber*, Verfassungsgeschichte Bd. III, 1963, S. 104 f.

§ 23 Die Mittel-Zweck-Relation

seiner Eigenschaft als subjektives Recht jedes einzelnen bezieht[116]. Man müßte Relativierungen anbringen, die unter Umständen sogar bis zu einer völligen Beseitigung im Einzelfall gingen[117]. Man denke nur an die Polarität von Freiheitsrecht und lebenslänglicher Freiheitsstrafe.

Die Unverträglichkeit der Konsequenz drängt die Interpretation der Wesensgehaltsgarantie in eine andere Richtung. Man muß vom Grundrecht in seiner Funktion für die soziale Gemeinschaft, also von seiner institutionellen Komponente ausgehen[118].

Damit gewinnt Art. 19 Abs. 2 GG einen anderen Aspekt und eine neue Dimension. Die Vorschrift trägt dazu bei, ein legal bemänteltes, sich als Ausfüllung von Grundrechtsvorbehalten zeigendes Hinübergleiten in ein qualitativ anderes, zumal in ein totalitäres Verfassungssystem zu verhindern. Sie stellt sich auf diese Weise in eine Reihe mit den die Fundamentalnormen des Grundgesetzes sichernden Bestimmungen der Art. 18, 21 und 79 Abs. 3 GG.

Bedeutung erhält diese Blickrichtung bei der Bestimmung dessen, was zum Inhalts des „substantiellen Minimums" gehört. Der Wesensgehalt der Grundrechte wird nicht allein durch die Elemente des Menschenwürdesatzes ausgefüllt[119], nicht nur durch die Funktion des einzelnen Grundrechts[120] und auch nicht lediglich durch das „Kernstück unterverfassungsgesetzlicher Normenkomplexe"[121].

Statt dessen bezieht die Wesensgehaltsgarantie ihre Elemente aus allen Bereichen normativer Gewährleistungen der Freiheit. Entscheidend ist allein, ob eine staatliche Maßnahme in den Bereich prinzipieller Freiheit eindringt, der durch den Gegensatz zu einem totalitär verfaßten Gemeinwesen geprägt ist[122], wobei der Totalitarismus sowohl ein unmittelbar staatlicher als auch ein von Staats wegen geduldeter gesellschaftlicher sein kann[123].

Die Ausformung des Übermaßverbotes durch die Wesensgehaltssperre beschränkt sich indessen nicht auf die Tabuisierung eines

---

[116] Ausführlich hierzu *Jäckel*, Grundrechtsgeltung und Grundrechtssicherung, 1967, S. 61 ff.
[117] Diese Konsequenz macht die Schrift *Eike v. Hippels*, Grenzen und Wesensgehalt der Grundrechte, 1965, S. 47 ff., ganz deutlich.
[118] So bereits *v. Mangoldt-Klein*, Art. 19, Anm. V. 2., S. 554; *Lerche*, Übermaß und Verfassungsrecht, S. 239 ff.; *Jäckel*, a.a.O., S. 111 ff., mit weiteren Nachweisen S. 59, FN. 38 ff.
[119] So *Dürig*, AöR 81, 117 (136 ff.).
[120] So *Herbert Krüger*, DÖV 56, 555 FN. 40.
[121] So *Lerche*, a.a.O., S. 240 f.
[122] Dieser Gedanke *Dürigs*, Maunz-Dürig-Herzog, Art. 19, RdNr. 48 f., S. 17, zum Begriff der freiheitlich-demokratischen Grundordnung dürfte in diesem Zusammenhang ebenfalls auf den richtigen Weg führen.
[123] Zur Veränderung der „ambiance" der Grundrechte durch einen von der Gesellschaft ausgeübten „Terror der Sittlichkeit" vgl. *Herbert Krüger*, Allgemeine Staatslehre, 2. Aufl., S. 535.

Kernbereiches. Auch im übrigen beeinflußt Art. 19 Abs. 2 GG die Handhabung des Verhältnismäßigkeitsprinzips. Die Vorschrift aktiviert und verdichtet den Schutz dieses Prinzips entsprechend der inneren Nähe eines betroffenen Freiheitsinteresses zur Wesensgehaltszone. Je stärker sich eine staatliche Maßnahme dieser Zone nähert, desto gewichtiger müssen die rechtfertigenden Gründe sein[124].

Beide Funktionen der Wesensgehaltssperre sind auch bei faktischen Beeinträchtigungen wirksam. Seinem Wortlaut nach ist Art. 19 Abs. 2 GG nicht auf imperative Beeinträchtigungen beschränkt. Ein stichhaltiger Grund, den möglichen Wortsinn im Wege teleologischer Reduktion zu verengen, ist nicht ersichtlich. Überdies deckt sich die Einbeziehung faktischer Beeinträchtigungen in den zusätzlichen Sicherungsbereich des Art. 19 Abs. 2 GG mit der dargelegten Tendenz der Vorschrift. Gerade durch faktische Beeinträchtigungen können die Grundrechte um ihre Funktion gebracht werden[125]. Aus diesem Grund ist anzunehmen, daß jede staatliche Maßnahme, die den Wesensgehalt eines Grundrechts, sei es auch nur faktisch, beeinträchtigt, verfassungswidrig ist. Dasselbe hat für hoheitliche Akte zu gelten, die sich mit ihren Auswirkungen dem Wesensgehaltsbereich nähern, ohne durch einen verfassungsrechtlich triftigen Grund gerechtfertigt zu sein.

Die Schutzfunktion des Art. 19 Abs. 2 GG tritt vor allem bei den zwangsläufigen faktischen Beeinträchtigungen[126] in Aktion. Bei ihnen ist die Aushöhlungsgefahr am stärksten[127].

Bei gelegentlichen faktischen Beeinträchtigungen[128] mag dies seltener sein. Ausgeschlossen ist die Gefahr aber keineswegs. Das zeigt ein vom *Jäckel* angeführtes Beispiel für eine Folgewirkungssituation: Die Bundesregierung versucht in einer Krisensituation mit Hilfe des Art. 18 GG die Wortführer der oppositionellen Presse zum Schweigen zu bringen. Würde ein Verwirkungsausspruch gegen die verschiedenen Betroffenen insgesamt den pressebedingten Meinungsbildungsprozeß in der BRD gefährden, so müßte das Bundesverfassungsgericht die Verwirkungsanträge wegen der Wesensgehaltssperre verwerfen. Auf die Frage, ob ein Mißbrauch der Pressefreiheit zum Kampf gegen die

---

[124] Diese Fernwirkung des Art. 19 Abs. 2 GG ist bereits von *Lerche*, Übermaß und Verfassungsrecht, S. 243, behandelt worden.
[125] Ebenso *Jäckel*, Grundrechtsgeltung und Grundrechtssicherung, S. 113 f.
[126] Zur Terminologie oben § 3, 2 a.
[127] Wie überhaupt das Problem der faktischen Beeinträchtigung zunächst in Fällen der Zwangsläufigkeit sichtbar wurde. Die Entscheidungen des BVerfG zu faktischen Beeinträchtigungen gelten nur im verschwindenden Maß gelegentlicher Grundrechtsberührungen. Dieser Umstand war es wohl auch, der dazu verleitete, dem Gesichtspunkt eine gewisse Bedeutung zuzumessen, daß es „unbeabsichtigte Nebenfolgen in bestimmten Fällen" gibt.
[128] Vgl. oben § 3 2 b.

freiheitlich demokratische Grundordnung vorliegt, käme es in diesem Fall gar nicht an[129].

II. Der ungeschriebene Grundrechtsvorbehalt

§ 24 Die allgemeine Ermächtigung zur Mißbrauchsabwehr

Vor dem Hintergrund prinzipieller Gewährleistungen wird der Mangel an thematisch einschlägigen geschriebenen Gesetzesvorbehalten zum „beredten Schweigen". Der Schutz der Freiheit geht vor, wo eine das Prinzip durchbrechende Gegennorm fehlt[130].

Doch auch diese Überlegung findet ihre Einschränkung. Nicht durchwegs und endgültig läßt sich das Schweigen des Grundgesetzgebers als „beredt" ausgeben. Jede Freiheitsgewährleistung steht vielmehr unter einem allgemeinen Mißbrauchsvorbehalt.

Diese Denkfigur beruht im letzten auf der Vorstellung, daß selbst der Verfassungsgeber bei der Normsetzung nicht völlig frei ist, sondern nach verschiedenen Seiten hin rechtlich gebunden ist[131]. Freilich kann er überkommene und rezipierte sowie die neu geschöpften Verfassungsprinzipien partiell abwandeln. Er darf sich aber nicht mit ihnen in Widerspruch setzen. Er würde sonst seinen Deklarationen und Dezisionen die Verbindlichkeit nehmen[132].

Daß Grundrechte einem ungeschriebenen Mißbrauchsvorbehalt unterliegen, ist nicht das eigentlich Problematische. Schon *Smend* bezeichnete Grundrechtsbetätigungen auf Kosten höherrangiger Gemeinschaftswerte als Grundrechtsmißbrauch[133]. Auch *Lerche* hält Normen, die Rechtsfolgen wegen mißbräuchlicher Grundrechtsausübung verlangen, unabhängig davon für zulässig, ob die entsprechenden Grundrechtsnormen mit Gesetzesvorbehalten ausgestattet sind oder nicht[134].

Die Streitfragen beginnen erst, wenn es darum geht, den Mißbrauch vom Gebrauch abzuheben. Hierfür gibt es keine durch und durch gesicherten, simpler Subsumtion zugänglichen Grenzlinien. Man kann

---
[129] *Jäckel*, Grundrechtsgeltung und Grundrechtssicherung, S. 109.
[130] Vgl. oben § 22.
[131] Hierzu *Gallwas*, Der Mißbrauch von Grundrechten, S. 34 f.; vgl. auch *Bettermann*, Grenzen der Grundrechte, S. 11 ff.
[132] Zur Rationalität als Legitimitätsgrundlage unseres Verfassungssystems vgl. neuerdings *Kriele*, Theorie der Rechtsgewinnung, 1967, S. 182 ff.
[133] VVDStRL Heft 4, 44 (52).
[134] Übermaß und Verfassungsrecht, S. 117 ff. Weitere Nachweise über die Verwendung des Mißbrauchsgedankens im Bereich grundrechtlicher Gewährleistungen bei *Gallwas*, a.a.O., S. 17 FN. 37.

nur, und zwar jeweils an Hand der gegebenen, allgemeinen tatsächlichen und rechtlichen Lage Orientierungshilfen sichtbar machen[135].

Der allgemeine Mißbrauchsvorbehalt besagt, daß jede mißbräuchliche Durchsetzung von Interessen ohne Grundrechtsschutz ist. Grundrechtsmißbrauch dürfte vorliegen, wenn jemand ein an sich geschütztes Interesse auf Kosten eines anderen Interesses realisiert, das gleichfalls und zwar im konkreten Fall unabweisbar im Schutze der Verfassung steht. Gebote und Verbote, die Mißbrauchshandlungen unterbinden sollen, kann der Betroffene nicht unter Berufung auf materiell-rechtliche Freiheitsgewährleistungen angehen. Der allgemeine Mißbrauchsvorbehalt fungiert als ungeschriebene materiell-rechtliche Ermächtigung zu imperativen Beeinträchtigungen prinzipiell grundrechtlich geschützter Interessen.

Oben ist die These aufgestellt worden, daß der Grundrechtsträger Beeinträchtigungen faktischer Art im selben Umfang hinzunehmen habe wie Beeinträchtigungen, die ihm im Wege der Konkretisierung von geschriebenen Grundrechtsvorbehalten auferlegt werden[136]. Es bestehen keine Bedenken, im Rahmen des allgemeinen Mißbrauchsvorbehalts ebenso zu argumentieren.

Geht man zum Beispiel davon aus, daß ein Prozessionsverbot in einem Seuchen-Gebiet durch den Mißbrauchsvorbehalt, der zu Art. 4 GG hinzuzudenken ist, gedeckt wäre, dann können sich Veranstalter und Teilnehmer nicht auf die an sich uneinschränkbare Freiheit der Religionsausübung berufen, wenn eine allgemeine Freizügigkeitsbeschränkung angeordnet wird, die sich nur faktisch, nämlich in Form einer Reflexwirkung auch auf sie auswirkte[137].

Der Mißbrauchsvorbehalt dient dem Schutz anderer, im Verhältnis zu den Interessen der Grundrechtsträger gleichfalls und unabweisbar verfassungsrechtlich geschützter Interessen. Im Hinblick auf den Schutzzweck kann es auf die Art, wie diese Interessen durchgesetzt werden, ob durch Gebot bzw. Verbot oder im Wege faktischer Beeinträchtigungen, nicht entscheidend ankommen. Maßgebend ist, daß die Durchsetzbarkeit eines Interesses, welches die Verfassung den Grundrechten voranstellt, rechtlich gewährleistet ist.

Durch die Anwendung des allgemeinen Mißbrauchsvorbehalts auf faktische Beeinträchtigungen werden viele Situationen, die auf Anhieb

---

[135] Ein Versuch, Mißbrauchstypen und entsprechende Fallreihen zu bilden, findet sich bei *Gallwas*, a.a.O., S. 32 ff.
[136] Vgl. § 21.
[137] Diese Überlegung ist vor allem zu beachten, wenn es darum geht, in allgemeine Regelungen Härteklauseln zugunsten reflexweise Betroffener einzubauen. Die Beeinträchtigung von Interessen, deren Realisierung mißbräuchlich wäre, stellt keine „Härte" dar und bedürfte daher keiner Rücksicht.

problematisch erscheinen mögen, entschärft. Auch von dieser Seite her verliert also das Argument, die Einbeziehung faktischer Beeinträchtigungen in den Schutzbereich der Grundrechte führe zu Ungereimtheiten und unhaltbaren Konsequenzen, an Zugkraft. Denn der allgemeine Mißbrauchsvorbehalt öffnet den prinzipiellen Grundrechtsschutz in Richtung auf das gesamte Spektrum der Interessen anderer Grundrechtsträger, der Allgemeinheit und des staatlichen Apparates[138], deren Wahrung das Grundgesetz den staatlichen Gewalten zur Aufgabe macht.

§ 25 Der Mißbrauchsvorbehalt als spezifische Ermächtigung für faktische Beeinträchtigungen

Zweifelhaft mag sein, ob dem allgemeinen Mißbrauchsvorbehalt über die beschriebene Funktion hinaus noch eine spezielle Bedeutung gerade für die faktischen Beeinträchtigungen zukommt, mit anderen Worten, ob der Umstand der Faktizität einer Beeinträchtigung für sich genommen ausreicht, um die Qualifikation einer Lage als Mißbrauchslage zu begründen?

Sicher dürfte eines sein: Man kann nicht einfach jede Inanspruchnahme von Grundrechten gegen eine faktische Beeinträchtigung allein wegen des Mangels an Imperativität zum Grundrechtsmißbrauch abstempeln[139]. Die Grundrechte begründen einen dem Prinzip nach umfassenden Schutz von Individualinteressen, und ein Satz des Verfassungsrechts, wonach man alle Beeinträchtigungen hinzunehmen habe, die als Kehrseite oder Folge einer im übrigen zulässigen staatlichen Maßnahme auftreten, hat nur die Qualität einer Behauptung[140].

Problematisch bleibt daher nur, ob es etwa besondere Fallgruppen von faktischen Beeinträchtigungen gibt, bei denen man die Berufung auf grundrechtliche Gewährleistungen von vornherein als „Handeln ohne Recht" zu qualifizieren hätte. Zu denken wäre beispielsweise an Situationen, in denen faktische Beeinträchtigungen nur gelegentlich, vereinzelt oder mit geringfügiger Intensität auftreten[141].

---

[138] Im einzelnen hierzu *Gallwas*, Der Mißbrauch von Grundrechten, S. 38 ff., 66 ff., 87 ff.
[139] Wie gezeigt (§ 9, §§ 14 ff.), läßt sich der Schutz vor faktischen Beeinträchtigungen nicht generell aus dem grundrechtlichen Gewährleistungsbereich ausklammern.
[140] Das zeigt sich schon daran, daß in der Diskussion um die Grundrechtskonkurrenzen die These der Schrankenkumulation nicht unangefochten blieb. Vgl. *Lerche*, Übermaß und Verfassungsrecht, S. 127 ff.; *Berg*, Konkurrenzen schrankendivergenter Freiheitsrechte, S. 79 ff.; *Rüfner*, Der Staat, 1968, S. 47 ff.
[141] Z. B. die Fälle, die das *BVerfG* als „unbeabsichtigte Nebenfolgen" typisiert, Bd. 6, 55 (77); 11, 50 (60); 12, 151 (168); 13, 331 (341 f.); 18, 97 (106 f.); 21, 54 (69).

Allein, mit einer prinzipiell umfassend verstandenen Gewährleistung der grundrechtlich geschützten Interessen wäre die Vorstellung, daß alle gelegentlichen, vereinzelten oder geringfügigen Beeinträchtigungen zu dulden seien, unvereinbar. Grundrechtswidrigkeit ist, solange man die Grundrechte in vollem Umfang als Individualrechte versteht[142], keine Frage der Quantität, keine Sache der großen Zahl. Dem Hinweis auf die Geringfügigkeit der Betroffenheit oder ihre Vereinzelung fehlt schlechterdings die verfassungsrechtliche Evidenz, die ein rechtlicher Gesichtspunkt nun einmal braucht, um die jedem einzelnen durch das Grundgesetz prinzipiell verbürgte Freiheit zu durchbrechen.

Zweiter Abschnitt

Formelle Grundrechtswidrigkeit

§ 26 Vorbemerkung

Die Normen des Grundrechtskatalogs bestimmen nicht nur ob, unter welchen sachlichen Voraussetzungen und in welchem Ausmaß die prinzipiell gewährleisteten Freiheiten des einzelnen beeinträchtigt werden dürfen. Sie bieten zugleich Vorschriften über das hierbei einzuhaltende Verfahren.

Mal ist definitiv bestimmt, welches staatliche Organ jeweils tätig zu werden hat[143], mal welche Form zu beachten ist[144].

Doch nur die wenigsten Verfahrensregelungen stehen im Grundrechtsteil selbst. Wer zum Beispiel die im einzelnen erforderlichen Gesetze erlassen darf und welche Formalien dabei einzuhalten sind,

---

[142] Anderes gilt freilich, wenn man individuellen Grundrechtsschutz nur bei imperativen Beeinträchtigungen gewährte und bei faktischen Beeinträchtigungen auf die Grundrechte erst dann zurückgriffe, wenn diese als „Institute" tangiert seien. In seiner Eigenschaft als „Institut" wird das Grundrecht erst durch die große Zahl der Interessenbeeinträchtigungen bzw. -vereitelungen betroffen.

[143] Art. 4 Abs. 3 S. 2 GG nennt den Bundesgesetzgeber, Art. 7 Abs. 4 S. 2 GG den Landesgesetzgeber, Art. 18 GG das Bundesverfassungsgericht.

[144] Art. 2 Abs. 2 S. 3 GG schreibt ein „Gesetz" vor; ebenso Art. 5 Abs. 2, Art. 6 Abs. 3 u. Abs. 5, Art. 8 Abs. 2, Art. 10 S. 2, Art. 11 Abs. 2, Art. 12 Abs. 1 S. 2, Abs. 2 S. 3, Art. 13 Abs. 2, Abs. 3, Art. 14 Abs. 1, Abs. 3 S. 2, Art. 15 S. 1, Art. 16 Abs. 1 S. 2, Art. 17a Abs. 1, Abs. 2; Art. 104 Abs. 1 fordert sogar ausdrücklich ein förmliches Gesetz.

Art. 12 Abs. 4 verlangt eine richterliche Anordnung, dasselbe gilt für Art. 104 Abs. 2.

Art. 14 Abs. 3 S. 2, Art. 15 S. 1 schreiben ein Entschädigungs-Junktim vor.
Art. 19 Abs. 1 S. 1 verbietet Einzelfallgesetze.
Art. 19 Abs. 1 S. 2 bestimmt ein Zitiergebot.

ergibt sich letztlich erst aus den Vorschriften des Grundgesetzes über die Gesetzgebung, den betreffenden Landesverfassungen oder gar, wenn es sich um Rechtsverordnungen handelt, aus einfachen Bundes- oder Landesgesetzen. Um festzustellen, welcher Richter gemäß Art. 104 Abs. 2 S. 1 GG zur Entscheidung berufen ist, sind die einschlägigen Verfahrensgesetze und Geschäftsverteilungspläne heranzuziehen.

Es besteht kein Zweifel, daß allein die Verletzung von Vorschriften über das Verfahren, das bei Grundrechtsbeeinträchtigungen zu beachten ist, mindestens wenn diese Vorschriften im Grundrechtskatalog selbst stehen, staatliche Maßnahmen grundrechtswidrig macht. Eine Einschränkung der Freizügigkeit durch die Polizei ohne zureichende gesetzliche Grundlage verstößt gegen Art. 11 Abs. 1 GG, auch wenn in materieller Hinsicht die Einschränkungsvoraussetzungen erfüllt sind, zum Beispiel der Betroffene ohne ausreichende Lebensgrundlage ist und der Allgemeinheit daraus besondere Lasten entstehen.

Bedenken könnten sich allenfalls dann ergeben, wenn bei Grundrechtsbeeinträchtigungen Verfahrensregeln übergangen worden sind, die außerhalb des Grundrechtskatalogs stehen, wenn also zum Beispiel die grundgesetzliche Kompetenzverteilung zwischen Bund und Ländern oder zwingende Vorschriften einer Landesverfassung über das Zustandekommen von Gesetzen nicht beachtet wurden. Hier ließe sich immerhin argumentieren, es handle sich um reine Staatsorganisationsnormen, derartige Normen bezweckten keine zusätzliche Sicherung der Grundrechtsträger, daher führe eine Verletzung auch nicht zur Grundrechtswidrigkeit der hierdurch ausgelösten Freiheitsbeeinträchtigungen[145].

---

[145] In der Tat öffnet sich hier ein breiter Raum für mittelbare Grundrechtsverstöße im Sinne einer „mittelbaren Verfassungswidrigkeit", auf die bereits *Herzog*, BayVerwBl 61, 368 (372 f.) aufmerksam gemacht hat. Hierin dürfte auch eine der Ursachen für das häufig anzutreffende Unbehagen über das Elfes-Urteil des *BVerfG* (Bd. 6, 32 ff.) liegen, vgl. *Dürig*, Maunz-Dürig-Herzog, Art. 11, RdNr. 97, S. 32 FN. 2; *Lerche*, DVBl 61, 690 (693); *Rupp*, NJW 65, 993 (994). Dieses Problem dürfte indessen durch die Erwägung *Schumanns*, Verfassungs- und Menschenrechtsbeschwerde gegen richterliche Entscheidungen, S. 181 f., zu bewältigen sein, daß nicht jede Grundrechtsverletzung verfassungsprozessual relevant sein müsse.
Einen Versuch, die verfassungsprozessualen irrelevanten Grundrechtsverletzungen auszusondern, hat jüngst *Rudolf Schneider*, DVBl 69, 325 ff., unternommen; das von ihm benutzte Kriterium „Unmittelbarkeit der Grundrechtsverletzung" ist als solches jedoch ohne rechte Schärfe. Zumal, daß fehlerhafte Anwendung unterverfassungsrangigen gültigen Rechts nur eine mittelbare Verletzung des beeinträchtigten Grundrechts darstellen soll (a.a.O., S. 326), während es bei einem nichtigen freiheitsbeschränkenden Gesetz nicht darauf ankomme, daß der die Unwirksamkeit begründende Umstand im Verfassungsrecht wurzele (a.a.O., S. 327), also insoweit eine unmittelbare Grundrechtsverletzung gegeben sei, entbehrt der Schlüssigkeit. Die Unterscheidung, die Schneider macht, steht und fällt mit der feh-

B. 2. Formelle Grundrechtswidrigkeit

Eine Differenzierung nach dem systematischen Standort der jeweils einschlägigen Verfahrensvorschrift erscheint indessen nicht angebracht. Weder läßt sich nachweisen, daß lediglich die dem Grundrechtskatalog zu entnehmenden Verfahrensnormen grundrechtsschützenden Charakter haben[146], noch gilt als ausgemacht, daß man sich auf einen Verstoß gegen staatliche Organisations- und Verfahrensnormen im Bereich der Grundrechte nur berufen dürfe, wenn jene Normen dem Schutze des einzelnen zu dienen bestimmt seien[147].

Im übrigen darf das Grundverhältnis nicht verkannt werden, das durch das Grundgesetz zwischen dem einzelnen und den staatlichen Gewalten begründet ist. Nur die gemäß der Verfassung gebildete und ausgeübte Gewalt braucht der einzelne hinzunehmen. Ausschließlich ihr ist die Kraft zur Relativierung der prinzipiellen Freiheitsgewährleistungen im Rahmen bestehender Vorbehalte gegeben[148].

Aus dem weitreichenden Gebiet der formellen Grundrechtswidrigkeit staatlicher Maßnahmen sollen im folgenden einige Teilbereiche herausgegriffen und auf ihre Anwendbarkeit in Fällen faktischer Beeinträchtigungen untersucht werden.

Erster Unterabschnitt:

Der Grundsatz der Gesetzmäßigkeit der Verwaltung

§ 27 Das Gesetzmäßigkeitsprinzip, Allgemeines

Daß zwischen dem Grundsatz der Gesetzmäßigkeit der Verwaltung und den Grundrechten Verbindungslinien verlaufen, ist bekannt[149].

---

lenden Beantwortung zweier Fragen: Einmal: Was ist jenes Mittel, das bei einer unmittelbaren Grundrechtsverletzung fehlen muß? Zum andern: Woraus ergibt sich die rechtliche Relevanz dieses Mittels?
Solange diese beiden Fragen unbeantwortet sind, hat die generalklauselartige Formel des *BVerfG*, daß „spezifisches Verfassungsrecht" verletzt sein müsse (1, 418 [420]); 17, 302 [305]; 18, 85 [92 f.]) mehr für sich, zumal wenn man ihren Sinngehalt auf „die verfassungsgeprägten Begriffe der Grundrechtsordnung" ausrichtet, wie das *Schumann* für die sogenannte Interpretationsverfassungsbeschwerde vorschlägt, vgl. *Schumann*, Verfassungs- und Menschenrechtsbeschwerde gegen richterliche Entscheidungen, S. 194 ff.; vgl. hierzu auch *Seuffert*, NJW 69, 1369 (1371).

[146] Wenig verständlich wäre sonst zumal die ausschließlich wirkende Verweisung des Art. 13 Abs. 2 GG. Den Verfahrensregeln des einfachen Gesetzgebers käme hier mehr Bedeutung zu als denen mit Verfassungsrang.

[147] Jedermann kann sich z. B. darauf berufen, daß eine für ihn maßgebende Landesnorm trotz anders lautendem Bundesrecht fortgilt, sofern das Bundesrecht unter Verstoß gegen die grundgesetzliche Kompetenzverteilung zustande kam. Vgl. *Maunz*, Maunz-Dürig-Herzog, Art. 31 RdNr. 15, S. 6 f.

[148] Im Ergebnis ebenso W. *Schmidt*, AöR 91, 42 (66). Vgl. auch *BVerfG* Bd. 6, 32 (41); 9 83 (87 f.); 10, 89 (100); 10, 354 (360); 11, 105 (110); 11, 192

§ 27 Das Gesetzmäßigkeitsprinzip, Allgemeines

Jesch sah in beiden rechtliche Erscheinungen ein und derselben Sache, nämlich der erkämpften Freiheit vom Staat. Die Menschenrechte schaffen nach ihm eine Individualsphäre, und der Vorbehalt stelle diesen Bereich unter die Kontrolle der Repräsentanten der Gesellschaft. Es handle sich nur um verschiedengeartete Anerkennung des gleichen Freiheitsgedankens[150].

Angesichts der positiv-rechtlichen Ausstattung der Grundrechte, vor allem durch die Aktualisierungsklausel des Art. 1 Abs. 3 GG tritt das Prinzip des Vorranges des Gesetzes als selbständiges Rechtsstaatsprinzip in den Hintergrund. Bezogen auf die Grundrechte bringt es nichts, was nicht schon kraft Art. 1 Abs. 3 GG gelten würde[151].

Dasselbe gilt für den Vorbehalt des Gesetzes, wenn man die Rechtsprechung des *Bundesverfassungsgerichts* zur allgemeinen Handlungsfreiheit gemäß Art. 2 Abs. 1 GG berücksichtigt. Mit ihr hat sich ein Grundrechtsverständnis angebahnt[152], bei dem jeder Verstoß gegen das Prinzip des Vorbehalts des Gesetzes zugleich als Grundrechtsverletzung erscheint[153]. Es ist also nur folgerichtig, wenn man angesichts

---

(198); 11, 234 (236); 17, 306 (313 f.); 19, 206 (215); 19, 253 (257); 21, 54 (59); 24, 367 (384 f.); sowie *Maiwald*, NJW 69, 1424 ff.
Siehe zu diesem Problemkreis im allgemeinen auch *Henke*, Das Subjektive Öffentliche Recht, S. 47 ff.
[149] Vgl. etwa *E. R. Huber*, Deutsche Verfassungsgeschichte, Bd. III 1963, S. 104 ff.; *Anschütz*, Die Verfassung des Deutschen Reiches, 14. Aufl., Neudruck 1960, S. 511; *Bühler*, Die subjektiven öffentlichen Rechte, S. 61 ff.
[150] Gesetz und Verwaltung, S. 125.
[151] Zum „Vorrang der Grundrechte" vgl. *Hans J. Wolff*, Verwaltungsrecht, Bd. I, 7. Aufl., § 30 II b 1, S. 157; ebenso für die sogenannte Fondsverwaltung, *Köttgen*, Fondsverwaltung in der Bundesrepublik, S. 72.
[152] Beginnend mit dem *Elfes-Urteil*, Bd. 6, 32 ff. Die zunächst für Normen geforderte Voraussetzung „formeller und materieller Verfassungsmäßigkeit" (a.a.O., S. 38), wird in späterer Entscheidung anders formuliert. Es heißt dann, „die Freiheit der Entfaltung der Persönlichkeit umfasse auch den Anspruch, nicht durch staatlichen Zwang mit einem Nachteil belastet zu werden, der nicht in der verfassungsmäßigen Ordnung begründet ist" (Bd. 9, 83 [88]; 17, 306 [313 f.]; 19, 206 [215]; 21 54 [59]). Daß darin mehr liegt als nur ein anderer sprachlicher Ausdruck, folgt aus den Entscheidungen Bd. 9, 83 (88) und Bd. 21, 54 (59). Die Meinung, daß das Grundrecht aus Art. 2 Abs. 1 ff. sich im Prinzip auf jeden Nachteil beziehe, wird geteilt von *Dürig*, Maunz-Dürig-Herzog, Art. 2 RdNr. 26, S. 25; *Schumann*, Verfassungs- und Menschenrechtsbeschwerde gegen richterliche Entscheidungen, S. 195 ff.; *Rudolf Schneider*, DVBl 69, 325 ff.; dessen Unterscheidung nach mittelbarer und unmittelbarer Grundrechtsverletzung spielt in diesem Zusammenhang keine Rolle. A. A. anscheinend *Seuffert*, NJW 69, 1369 (1371).
Das Gebot, Beeinträchtigungen der grundrechtlichen Freiheit auch in formeller Beziehung an der verfassungsmäßigen Ordnung zu messen, beschränkt sich nicht auf Art. 2 Abs. 1 GG. Es hat auch die Einzelgrundrechte erfaßt. Vgl. BVerfG Bd. 9, 83 (88); 7, 111 (116); 10, 118 (121 f.); 14, 263 (277 f.); 21, 74 (79); 24, 367 (385); sowie *Ernst Hesse*, Die Bindung des Gesetzgebers an das Grundrecht des Art. 2 I GG bei der Verwirklichung einer „verfassungsmäßigen Ordnung", S. 113.
[153] Die Rechtsprechung ist auf vielfältige Kritik gestoßen. Vgl. u. a. *Peters*, Das Recht auf freie Entfaltung der Persönlichkeit in der höchst-

dieser Entwicklung den Vorbehalt des Gesetzes als besonderen Grundsatz neben dem Grundrechtsschutz sogar für entbehrlich erklärt[154]. Sieht man demgemäß die Schutzfunktionen, die dem einzelnen aus dem Prinzip der Gesetzmäßigkeit der Verwaltung erwachsen, als Bestandteil der Grundrechte, so stellt sich ohne weiteres die den Untersuchungsgegenstand beherrschende Frage, ob und in welchem Umfang diese spezielle Schutzfunktion der Grundrechte auch für faktische Beeinträchtigungen in Betracht kommen kann[155].

Für das Prinzip des Vorranges des Gesetzes ist die Antwort schon angedeutet. Die Bindung der Verwaltung richtet sich nach dem Umfang der grundrechtlichen Gewährleistung. Da sich, wie im vorangehenden Abschnitt der Arbeit gezeigt wurde, die Grundrechte prinzipiell auch auf faktische Beeinträchtigungen beziehen, hat die Verwaltung ihr gesamtes Verhalten so einzurichten, daß sie den Freiheitsbereich des einzelnen, wie das Grundgesetz ihn absteckt, weder imperativ noch faktisch verengt[156].

Problematisch ist jedoch die andere Komponente des Grundsatzes der Gesetzmäßigkeit der Verwaltung. Von seinem Kernbereich abgesehen, ist der materiell-rechtliche Grundrechtsschutz ja nur prinzipieller Art, d. h. in vieler Beziehung Relativierungen zugänglich. Wenn aber die Grundrechte ein Regel-Ausnahme-Verhältnis begründen, bei

---

richterlichen Rechtsprechung, S. 21 ff.; *Nipperdey*, Grundrechte, Bd. IV 2. Halbbd., S. 741 (791 ff.); *Ehmke*, VVDStRL Heft 20, 53 (82 ff.); *Lerche* AöR 90, 341 (359 ff.); *W. Schmidt*, AöR 91, 42 ff.; *Konrad Hesse*, Grundzüge des Verfassungsrechts der Bundesrepublik Deutschland, 3. Aufl., S. 160 ff. Auf die kritischen Stellungnahmen braucht im Rahmen dieser Arbeit nicht eingegangen zu werden. Denn nicht der Inhalt der grundrechtlichen Gewährleistungsbereiche steht zur Diskussion, sondern die Relevanz der Beeinträchtigungsmodalität. Auch falls man z. B. *Konrad Hesse*, a.a.O., S. 190, folgt und die allgemeine Handlungsfreiheit als besondere, nicht grundrechtlich gesicherte Freiheitsverbürgung ansieht, hätte man zu prüfen, wie diese Verbürgung auf nicht-imperative Beeinträchtigungen reagiert.

[154] So ausdrücklich *Vogel*, VVDStRL Heft 24, S. 125 (151); vgl. auch *Jesch*, Gesetz und Verwaltung, S. 32, dort werden die Grundrechtsvorbehalte als „Spezialvorbehalte" unter dem „Oberbegriff des Vorbehalts des Gesetzes" verstanden. Umgekehrt bemerkt *Dürig*, Maunz-Dürig-Herzog, Art. 2, RdNr. 26, S. 25, wegen des Grundsatzes aus Art. 20 Abs. 3 GG ein Leerlaufen dieser grundrechtlichen Schutzfunktion. Die These, daß angesichts der Grundrechte der Vorbehalt des Gesetzes als selbständiges Element des Rechtsstaatsprinzips entbehrlich sei, wirft die Frage auf, was bei den vorbehaltslosen Grundrechten zu gelten habe, wenn es darum geht, Nichtstörungsschranken zur Mißbrauchswehr zu realisieren, vgl. hierzu *Gallwas*, Der Mißbrauch von Grundrechten, S. 100.

[155] Wenn man hingegen dem genannten Grundrechtsverständnis nicht folgte, dann wäre gewissermaßen zweispurig vorzugehen. Zunächst müßte geprüft werden, ob die jeweils in den Grundrechten wie z. B. in Art. 2 Abs. 2 GG angelegten speziellen Gesetzesvorbehalte ihre Schutzfunktion auch gegen faktische Beeinträchtigungen entfalten, sodann wäre auf die Funktion des allgemeinen Gesetzesvorbehalts einzugehen.

[156] Vgl. hierzu *Martens*, Festschrift für Schack, S. 85 (94).

§ 27 Das Gesetzmäßigkeitsprinzip, Allgemeines

dem der Schutz der Individualinteressen die Regel und die Durchsetzbarkeit bestimmter anderer Interessen die Ausnahme bilden, so stellt sich zwangsläufig die Frage nach dem verfassungsrechtlich legitimierten Entscheidungszentrum. Welches staatliche Organ hat zu bestimmen, ob und in welchem Ausmaß im Rahmen der geschriebenen oder ungeschriebenen Grundrechtsvorbehalte vom Prinzip der Freiheit zugunsten anderer schutzwürdiger Interessen abgegangen wird[157].

Die Entscheidung der Verfassung für die Freiheit liefert auch Aussagen zur Frage, wer die Freiheit relativieren darf. Durchwegs hat das erste Wort der Gesetzgeber. Eine primäre und eigenständige Relativierungskompetenz der Verwaltung ist in den Grundrechtsformulierungen des Grundgesetzes nirgends zu finden. Daher ist es der Verwaltung verwehrt, dem einzelnen aus eigenen Stücken Beschränkungen aufzuerlegen.

Soweit imperative Beeinträchtigungen der Grundrechte in Frage stehen, ist dies nachgerade nur noch ein staats- und verwaltungsrechtlicher Gemeinplatz. Ein Gebot der Verwaltung ohne zureichende gesetzliche Ermächtigung ist schon wegen dieses Mangels grundrechtswidrig, ohne daß es darauf ankäme, ob es im übrigen sachlich mit dem betroffenen Grundrecht vereinbar ist[158].

Ein Verstoß gegen den grundrechtlichen Vorbehalt zugunsten des Gesetzgebers macht also imperative Beeinträchtigungen durch die Verwaltung formell grundrechtswidrig. Sobald es um andere, um faktische Beeinträchtigungen geht, ist diese Konsequenz jedoch alles andere als selbstverständlich.

Die Frage nach der formellen Grundrechtswidrigkeit bei faktischen Beeinträchtigungen ist in der angedeuteten Beziehung keineswegs rein theoretisch. Was hier in Erscheinung tritt, ist die sattsam bekannte Streitfrage, ob eine Exekutive, die mit anderen rechtlichen Mitteln als dem „Eingriff" arbeitet, das Prinzip des Vorbehalts des Gesetzes zu beachten hat. Dieser Problemkreis interessiert an dieser Stelle aber nur unter einem ganz bestimmten Aspekt. Es gilt zu ermitteln, ob sich für die Fälle oder gar ganze Teilbereiche nicht „eingriffsmäßiger" Verwaltung, in denen Schutzpositionen grundrechtlicher Freiheiten in Mitleidenschaft gezogen werden, aus den Grundrechten selbst Lösungsgesichtspunkte entwickeln lassen?

---

[157] Zum Grundsatz der Gesetzmäßigkeit der Verwaltung als Kompetenzproblem vgl. *Jesch*, Gesetz und Verwaltung, S. 124 ff.; *Vogel*, VVDStRL Heft 24, S. 124 (150 f.); *Hans J. Wolff*, Verwaltungsrecht Bd. I, 7. Aufl., § 30 II b 2, S. 157 f.

[158] Hierzu *Jesch*, a.a.O., S. 31. *Henke*, Das Subjektive Öffentliche Recht, S. 52 f. Vgl. im übrigen oben FN. 151.

§ 28 Der Vorbehalt des Gesetzes

Die Forderung, daß die Verwaltung, wo immer sie sich mit Geboten und Verboten an den einzelnen wendet, einer gesetzlichen Ermächtigung bedarf, kann man nicht einfach auf die faktischen Beeinträchtigungen ausdehnen.

Der Vorbehalt des Gesetzes erfüllt bei den imperativen Beeinträchtigungen die Funktion einer Mittel-Zweck-Steuerung. Der Gesetzgeber entscheidet, welche Mittel der Verwaltung zur Verfügung stehen sollen, damit sie die ihr gesetzten Aufgaben erfüllen kann. Er legt fest, was dem einzelnen zur Erfüllung der öffentlichen Aufgaben abverlangt werden darf oder abverlangt werden muß.

Wollte man alle faktischen Beeinträchtigungen in den Geltungsbereich des Vorbehalts des Gesetzes einbeziehen, so hätte dies eine totale Funktionsänderung des Prinzips zur Folge.

Faktische Beeinträchtigungen sind nun einmal ihrer Erscheinung nach nicht Mittel zur Erreichung eines bestimmten Zweckes. Sie sind nur Folgen, und zwar entweder des eingesetzten Mittels[159] oder des verwirklichten Zweckes[160].

Das Gesetz wäre also nicht mehr ein Katalog der Mittel, die der Verwaltung zur Verfügung stehen. Es verwandelte sich in eine Aufzählung der vom Gesetzgeber in Kauf genommenen Folgen.

Aus der Fülle der denkbaren faktischen Beeinträchtigungen ist jedoch der Zufall nicht wegzudenken. Kein staatliches Organ kann das eigene Verhalten bis in seine letzten Auswirkungen übersehen. Immer wird ein Rest von Überraschungen bleiben. Aus diesem Grund müßte jede Aufzählung der in Kauf genommenen Folgen hoheitlichen Handelns durch den Gesetzgeber unvollständig bleiben, und die Forderung, daß jede Beeinträchtigung des einzelnen durch die Verwaltung einer gesetzlichen Ermächtigung bedürfe, führte mitten hinein ins Dilemma.

Die Verwaltung müßte vor dem Untypischen kapitulieren. Jeder Schritt wäre ihr verwehrt, sobald sich auf Grund besonderer tatsächlicher Konstellationen zusätzliche, d. h. vom Gesetzgeber noch nicht eigens gebilligte Beeinträchtigungseffekte abzeichneten. Zudem müßte sie alle Maßnahmen zurücknehmen, bei denen sich hernach in der Wirklichkeit unvorhergesehene Beeinträchtigungen einstellen. Daß man sich auf diese Weise den Grenzen jeder Praktikabilität empfindlich nähert und sie gar überschreitet, ist offensichtlich[161].

---

[159] So, wenn der auf einen fliehenden Verbrecher gezielte Schuß abirrt und einen Passanten trifft.
[160] Wenn z. B. durch die öffentliche Einrichtung eines Wirtschaftsbetriebes ein privates Konkurrenzunternehmen seine Existenzgrundlage verliert.
[161] Zum Lähmungseffekt vgl. *Hans J. Wolff*, Verwaltungsrecht Bd. III, 1966, § 138 III b, S. 139; *Hans Peters*, Festschrift für Hans Huber, 1961, S. 206

§ 28 Der Vorbehalt des Gesetzes 95

Man darf jedoch das Kind nicht mit dem Bade ausschütten. Die dargelegte Praktikabilitätserwägung liefert allein keinen ausreichenden Grund, die Exekutive, wo sie durch ihr Handeln nur faktische Beeinträchtigungen auslöst, bindungslos zu stellen. Das wäre erst gerechtfertigt, wenn sich eine brauchbare Modifizierung des Grundsatzes der Gesetzmäßigkeit der Verwaltung und des darin liegenden Sicherungseffektes zugunsten des einzelnen nicht finden ließe.

Einen ersten Ansatz für eine differenzierende Anwendung des Prinzips vom Vorbehalt des Gesetzes liefern die verschiedenen Intensitätsstufen, in denen hoheitliche Maßnahmen und faktische Beeinträchtigungen miteinander verknüpft sind.

Wie schon eingangs gezeigt[162], stellen sich manche faktische Beeinträchtigungen als denknotwendige Folgen eines bestimmten hoheitlichen Handelns dar. Sie sind in diesem Handeln wesensmäßig und zwangsläufig angelegt. Es ist kein Fall denkbar, in dem es ohne die entsprechende Beeinträchtigung abginge.

Bei anderen Beeinträchtigungen faktischer Art fehlt dieses Merkmal. Die beeinträchtigenden Folgen zeichnen sich nicht schon in der staatlichen Maßnahme ab. Statt dessen entstehen sie erst durch das Auftreffen auf tatsächliche Gegebenheiten, also gewissermaßen zufällig, gelegentlich.

Nach dieser Unterscheidung zu den gelegentlichen gehörend, aber doch den zwangsläufigen angenähert sind die wahrscheinlichen Beeinträchtigungen. Bestimmte Folgen sind zwar nicht wesensmäßig mit den Hoheitsakten, die sie auslösen, verknüpft, doch kann schon die ermächtigende Instanz erkennen, daß es ohne gewisse Nebenbeeinträchtigungen nicht abgehen wird. So war z. B. schon bei der Abfassung des § 46 BVerfGG erkennbar, daß die Einziehung des Vermögens einer verfassungswidrigen Partei auch Gläubiger der Partei treffen könnte.

In Fällen dieser Art besteht zwischen Hoheitsmaßnahme und faktischer Beeinträchtigung eine besondere rechtserhebliche Verknüpfung. Sie liegt in dem subjektiven Moment der Voraussehbarkeit.

Anhand dieser Abstufungen in der Intensität der rechtlichen Verknüpfung könnte man versuchen, Zäsuren zu legen: etwa indem man die zwangsläufigen und die wahrscheinlichen Beeinträchtigungen zusammenfaßt und dem Vorbehalt des Gesetzes unterwirft. Als tragender Gesichtspunkt käme in Betracht, daß Staatsgewalt und Bürger sich auf diese Gruppe von Beeinträchtigungen, eben weil sie voraussehbar sind, einstellen können und daß man sie in die Abwägung der auf dem

---

(218 f.); *Mallmann*, VVDStRL Heft 19, 165 (179); *Winkler*, VVDStRL Heft 25, 422; *Hans H. Klein*, Die Teilnahme des Staates am wirtschaftlichen Wettbewerb, S. 117, 155 f.
[162] Oben § 3, 2 a u. b.

Spiele stehenden Interessen ohne weiteres einbeziehen kann; beides Erwägungen, die auch für die imperativen Beeinträchtigungen zutreffen. Andere faktische Beeinträchtigungen blieben, weil sie in dieser Beziehung mit den imperativen Beeinträchtigungen nicht vergleichbar sind, von den Bindungen der Gesetzesvorbehalte frei.

Mit dieser Unterscheidung wäre dem Vorwurf mangelnder Praktikabilität die ärgste Schärfe genommen. Der die Verwaltung lähmende Effekt zeigte sich nur noch abgeschwächt. Es wäre Sache des Gesetzgebers, der Verwaltung unter den voraussehbaren faktischen Beeinträchtigungen diejenigen zu benennen, die sie auslösen darf.

Indessen, eine griffige Abgrenzung des Geltungsbereiches des Vorbehaltes des Gesetzes ist damit nicht gewonnen. Die Anknüpfung an die Wahrscheinlichkeit einer Beeinträchtigung ist ein Unsicherheitsfaktor par excellence. Die Diskussion der Rechtmäßigkeit von Verwaltungsmaßnahmen würde zusätzlich mit den Definitions- und Subsumtionsschwierigkeiten einer objektiv oder subjektiv zu verstehenden Sorgfaltskomponente belastet[163].

Der gewichtigste Einwand aber liegt in folgendem: Bevor man mit dem Gesichtspunkt der Vorhersehbarkeit einer Beeinträchtigung arbeitet, indem man ihm zum Vehikel für eine ausdehnende Anwendung des Grundsatzes vom Vorbehalt des Gesetzes macht, ist zu prüfen, ob zwischen diesem Grundsatz und dem Gesichtspunkt der Vorhersehbarkeit von Beeinträchtigungen überhaupt ein hinreichend enger, mindestens funktionaler Zusammenhang existiert.

Die überkommene und heute noch unbestrittene Funktion des Grundsatzes der Gesetzmäßigkeit der Verwaltung besteht darin, die Verwaltung, wo immer sie zur Durchsetzung staatlicher Zwecke das Mittel des Gebots oder des Verbots einsetzt, an entsprechende Vorentscheidungen des Gesetzgebers zu binden[164]. Die Ratio des Grundsatzes ist demnach „Befehls"-orientiert. Exakt da endet aber auch die Evidenz der rechtlichen Aussage. Wer glaubt, die Befehlsstruktur vernachlässigen zu können, argumentiert bereits jenseits des gesicherten Geltungsbereiches des Grundsatzes und müßte, wenn er sich nicht in bloßen Rechtsbehauptungen verlieren will, die Analogiefähigkeit der für den „Befehl" aufgestellten Rechtsregel dartun[165].

---

[163] Es sei hier nur an die Versuche erinnert, den Enteignungsbegriff mit Hilfe eines Vorhersehbarkeitselementes treffender zu fassen, vgl. oben § 6.
[164] So ausdrücklich *Hans J. Wolff*, Verwaltungsrecht Bd. I, 7. Aufl., § 30 III a, S. 160. Im übrigen wird der Vorbehalt des Gesetzes fast stets auf „Eingriffe" bezogen, ohne daß dieser Begriff hinreichend geklärt wäre. Vgl. *Jesch*, Gesetz und Verwaltung, S. 117 ff.; *Forsthoff*, Lehrbuch des Verwaltungsrechts, 9. Aufl., § 12 e cc, S. 232. Es kann aber kein Zweifel sein, daß mindestens alle Gebote und alle Verbote der Verwaltung als „Eingriffe" zu qualifizieren sind.
[165] Vgl. hierzu auch *Selmer*, JuS 68, 489 ff. (493).

Belastende Folgen hoheitlichen Handelns mögen vorhersehbar sein oder gar zwangsläufig, sie mögen den Bürger unter Umständen härter treffen als manches Gebot oder Verbot, „Befehle" werden sie indessen durch diese Beigabe nicht.

Aus diesem Grunde müssen alle Darlegungen zur „Befehlsnähe" oder „Befehlsgleichheit" einer Beeinträchtigung letztlich scheitern. Es fehlt ihnen ein tragfähiges Bindeglied, auf das sich eine ausdehnende Anwendung des Grundsatzes vom Vorbehalt des Gesetzes stützen ließe. Der Grundsatz bleibt, auch wenn man seinen Geltungsbereich auf echte „Befehle" beschränkt, sinnvoll und frei von Wertungswidersprüchen.

§ 29 Die Zwecksetzungskompetenz der Verwaltung

Mit dem Ergebnis, daß der Vorbehalt des Gesetzes nur für imperative Beeinträchtigungen gilt und die Verwaltung für Handlungen, die nur faktische Beeinträchtigungen auslösen, keiner speziellen gesetzlichen Ermächtigung bedarf, ist die Frage nach der formell-rechtlichen Bindung der Exekutive durch das Gesetzmäßigkeitsprinzip noch nicht abschließend beantwortet. Das wäre nur dann der Fall, wenn sie die Bindung der Verwaltung an das Gesetz allein auf das gegen die Grundrechtsträger einzusetzende rechtliche Instrumentarium und nicht auch auf andere Elemente der gesetzgeberischen Entscheidung bezöge. Gerade dies trifft aber bei Ermächtigungen zu imperativen Beeinträchtigungen nicht zu.

Der die Verwaltung ermächtigende Gesetzgeber bestimmt nicht nur die ihr zu überlassenden rechtlichen Handhaben. Vielmehr stellt er die Mittel in feste Relationen zu Zwecken, die die staatlichen Organe zu verfolgen haben.

Solche Zwecke sind entweder von der Verfassung selbst vorgegeben, wie z. B. die Sicherung der freiheitlich demokratischen Grundordnung[166], oder der Gesetzgeber hat sie selbst im Rahmen der einschlägigen Verfassungsnormen zu wählen bzw. bereits gewählt.

Es ist also, sieht man von der Setzung der staatlichen Zwecke durch die Verfassung ab, in erster Linie Sache des Gesetzgebers zu entscheiden, welche von den potentiellen staatlichen Zwecken in einer konkreten historischen Situation von staatlichen Organen im Namen der staatlichen Gemeinschaft verfolgt werden sollen und in welchem Umfang das zu geschehen hat. Gleichfalls obliegt es dem Gesetzgeber, die verschiedenen, zu verfolgenden Zwecke aufeinander abzustimmen[167].

---

[166] Im Sinne der Art. 18, 21, 91 Abs. 1 GG.
[167] Hierin liegt das vom Gesetzgeber zu lösende „Verteilungsproblem", vgl. *Imboden*, Das Gesetz als Garantie rechtsstaatlicher Verwaltung, 1962, S. 41 f.

Damit stellt sich die Frage nach der Organisation der Zwecksetzung, zumal nach der Ausgestaltung der Zwecksetzungskompetenz. Darf die Exekutive, solange sie sich imperativer Maßnahmen enthält, alle mit der Zwecksetzung verbundenen Entscheidungen selbständig fällen, oder wirkt dem die in den Grundrechtsvorbehalten dem Gesetzgeber eingeräumte Zwecksetzungskompetenz entgegen?

Verfassungstheoretisch sind für die Organisation der Zwecksetzungskompetenz verschiedene Kombinationen denkbar.

Es kann sein, daß die Auswahl der zu verfolgenden Zwecke der Exekutive vorbehalten ist und der Gesetzgebung nur einige fest umrissene Sicherungsfunktionen zum Schutze der Gewaltunterworfenen übertragen sind. Dies ist grob genommen das am „monarchischen Prinzip" orientierte Verfassungsmodell[168].

Ihm entgegengesetzt wäre eine Kombination, bei der die Verwaltung eine Aufgabe erst in Angriff nehmen darf, wenn der Gesetzgeber einen entsprechenden Beschluß gefaßt hat. Die Beteiligung der Exekutive an der Zwecksetzung läge in der Aufbereitung des vorhandenen Materials zu Gesetzesinitiativen. Diese Vorstellung liegt im wesentlichen etwa der österreichischen und der schweizerischen Verfassungstheorie zugrunde[169].

Schließlich ist eine Mischform denkbar, bei der Legislative und Exekutive nebeneinander zur Zwecksetzung befugt sind. Das ist etwa die Sicht *Hans Peters*[170]: Der Sinn der Existenz dreier staatlicher Gewalten liege in ihrer prinzipiellen Unabhängigkeit. Regierung und Verwaltung erscheinen hier als eine einheitliche und selbständige Staatsfunktion, die dort, wo Gesetze fehlen, alles tun darf, was sie zur Erfüllung der Staatszwecke für notwendig oder nützlich hält, sofern dabei nicht unmittelbar belastend in Freiheit und Vermögen anderer Rechtssubjekte eingegriffen wird[171].

Die Konsequenzen der verschiedenen verfassungstheoretischen Konzeptionen liegen auf der Hand. Ist die Verwaltung durch besondere verfassungsrechtliche Organisationsnormen mit der Kompetenz, sich selbständig Zwecke zu setzen, ausgestattet, dann kann die Zwecksetzungskompetenz, die sich zugunsten des Gesetzgebers aus den Grundrechten ergibt, nicht als ausschließlich verstanden werden. Die Verwaltung dürfte die materiell-rechtliche Vorbehaltsseite der Grund-

---

[168] Dazu *Jesch*, Gesetz und Verwaltung, S. 169 f.
[169] Vgl. hierzu *Roos*, Rechtsquellenprobleme im Schweizerischen Recht, S. 117 (128 ff.); Imboden, a.a.O., S. 42 f.; weitere Nachweise bei *Ossenbühl*, Verwaltungsvorschriften und Grundgesetz, S. 211 ff. (FN. 123).
[170] Festschrift für Hans Huber, 1961, S. 206 (214).
[171] Vgl. auch *Hans Peters*, VVDStRL Heft 19, 274 f.; *E. W. Böckenförde*, Die Organisationsgewalt im Bereich der Regierung 1964, S. 81 ff.; sowie die Nachweise bei *Ossenbühl*, a.a.O., S. 220 ff.

§ 29 Die Zwecksetzungskompetenz der Verwaltung

rechte selbst ausfüllen, indem sie aus eigener Machtvollkommenheit gesetzte Zwecke auf Kosten grundrechtlich geschützter Interessen verwirklichte. Es wäre ihr lediglich verwehrt, dem Grundrechtsträger imperativ entgegenzutreten. Hierzu bedürfte sie spezieller gesetzlicher Ermächtigungen.

Das Grundgesetz enthält keine ausdrückliche Aussage für eine selbständige Zwecksetzungskompetenz der Verwaltung. Die maßgebenden Gesichtspunkte müssen daher aus dem vorhandenen verfassungsrechtlichen Normenbestand erst erschlossen werden.

Verfehlt erscheint es, eine eigenständige Zwecksetzungskompetenz aus dem Begriff der „vollziehenden Gewalt" abzuleiten[172]. Ein solcher Versuch stände methodisch auf wankendem Boden. Man kann schlechterdings nicht beweisen, daß mit diesem Begriff immer und nur ein Staatsorgan gemeint sei, das die Befugnis besitzt, sich seine Zwecke mindestens zum Teil selbst zu setzen. Jedes andere Argument wäre aber nur scheinbar aus dem Begriff gewonnen und mündete letztlich in einen logischen Zirkel ein[173].

Gleichermaßen unergiebig zeigt sich die Bindungsvorschrift des Art. 20 Abs. 3 GG. Allzu vordergründig wäre es, wenn man der Verwaltung dadurch einen bindungsfreien Raum eröffnen wollte, daß man das Begriffspaar „Gesetz und Recht" gegenständlich eng begrenzte. Untauglich wäre zumal der Schluß, weil keine spezielle Norm der Exekutive die eigenmächtige Zwecksetzung verbiete, sei diese ungebunden[174]. Der Inhalt von „Gesetz und Recht" und damit der Umfang der Bindung der vollziehenden Gewalt kann nicht anders als durch eine Würdigung aller einschlägigen Aussagen des Grundgesetzes erkannt werden. Man hat sie also zumal vor dem Hintergrund der verfassungsrechtlichen Entscheidungen zu sehen, die das Verhältnis der staatlichen Gewalten zur Gesamtheit der Gewaltunterworfenen und zu jedem einzelnen prägen[175].

Für eine positiv-rechtlich halbwegs verbindliche Aussage bleibt eigentlich nur der Rückgriff auf die Bindungsformel des Art. 1 Abs. 3

---

[172] Die Organisation einer staatlichen Gewalt läßt für sich genommen keinen Schluß auf deren Aufgaben zu. Eine Ausnahme gilt allenfalls dort, wo es um ein Minimum an Funktion geht, ohne das die Organisation sinnlos würde. Nur in diesem Rahmen kann von einer verfassungsmittelbaren Organisationsgewalt die Rede sein, hierzu *Köttgen*, VVDStRL Heft 16, 154 (170 f.).

[173] So schon *Rupp*, Grundfragen der heutigen Verwaltungsrechtslehre, S. 125 f.).

[174] In diese Richtung tendieren die Ausführungen *Hans Peters*, Festschrift für Hans Huber, S. 206 (209 f.); vgl. auch *Peters*, Lehrbuch der Verwaltung, 1949, S. 5 ff. Ähnlich *E. W. Böckenförde*, Die Organisationsgewalt im Bereich der Regierung, S. 82; vgl. auch *Hans H. Klein*, Die Teilnahme des Staates am wirtschaftlichen Wettbewerb, S. 170 ff.

[175] Zur Unergiebigkeit des Art. 20 Abs. 3 GG vgl. *Mallmann*, VVDStRL Heft 19, 165 (182).

GG. Die Dichte der dort normierten Bindung der vollziehenden Gewalt bemißt sich nach dem Umfang der in den Grundrechtsnormen getroffenen Regelungen.

Hiernach ist aber — wie dargelegt — die Freiheit des einzelnen dem Prinzip nach, d. h. soweit keine Ausnahmen statuiert oder wenigstens vorgesehen sind, von allen staatlichen Organen zu beachten. Eine Durchbrechung der jeweils gewährleisteten Freiheit ist allenfalls, nämlich im Rahmen der Grundrechtsvorbehalte, dem Gesetzgeber erlaubt. Nur dieser darf kraft eigener Entscheidung in dem Bereich, den ihm die Verfassung abgesteckt hat, die an sich geschützte Freiheit relativieren. Diese Kompetenz ist die einzige positiv-rechtlich belegbare Zwecksetzungskompetenz auf Kosten der Freiheit des einzelnen. Solange der Gesetzgeber von seiner Kompetenz keinen Gebrauch macht, bleibt es bei der verfassungsrechtlichen Gewährleistung der Freiheit. An sie ist die vollziehende Gewalt gebunden.

Es ist also ausschließlich Sache der Gesetzgebung, die Zwecke zu setzen, die auf Kosten der prinzipiell geschützten Freiheitsinteressen durchgesetzt werden dürfen. Der Gesetzgeber hat die staatliche Zweckverfolgung und das Freiheitsprinzip aufeinander abzustimmen. Er steckt im Rahmen der Grundrechtsvorbehalte der Freiheit die Grenzen ab.

Diese Grenzen hat die Exekutive zu beachten. Sie darf nur dann Handlungen vornehmen, die sich faktisch auf die grundrechtlich geschützten Freiheiten des einzelnen auswirken, wenn sie Zwecke verfolgt, die ihr die Verfassung selbst oder der Gesetzgeber auf Grund der Verfassung angewiesen hat oder wenn sich ausnahmsweise auf einem Teilbereich eine eigene Zwecksetzungskompetenz zugunsten der vollziehenden Gewalt aus der Verfassung ergibt[176, 177].

Als Aufgabe der Verwaltung, die sich, und zwar für die unmittelbare Vollziehbarkeit hinreichend präzisiert, aus dem Grundgesetz

---

[176] Hierher gehört etwa die sachlich auf den Selbstverwaltungssektor beschränkte Ausnahme des Art. 28 Abs. 2 GG, der den Gemeinden eine gewisse Zwecksetzungskompetenz einräumt, das Selbstverwaltungsrecht der Universitäten im Rahmen des Art. 5 Abs. 3 GG, das allerdings keine umfassende Zwecksetzungskompetenz einräumt, vgl. dazu *Gallwas*, JZ 69, 320 (323), sowie die der Verwaltung in engen Grenzen zuzugestehende verfassungsmittelbare Organisationsgewalt.

[177] Im Ergebnis ebenso schon *Jesch*, Gesetz und Verwaltung, S. 171 ff., allerdings unter Berufung auf die von Grund auf veränderte Verfassungsstruktur. Diese Veränderung läßt sich aber letztlich von den Wandlungen im Grundrechtsteil her belegen. *Jesch* hingegen meint, a.a.O., S. 101, die Grundrechte böten keine neuen Aspekte für Inhalt und Umfang des Gesetzmäßigkeitsprinzips.
Eine Ausweitung des Gesetzesvorbehalts aus dem Motiv des Freiheitsgedankens versucht auch *Rupp*, Grundfragen der heutigen Verwaltungsrechtslehre, S. 140 ff., jedoch ohne die Beschränkung auf die im Grundrechtsvorbehalt verborgene Zwecksetzungskompetenz; das erscheint kaum praktikabel.

selbst erschließt, kann z. B. die Regelung des Art. 7 Abs. 3 GG gelten.
Die Schulverwaltung hat dafür zu sorgen, daß an den öffentlichen Schulen Religionsunterricht als ordentliches Lehrfach erteilt wird. Wenn mit dieser Lehrveranstaltung eine Sonderung der Schüler nach Bekenntnissen verbunden ist und hierdurch die negative Bekenntnisfreiheit eines Andersgläubigen berührt wird, liegt dennoch keine Grundrechtsverletzung vor. Zwar relativiert die Schulverwaltung das nach Art. 4 GG geschützte Interesse des einzelnen, sein Bekenntnis gegebenenfalls auch zu verbergen, aber diese Relativierung wird durch eine staatliche Maßnahme bewirkt, deren Zweck durch Art. 7 Abs. 3 GG verfassungsrechtlich gedeckt ist.

Wirken sich aber, um ein Gegenbeispiel zu bringen, staatliche Maßnahmen bei der Verwaltung eines mehr oder minder freien Dispositionsfonds eines Hoheitsträgers auf die Wettbewerbslage in einem bestimmten Berufszweig aus, indem sie die allgemeine Handlungsfreiheit, die Berufsfreiheit oder das Recht an eingerichteten und ausgeübten Gewerbetrieb beeinträchtigen, so sind diese Maßnahmen, wenn sie nicht durch eine ausreichende gesetzliche Bestimmung des Fondszweckes gedeckt sind, als formell verfassungs- bzw. grundrechtswidrig zu qualifizieren. Denn die durch Art. 2 Abs. 1, Art. 12 Abs. 1, Art. 14 Abs. 1 gewährleisteten Rechtspositionen dürfen nicht bei der Verfolgung von solchen öffentlichen Zwecken in Mitleidenschaft gezogen werden, die sich die Verwaltung eigenmächtig gesetzt hat.

Die Feststellung, ob der Gesetzgeber der Verwaltung einen bestimmten Zweck gesetzt, wird im Einzelfall oft Schwierigkeiten bereiten. Die Aufgabe der Verwaltung muß ein gewisses Maß an Präzisierung nach Inhalt und Umfang aufweisen. Es kann jedoch in diesem Zusammenhang alles, was im Schrifttum und von der Rechtsprechung zu Art. 80 Abs. 1 S. 2 GG entwickelt wurde, als Vorarbeit genommen werden[178].

§ 30 Konsequenzen für das Subventionsrecht für die wirtschaftliche Betätigung der öffentlichen Hand und für das Problem der staatlichen Aufgabe.

Die Ergebnisse der dargelegten Überlegungen liefern weitere Lösungsgesichtspunkte für eine Reihe von Problemen, die bis in die jüngste Zeit umstritten sind.

Noch immer ist im Subventionsrecht die Frage nicht ausdiskutiert, ob und gegebenenfalls in welchem Umfang der Grundsatz der Ge-

---

[178] Das gilt vor allem für die Definitionsversuche des BVerfG zu den Begriffen „Inhalt, Zweck und Ausmaß", vgl. dazu die Zusammenstellung bei *Leibholz-Rinck*, Grundgesetz, 1966, Art. 80, Anm. 7, S. 420 ff.; sowie *Hasskarl*, AöR Bd. 94 (1969) 85 ff.

setzmäßigkeit der Verwaltung gilt[179]. Gerade in diesem Teilbereich, also an einem Brennpunkt auf die Probe gestellt, hat sich die Vorstellung von der Eigenständigkeit der eingriffsfreien Verwaltung nicht durchzusetzen vermocht[180].

Das liegt nicht zuletzt daran, daß man im Subventionsverhältnis eine Interdependenz von Gewährung und Belastung erkannte und man in dieser Erscheinung einen für die Lösung der anstehenden Fragen bedeutsamen Gesichtspunkt gefunden zu haben glaubte[181].

Die Interdependenz besteht aber nicht allein darin, daß die Subventionen mitunter mit gewissen, zweifelsohne freiheitsverkürzend wirkenden Auflagen verbunden sind[182]. Sie ergibt sich auch durch die mit der Subvention unter Umständen verbundenen Drittbeeinträchtigung[183]. Zumal diese sind aber ihrer Struktur nach faktische Beeinträchtigungen im Sinne unserer Untersuchung. Folglich sind die rechtlichen Forderungen, die sich aus den Grundrechten herleiten lassen, vor allem jedoch diejenigen, die den formellen Grundrechtsschutz ausmachen, im Subventionsrecht zu beachten[184].

---

[179] Das zeigt mit aller Deutlichkeit die Aussprache über das zweite Thema der Grazer Staatsrechtslehrertagung, VVDStRL Heft 25, 401 ff.

[180] Zum Verlauf der Meinungsfronten schon *Stern*, JZ 60, 518 (523 FN. 48).

[181] So *Imboden*, Das Gesetz als Garantie rechtsstaatlicher Verwaltung, S. 42; *Ballerstedt*, Grundrechte Bd. III, 1. Halbbd., S. 1 (23); *Herbert Krüger*, VVDStRL Heft 11, 138 f.; *Henze*, Verwaltungsrechtliche Probleme der staatlichen Finanzhilfe zugunsten Privater, S. 101; *Stern*, JZ 60, 518 (524); *Maunz-Dürig-Herzog*, Art. 20, RdNr. 135, S. 58; *Götz*, Recht der Wirtschaftssubventionen, S. 289 f.; *Bellstedt*, DÖV 61, 161 (168); *Friauf*, DVBl 66, 729 (736).

[182] Welche Folgerungen sich aus diesem Umstand ergeben, mag hier dahingestellt bleiben, da diese Beeinträchtigungen als imperative und nicht als faktische zu qualifizieren sind. Es muß wohl zunächst eine dogmatische Untersuchung zum Grundrechtsverzicht abgewartet werden. Bemerkenswert insoweit der Ansatz bei *Zacher*, VVDStRL Heft 25, 308 (319), der auf die „kooperative Interessenstruktur" des Subventionsverhältnisses verweist. Kooperation bedeute immer Grundrechtsverbrauch, und die Grundrechte müßten hierfür verfügbar bleiben, weil Kooperation eine Chance menschlicher Entfaltung sei, a.a.O., S. 343 f.

[185] Zu dieser Erscheinung im allgemeinen *Maunz*, Maunz-Dürig-Herzog, Art. 20, RdNr. 135, S. 58.
Speziell bei Subventionen *Stern*, JZ 60, 518 (524); *Bellstedt*, DÖV 61, 161 (165 ff.); *Friauf*, DVBl 66, 729 (736); *Götz*, Recht der Wirtschaftssubventionen, S. 289 ff.; *Ipsen*, VVDStRL Heft 25, 257 (303); *Zacher*, VVDStRL Heft 25, 308 (368); *Köttgen*, Fondsverwaltung in der Bundesrepublik, S. 68 f.; *Rüfner*, Formen öffentlicher Verwaltung im Bereich der Wirtschaft, S. 232.

[184] Der materielle Grundrechtsschutz, also die Frage, ob das betroffene Grundrecht die Beeinträchtigung dem Gegenstand nach überhaupt zuläßt, tritt im Subventionsrecht in den Hintergrund, denn die in der Regel tangierten Grundrechte, Art. 2 Abs. 1, Art. 12 Abs. 1 und Art. 14 Abs. 1 GG haben umfassende Gestaltungsvorbehalte. Hinzu kommt noch der Gestaltungsauftrag, der sich aus der Sozialstaatsklausel ergibt. Kein Wunder sind die aus den Grundrechten abgeleiteten, materiell-rechtlichen Subventionsschranken höchst dürftig. Vgl. *Götz*, a.a.O., S. 272 ff. Er entnimmt z. B. dem Art. 12 Abs. 1 GG letztlich nur das Verbot erdrosselnd wirkender Subven-

§ 30 Einzelne Konsequenzen

Der Gesichtspunkt, daß Subventionen unter Umständen Drittbeeinträchtigungen auslösen, zwingt nicht dazu, die Ausgangsakte in vollem Umfang an die Voraussetzung einer speziellen gesetzlichen Ermächtigung zu binden. Eine staatliche Leistung wird nicht allein dadurch, daß sie Beeinträchtigungen Dritter nach sich zieht, zu einer eingriffsähnlichen Maßnahme, die dem Grundsatz der Gesetzmäßigkeit der Verwaltung unterliegt. Daher ist, auch wenn sich eine Subventionierung nachteilig auswirken könnte, keine Subventionsermächtigung erforderlich, die Adressat, Inhalt und Ausmaß der Förderung bezeichnete[185].

Erst recht bedarf es keiner konkreten gesetzlichen Ermächtigung zu der durch eine Subventionsleistung herbeigeführte Beeinträchtigung Dritter.

Die Beeinträchtigung, die der Dritte in seinen an sich grundrechtlich geschützten Interessen erfährt, erfolgt jedoch durch eine staatliche Handlung, die einem bestimmten öffentlichen Zweck dienen soll. Um ihn zu erreichen, setzt die Verwaltung das Mittel der Subvention ein. Da die Verwaltung, wie zu zeigen versucht wurde, nicht eigenmächtig Zwecke setzen darf, deren Verfolgung auf Kosten der Grundrechte gehen könnte, darf sie auch nicht die Zwecke auswählen, auf die hin subventioniert wird[186]. Die Bestimmung der Subventionszwecke ist ausschließlich dem Gesetzgeber vorbehalten. Nur er besitzt die Kompetenz zu entscheiden, was auf Kosten grundrechtlich an sich geschützter Individualinteressen vom Staat angestrebt werden darf[187]. Bei der Zwecksetzung hat sich der Gesetzgeber des Mittels zu bedienen, das ihm die Verfassung für die Bekanntgabe der zu erwartenden Grundrechtsbeeinträchtigungen an den Grundrechtsträger im übrigen vorschreibt. Das ist das formelle Gesetz mit Außenwirkung[188]. Der Haushaltsplan ist hierfür ungeeignet[189]. Er ist das Mittel mit dem

---

tionen. Vgl. auch *Ipsen*, a.a.O., S. 297 ff.; *Zacher*, a.a.O., S. 363 ff.; *Bellstedt*, a.a.O., S. 165 ff.; *Friauf*, a.a.O., S. 737.

[185] Das deckt sich mit dem Ergebnis *Ipsens*, VVDStRL Heft 25, 257 (283), wonach der Subventionsverwaltung eine Zuteilungskompetenz eingeräumt sei.

[186] Vgl. auch hierzu die Arbeitsergebnisse *Ipsens*. Für die Subventionierung sei ein verdichtetes, konkretisiertes öffentliches Interesse begriffswesentlich, a.a.O., S. 281; die Exekutive könne bei der Subventionierung nur Aufgaben wahrnehmen, zu denen sie nach den Grundsätzen verfassungsmäßiger Ordnung überhaupt legitimiert sei, a.a.O., S. 290. Hier ist das Problem einer eigenständigen Subventionskompetenz der vollziehenden Gewalt angesprochen.

[187] Ebenso *Ipsen*, a.a.O., S. 283 f.

[188] So schon *Maunz*, Maunz-Dürig-Herzog, Art. 20, RdNr. 135, S. 58.

[189] In diesem Punkt ist *Ipsen*, a.a.O., S. 291 ff., anderer Ansicht. Er sieht die Zwecksetzung als Vorgang zwischen Gesetzgeber und Exekutive. Hierfür ist in der Tat Art. 110 GG die sachnähere Norm. Sieht man sie aber als

sich der Gesetzgeber an die Verwaltung wendet. Sein schwerwiegendster Nachteil ist sein Mangel an Publizität[190].

Im Zusammenhang mit dem Betrieb wirtschaftlicher Unternehmen der öffentlichen Hand treten gleichfalls faktische Beeinträchtigungen auf.

Jeder Konkurrent, der auf dem Markt erscheint, verändert die Wettbewerbslage und tangiert auf diese Weise Interessen, die dem Staat gegenüber durch die Grundrechte der Art. 2 Abs. 1 2 Abs. 1 und 14 Abs. 1 GG geschützt sind[191].

Solange es sich um private Unternehmer handelt, hat der Betroffene die mit der Veränderung der Konkurrenzlage verbundenen Beeinträchtigungen hinzunehmen. Zur Begründung verweist man darauf, daß die Freiheitsrechte nicht vor den Konkurrenten schützen[192]. Mit dieser Erwägung darf man sich aber nicht restlos zufrieden geben. Daß es im Rahmen der Grundrechte keinen Konkurrenzschutz gibt, ist im wesentlichen auf die Gleichheit aller vor den Grundrechtsnormen zurückzuführen. Die Grundrechte gewähren jedem, der am Wettbewerb teilnimmt, die gleiche Chance. Käme der Staat einem der Wettbewerber zur Hilfe, beeinträchtigte er womöglich die Rechte der anderen[193].

Auf die Erwägung der Sicherung gleicher Grundrechtschancen kann sich jedoch der Staat, wo er selbst als Konkurrent auftritt, nicht ohne weiteres berufen. Ihm stehen die Grundrechte nun einmal nicht zu Gebote. Selbst dann ist er von ihrem Schutze ausgeschlossen, wenn er sich, das letzte Attribut staatlicher Macht hinter sich lassend, ganz und gar in die Zivilrechtsordnung einfügt und sich nur noch der Formen und Mittel bedient, die allen am Wettbewerb Beteiligten zur Verfü-

---

Vorgang zwischen Gesetzgeber und Grundrechtsträger, dann muß der Haushaltsplan dem formellen Gesetz mit Außenwirkung weichen.
Im Ergebnis ebenso *Stern*, JZ 60, 518 (524); *Bellstedt*, DÖV 61, 161 (170 f.); *Götz*, Recht der Wirtschaftssubventionen, S. 298 ff.; vgl. auch *Köttgen*, Fondsverwaltung in der Bundesrepublik, S. 76 f.

[190] Vgl. hierzu *Zacher*, VVDStRL Heft 25, 308 (355). Diesen Gesichtspunkt verkennt *Rüfner*, Formen öffentlicher Verwaltung im Bereich der Wirtschaft, S. 225.

[191] Zum Phänomen einer Inverwaltungnahme individueller Lebensbedürfnisse im Hinblick auf die Grundrechte vgl. *Köttgen*, Festschrift Deutscher Juristentag, Bd. I, S. 577 (585 ff.); *Isensee*, Subsidiaritätsprinzip und Verfassungsrecht, S. 286 ff. Dieser Erwägung verschließt sich *Hans H. Klein*, Die Teilnahme des Staates am wirtschaftlichen Wettbewerb, S. 176 ff., die Verfassungsgarantie betreffe, so meint Klein, nur die rechtliche, nicht auch die wirtschaftliche Chance zu freier Betätigung. Damit werden Dinge getrennt, die zusammengehören. Was soll eine rechtliche Chance freier Betätigung, die nicht zuallererst im Dienste der Erhaltung wirtschaftlicher Chancen steht.

[192] Vgl. etwa BVerwG Bd. 17, 306 (314).

[193] BVerfG Bd. 7, 377 (408). BVerwG Bd. 30, 191 (198). Vgl. zum Problem des Konkurrenzschutzes auch *Reiner Schmidt*, NJW 67, 1635 ff.; *Friauf*, DVBl 69, 367.

§ 30 Einzelne Konsequenzen

gung stehen[194]. Denn dem Staat fehlt stets das personale Element, das der Grundrechtsidee zugrunde liegt und das zu vernachlässigen in der Tat als „rechtes etatistisches Schelmenstück"[195] zu gelten hätte[196].

Aus diesem Grund muß davon ausgegangen werden, daß der private Unternehmer[197] prinzipiell vor staatlicher Konkurrenz geschützt ist. Relativierungen sind nur zulässig, wenn und soweit sie durch das Grundgesetz oder andere gesetzliche Vorschriften gedeckt sind[198]. Nicht erforderlich ist, daß sich die entsprechende Ermächtigung speziell auf die einzelne beeinträchtigungsauslösende Handlung oder auf die Beeinträchtigung selbst bezieht. Entscheidend ist allein, ob der Betrieb eines Wirtschaftsunternehmens durch die öffentliche Hand von der Verfassung selbst oder auf Grund und im Rahmen der Verfassung vom Gesetzgeber als Zweck gesetzt ist. Verfassungsunmittelbare Zwecksetzungen dieser Art finden sich beispielsweise für die Bundesbahn in Art. 87 Abs. 1 GG, für die Fortführung früherer Reichsbetriebe in Art. 134 GG.

Die eigentliche Problematik beginnt bei der Frage, ob und gegebenenfalls in welchem Umfang die Neuerrichtung wirtschaftlicher Be-

---

[194] So *Mallmann*, VVDStRL Heft 19, 165 (196 ff.). Gegen die Freiheit des Fiskus auch *Zeidler*, VVDStRL Heft 19, 208 (220 ff.).
[195] So *Dürig*, Maunz-Dürig-Herzog, Art. 19 Abs. III, RdNr. 8, S. 5.
[196] Gegenteiliger Ansicht ist vor allem *Bettermann*, Festschrift für Hirsch, S. 1 ff.; ders., NJW 69, 1321 ff. *Bettermanns* These steht und fällt mit der Voraussetzung, daß Grundrechte nur gegen Störung, Behinderung und Beeinträchtigung durch Zwangsakte schützen, a.a.O., S. 19; NJW 69, 1326. Indessen dürfte der grundrechtliche Gewährleistungsbereich mit diesem Ansatz zu eng bemessen sein; vgl. oben §§ 14 ff. Siehe auch *Isensee*, Subsidiaritätsprinzip und Verfassungsrecht, S. 286 f.
[197] Daß unter Umständen auch juristische Personen des öffentlichen Rechts gegen staatliche Konkurrenz geschützt sind, läßt sich dem *Fernseh-Urteil* des BVerfG Bd. 12, 205 (259 ff.) entnehmen. Dem Staat ist im Hinblick auf die in Art. 5 Abs. 1 S. 2 GG gewährleistete institutionelle Rundfunkfreiheit verwehrt, aufgrund einer Initiative der Exekutive durch eine Gesellschaft des Privatrechts, die sich völlig in staatlicher Hand befindet, Rundfunk- und Fernsehsendungen zu veranstalten. Vgl. zu diesem Fall eines singulären institutionellen Gesetzesvorbehalts *Köttgen*, AöR 90, 205 (214 f.).
Fraglich ist insoweit allerdings die prozessuale Lage, ob nämlich auch die Rundfunkanstalten die Befugnis besitzen, gegen eine derartige staatliche Konkurrenz Klage zu erheben. Das ist wiederum eine Frage des Art. 5 Abs. 1 S. 2 GG; und zwar ist zu prüfen, ob die den Rundfunkanstalten eingeräumte Freiheit so weit reicht, daß nur solche Anstalten im Sendebereich tätig werden dürfen, die den institutionellen Anforderungen des Art. 5 Abs. 1 S. 2 GG genügen.
Letztlich geht es darum, ob den Rundfunkanstalten so etwa wie eine allgemeine und ausschließliche Chance des Informierens gesichert ist, die hier eventuell beeinträchtigt wäre.
[198] Dazu, daß es sich hier nicht um Privatautonomie des Fiskus handelt, sondern um Organisations- und Zuständigkeitsregelung sowie um den darin liegenden Verwaltungsauftrag der Staatsorgane, vgl. schon *Mallmann*, VVDStRL Heft 19, S. 165 (198 f.).

triebe durch die staatlichen Gewalten zulässig ist und welches Verfahren hierbei eingehalten werden muß.

Auch in diesem Zusammenhang ist die materiell-rechtliche Seite, also die Vereinbarkeit staatlicher Zwecksetzungen mit den Grundrechtsinhalten, verhältnismäßig unergiebig. Die im wesentlichen einschlägigen Grundrechtsvorschriften, Art. 2 Abs. 1, Art. 12 Abs. 1 und Art. 14 Abs. 1 GG, sind mit weitreichenden Gesetzesvorbehalten versehen. In materiellrechtlicher Beziehung dürfte danach die Errichtung wirtschaftlicher Betriebe der öffentlichen Hand bereits dann zulässig sein, wenn dies durch vernünftige Gründe des Gemeinwohls gerechtfertigt erscheint[199]. Bei der Auswahl solcher Gründe steht zudem ein weiter Gestaltungsraum offen[200].

Äußerste Grenzen bilden das Übermaßverbot und zumal das Verbot, private Betriebe durch staatliche Konkurrenz zu erdrosseln[201].

Lassen sich aber aus den einschlägigen Grundrechten nur wenige materiell-rechtliche Gesichtspunkte gewinnen, welche die privatwirtschaftliche Tätigkeit der öffentlichen Hand begrenzen, und verbleibt somit den staatlichen Organen Raum für eigene Entscheidungen über die zu verfolgenden öffentlichen Zwecke, dann gilt es um so mehr, auf die Sicherungsfunktionen Bedacht zu nehmen, die in den grundrechtlichen Kompetenzregeln liegen. An dieser Stelle kommt also wiederum die aus den Grundrechten entwickelte Überlegung zum Tragen, daß es prinzipiell dem Gesetzgeber vorbehalten ist, die Zwecke auszuwählen, die als öffentliche Zwecke auf Kosten der an sich grundrechtlich geschützten Interessen verfolgt werden dürfen.

Eine generelle Ermächtigung der Verwaltung zur Errichtung und zum Betrieb privatwirtschaftlicher Unternehmen läßt sich aus dem Grundgesetz nicht herleiten. Daher ist die Verwaltung auf spezielle Kompetenzen angewiesen, die ihr das Grundgesetz selbst einräumt[202] oder die ihr der Gesetzgeber im Rahmen der Verfassung zuweist.

Der einfache Gesetzgeber kann bei der Zuweisung zwischen zwei verschiedenen rechtstechnischen Mitteln wählen. Entweder er bezeichnet der Verwaltung konkret, welche Unternehmen sie übernehmen oder errichten darf, oder er umschreibt abstrakt die Bedingungen,

---

[199] Bei der Schaffung staatlicher Monopole sind die Voraussetzungen schärfer, vgl. hierzu *Obermayer, Steiner*, NJW 69, 1457 ff.
[200] Vgl. in diesem Zusammenhang die kritischen Äußerungen von *Torz*, DÖV 58, 205 (208), zu dem Prinzip der Selbstverwaltung der Wirtschaft.
[201] Vgl. *Zeidler*, VVDStRL Heft 19, S. 206 (214); *Dürig*, Maunz-Dürig-Herzog, Art. 2 Abs. 1, RdNr. 52, S. 44 ff. nennt als weitere Schranke auch das Subsidiaritätsprinzip. Was dadurch sachlich erreicht wird, folgt aber im wesentlichen schon aus dem allgemeinen Übermaßverbot.
[202] Wie z. B. in Art. 87 Abs. 1 und Art. 134 GG.

§ 30 Einzelne Konsequenzen

unter denen die Verwaltung ein wirtschaftliches Unternehmen betreiben kann[203].

Gehen von einem wirtschaftlichen Betrieb der öffentlichen Hand faktische Beeinträchtigungen aus und steht der Verwaltung keine oder keine den Betrieb deckende gesetzliche Zwecksetzung zur Verfügung, so ist die Führung des Betriebes formell grundrechtswidrig.

Einer Arbeit *Hans Peters*[204] ist es zu danken, daß man sich neuerdings um eine schärfere Trennung von öffentlichen und staatlichen Aufgaben bemüht[205].

Nach *Peters* sind solche Aufgaben öffentliche, an deren Erfüllung die Öffentlichkeit maßgeblich interessiert ist. Er unterscheidet hierbei fünf Stadien:

Das erste ist dadurch gekennzeichnet, daß Private die Aufgabe einwandfrei erledigen und für den Staat weder ein Bedürfnis noch der Wunsch besteht, die Sache zu regeln oder von staatlichen Behörden erledigen zu lassen.

Im zweiten verdichtet sich das öffentliche Interesse derart, daß der Staat die Privaten bei der Erfüllung der öffentlichen Aufgabe überwacht.

Im dritten trifft er Regelungen hinsichtlich der Träger der Aufgaben und stellt Richtlinien für die Aufgabenerfüllung auf.

Im vierten Stadium läßt er die Aufgaben durch staatliche Behörden nach staatlicher Normierung erfüllen.

Im fünften schließlich überträgt er die an sich übernommene Aufgabe zur Erledigung an Rechtsträger, die von ihm in irgendeiner Weise abhängig sind.

Erst in den letzten beiden Stadien nennt *Peters* eine öffentliche Aufgabe „Staatsaufgabe"[206].

Es ist leicht einzusehen, daß, sobald eine öffentliche Aufgabe von einem Stadium ins andere hinübertritt, die Grundrechte berührt werden[207]. Das gilt zumal dort, wo der Staat beginnt, durch Einsatz ent-

---

[203] Modell hierzu ist der alte § 67 DGO. Die entsprechenden Vorschriften in den Gemeindeordnungen der Länder wie z. B. Art. 75 BayGO enthalten eine gesetzliche Präzisierung eines Ausschnittes der Selbstverwaltungsgarantie des Art. 28 Abs. 2 GG. Ob die Begrenzungsmerkmale dieser Vorschriften zu einem allgemeinen materiell-rechtlichen Prinzip für wirtschaftliche Unternehmen der öffentlichen Hand verdichtet werden können, so *Dürig*, Maunz-Dürig-Herzog, Art. 2 Abs. I, RdNr. 52, S. 44 f., erscheint daher zweifelhaft. Kritisch insoweit auch *Zeidler*, VVDStRL Heft 19, 208 (215 f.).
[204] In Festschrift für H. C. Nipperdey, 1965, Bd. II, S. 877 ff.
[205] Vgl. *Hans H. Klein*, DÖV 65, 755 ff.; *Rupp*, NJW 65, 993 (995 f.); *Steiner*, Jus 69, 69 (70) mit weiteren Nachweisen.
[206] *Peters*, a.a.O., S. 878 f.
[207] Vgl. hierzu den Hinweis *Leisners*, AöR Bd. 93 (1968), S. 161 (185 ff.), daß auf dem Umweg über die Kompetenz zur Schaffung neuer „öffentlicher Aufgaben" das ganze Gebäude grundrechtlicher Freiheit zerstört werden könnte.

sprechender Aufsichtsmaßnahmen die Erledigung öffentlicher Aufgaben durch Private zu regeln (Wechsel vom ersten zum zweiten Stadium) oder wo er durch abstrakte Regelung bestimmte oder alle Grundrechtsträger von der Erledigung öffentlicher Aufgaben ausschließt bzw. bestimmte, mit der Aufgabenerfüllung zusammenhängende Tätigkeiten verbietet (Wechsel vom zweiten zum dritten bzw. vierten Stadium). Diese Stadienwechsel sind jeweils mit imperativen Beeinträchtigungen von Grundrechten verbunden. Sie müssen darum sowohl in formeller als auch in materieller Hinsicht[208] von den Grundrechtsvorbehalten gedeckt sein. Das heißt aber wiederum, daß es, sofern das Grundgesetz nichts Abweichendes[209] bestimmt[210], allein Sache des Gesetzgebers ist, festzulegen, welche öffentlichen Aufgaben und in welchem Umfang öffentliche Aufgaben in die staatliche Sphäre überwechseln sollen. Hierin liegt ein zusätzlicher Sicherungseffekt verborgen; er ergänzt denjenigen, der von der materiell-rechtlichen Grundrechtsbindung ausgeht.

Nun treten aber auch in diesem Teilbereich Grundrechtsbeeinträchtigungen nicht nur in imperativer Form auf. Grundrechte werden auch dann tangiert, wenn sich der Staat an der Erledigung öffentlicher Aufgaben lediglich beteiligt, wenn er also die Privatinitiative nicht verdrängt, sondern nur mit ihr zu konkurrieren beginnt[211]. Aus diesem Grund ist der Vorgang der „Verstaatlichung" öffentlicher Aufgaben mit den oben, im Hinblick auf faktische Grundrechtsbeeinträchtigungen gewonnenen Ergebnissen zu konfrontieren. Daraus folgt: Die Schutzfunktion der Grundrechte endet nicht schon dort, wo die „Verstaatlichung" einer öffentlichen Aufgabe ohne Einsatz imperativ beeinträchtigender Mittel durchgeführt wird. Zwar braucht nicht jede einzelne Handlung, die zu einer faktischen Beeinträchtigung führt, gesetzlich vorbestimmt zu sein. Wohl aber hat der Gesetzgeber darüber zu entscheiden, welche öffentlichen Aufgaben, die von Privaten in Ausübung grundrechtlich gewährleisteter Freiheiten erfüllt werden,

---

[208] Zu den Gefahren, die von der Faszination des Begriffes „öffentliche Aufgabe" für den materiell-rechtlichen Grundrechtsschutz ausgehen, vgl. *Rupp*, NJW 65, 993 (995).

[209] D. h. wo die Verfassung selbst eine Aufgabe als Staatsaufgabe festlegt; insoweit werden die Grundrechte nämlich „wenn nicht begrifflich ausgeschlossen, so doch weitestgehend zurückgedrängt", *Leisner*, Werbefernsehen und Öffentliches Recht, 1967, S. 16.

[210] Eine allgemeine Kompetenz der Verwaltung, öffentliche Aufgaben zu staatlichen zu machen, gibt es im GG nicht, allenfalls könnte auf Teilbereichen z. B. im Rahmen der Selbstverwaltung nach Art. 5 Abs. 3 und Art. 28 Abs. 2 GG eine solche Kompetenz angenommen werden, sofern es sich um neue Selbstverwaltungsaufgaben handelt.

[211] Ein solche Situation zeichnete sich im Streit um die Deutschland-Fernsehen-GmbH. Dort ging es allerdings nicht um Konkurrenz zu Privatinitiativen, sondern zu den bestehenden Rundfunkanstalten, also Trägern der Rundfunkfreiheit des Art. 5 Abs. 1 S. 2 GG. Vgl. *BVerfG* 12, 205 (259 ff.).

auch vom Staat, und zwar auf Kosten dieser Freiheiten wahrgenommen werden dürfen. Denn allein der Gesetzgeber darf im Rahmen der Grundrechtsvorbehalte die Staatszwecke setzen, deren Verfolgung mit einer Minderung der Freiheit verbunden ist[212].

Die Bestimmung der Aufgaben eines Organs unmittelbarer oder mittelbarer Staatsverwaltung muß nicht in der Weise erfolgen, daß man das betraute Organ ausdrücklich zur Erfüllung verpflichtet. In Analogie zur Vorschrift des Art. 80 Abs. 1 GG wäre auch eine Regelung zulässig, die eine Aufgabe nur thematisch fixiert und sich im übrigen darauf beschränkte, die Voraussetzungen zu benennen, bei deren Vorliegen die bezeichnete Aufgabe aus dem gesellschaftlichen in den staatlichen Bereich zu übernehmen ist[213].

Zweiter Unterabschnitt: Sonstige formelle Voraussetzungen für Grundrechtsbeeinträchtigungen

§ 31 Übersicht

Nach den Darlegungen im vorangehenden Unterabschnitt sind faktische Beeinträchtigungen durch staatliche Maßnahmen bereits dann formell grundrechtswidrig, wenn mit diesen Maßnahmen Zwecke verfolgt werden, die weder im Grundgesetz selbst noch vom einfachen Gesetzgeber fixiert sind. Das leitet zu einem weiteren Fragenbereich über.

Man hat zu erwägen, in welcher Weise sich Verstöße gegen Normen, die das Verfahren der staatlichen Willensbildung sowie die Art und Weise der Realisierung des staatlichen Willens regeln, auf die Rechtmäßigkeit faktischer Beeinträchtigungen auswirken?

Zur Verdeutlichung der hier auftauchenden Probleme sei auf die Reflexwirkungen verwiesen. Diese faktischen Beeinträchtigungen sind dadurch gekennzeichnet, daß sie zwar auf einem Befehl oder einer anderen staatlichen Regelung beruhen, aber nicht denknotwendig mit ihnen verbunden sind[214]. Die für den Befehl oder die Regelung selbst erforderliche verfassungsrechtliche oder einfache gesetzliche Grundlage enthält zugleich eine zureichende Zwecksetzung für eventuelle faktische Beeinträchtigungen, die Befehl oder Regelung nach sich ziehen.

---

[212] Ebenso *Römer*, Notariatsverfassung und Grundgesetz, 1963, S. 56. Auch er fordert, daß Regelungen, die zu faktischen Beeinträchtigungen führen, den formellen Anforderungen genügen müssen.
[213] Die Ermächtigung der Gemeinden zur freiwilligen Übernahme bestimmter Aufgaben im eigenen Wirkungskreis sowie die Ermächtigung, unter bestimmten Umständen einen Anschluß- und Benutzungszwang anzuordnen, geben hier die Modellnormen ab.
[214] Vgl. § 3, 1 a.

Wenn z. B. durch die Einführung eines kommunalen Anschluß- und Benutzungszwanges ein privates Konkurrenzunternehmen des Gemeindebetriebes zum Erliegen gebracht wird, so findet diese faktische Beeinträchtigung des privaten Unternehmers ihre gesetzliche Zwecksetzung zum einen in der Norm des Gemeinderechts, die zum Erlaß einer solchen Satzung im konkreten Fall ermächtigt, zum andern in der Gemeindesatzung selbst.

Problematisch wird es, wenn der Ausgangsakt einer Reflexwirkung rechtsfehlerhaft ist. Hat etwa in unserem Beispiel die Gemeinde beim Erlaß der Satzung den gesetzlichen Ermächtigungsrahmen überschritten und ist die Satzung aus diesem Grunde nichtig, dann stellt sich die Frage, ob auch die von der nichtigen Satzung ausgelösten faktischen Beeinträchtigungen als rechtswidrig zu gelten haben.

Noch ein weiteres ist zu beachten: Man muß sich auch mit jenem Überschuß befassen, den staatliche Maßnahmen jenseits von Befehl- und Regelungsgegenstand herbeiführen. Das ist zumal dann von Interesse, wenn der Ausgangsakt für sich genommen, losgelöst von allen zusätzlich auftretenden Beeinträchtigungen gesehen, zunächst rechtlich einwandfrei erscheint.

Ist z. B. die Anordnung eines Anschluß- und Benutzungszwanges im Verhältnis zu den Benutzern des kommunalen Versorgungsunternehmens in jeglicher Beziehung rechtmäßig, so bedarf noch der Prüfung, ob das gleiche auch im Hinblick auf den privaten Unternehmer gilt, dessen Betrieb durch die neue Regelung um seine Existenzgrundlage gebracht wird. In diesem Zusammenhang ist u. a. zu klären, ob für diese Art der Beeinträchtigung das Verbot von Einzelfallregelungen (Art. 19 Abs. 1 S. 2 GG), das Zitiergebot (Art. 19 Abs. 1 S. 2 GG) und die Junktim-Klausel (Art. 14 Abs. 3 S. 2 GG) gelten.

Die angedeuteten Fragen tauchen nicht nur bei den Reflexwirkungen auf. Sie ergeben sich ebenso, wenngleich mit entsprechenden Variationen, bei der Gruppe von faktischen Beeinträchtigungen, die oben[215] als schlichte Beeinträchtigungen bezeichnet wurden.

Eine Variante besteht beispielsweise darin, daß der Ausgangsakt bei Reflexwirkungen in der Regel[216] eine ausgefeilte gesetzliche Grundlage haben wird, während den Ausgangsakten der schlichten Beeinträchtigungen gerade nicht durchwegs eine spezielle gesetzliche Grundlage gegeben ist. Es kommt mithin entscheidend darauf an, ob sich, sei es aus der Verfassung, sei es aus der Gesamtheit der übrigen Rechts-

---

[215] Vgl. § 3, 1 b.
[216] Es sei denn, es handelt sich um eine Nebenwirkung aufgrund eines Hoheitsaktes, der einen Dritten begünstigt. Nach überkommener Doktrin steht ein solcher Ausgangsakt nicht unter dem Vorbehalt des Gesetzes.

ordnung, eine zureichende gesetzliche Zwecksetzung ermitteln läßt, geeignet, den staatlichen Ausgangsakt zu decken.

Soweit es sich dabei um Zwecksetzungen des einfachen Gesetzgebers handelt, stellt sich wiederum die Frage ein, ob und in welchem Umfang die formellen Anforderungen erfüllt sein müssen, die das Grundgesetz im übrigen für die Beschränkung grundrechtlich geschützter Interessen vorschreibt?

§ 32 Die allgemeinen Vorschriften über die staatliche Willensbildung

Nach der Rechtsprechung des *Bundesverfassungsgerichts*[217] stehen die Grundrechte und die allgemeinen Vorschriften, die das Verfahren der staatlichen Willensbildung regeln, gerade nicht beziehungslos nebeneinander. Grundrechtsvorbehalte können nur auf Grund staatlicher Entscheidungen ausgefüllt werden, die in jeder rechtlichen Beziehung ordnungsgemäß ergangen sind. Andernfalls bleibt es bei der grundrechtlichen Gewährleistung der Freiheit des einzelnen[218].

Diese gegenseitige Bezogenheit gewinnt auch für die faktischen Beeinträchtigungen Bedeutung. Folgt man der These, daß auch sie vom Grundrechtsschutz erfaßt sind, dann dehnt sich der Bereich potentieller formeller Grundrechtswidrigkeit entsprechend aus. Er umgreift alle faktischen Beeinträchtigungen, deren staatlicher Ausgangsakt an einem rechtlichen Mangel leidet.

Auf diese Weise springt jeder formell-rechtliche, aber auch jeder materiell-rechtliche Defekt des Ausgangsaktes auf die faktischen Beeinträchtigungen, die dieser nach sich zieht, über und schlägt bei ihnen als formelle Grundrechtswidrigkeit zu Buch[219].

Faktische Beeinträchtigungen sind in diesem Sinne zum Beispiel grundrechtswidrig, wenn der staatliche Ausgangsakt die Kompetenz-

---

[217] *BVerfG* Bd. 6, 32 (41); 9, 83 (87 f.); 10, 89 (100); 10, 354 (360); 11, 105 (110); 11, 192 (198); 11, 234 (236); 17, 306 (313 f.); 19, 206 (215); 19, 253 (257); 21, 54 (59); 24, 367 (385).

[218] Zur „formellen Eingriffsprüfung" im Gegensatz zur „materiellen Grundrechtsprüfung" vgl. im einzelnen W. *Schmidt*, AöR 91, 42 (66 f.), die Freiheit des Bürgers setze ganz allgemein die Freiheit von nicht verfassungsmäßigen Eingriffen der Staatsgewalt in den gewährleisteten Freiheitsbereich voraus. In diesem Zusammenhang könne auch ein Verstoß gegen die verfassungsrechtliche Kompetenzverteilung gerügt werden.

[219] Zur Frage, ob der von solcher Beeinträchtigung Betroffene die Rechtsmängel des Ausgangsaktes selbst prozessual geltend machen kann, um die Aufhebung des Aktes und die Freistellung von den mit ihm verbundenen faktischen Beeinträchtigungen zu erwirken, vgl. unten §§ 40 ff. Ihr hat die Überlegung vorauszugehen, welche materiell-rechtlichen Befugnisse dem formell grundrechtswidrig Betroffenen gegen die Beeinträchtigung zustehen, vgl. hierzu unten §§ 36 ff.

verteilung zwischen Bund und Ländern durchbricht[220], der Bund auf Gebieten, für die ihm keine Regelungsbefugnis zusteht, Zwecke setzt oder kompetenzwidrig gesetzte Zwecke zu verwirklichen sucht, wenn die für das förmliche Gesetzgebungsverfahren geltenden Verfassungsbestimmungen verletzt wurden oder wenn man allgemeine Rechtsstaatsgrundsätze vernachlässigt hat.

§ 33 Die formellen Voraussetzungen des Art. 19 Absatz 1 Satz 1 Grundgesetz

Die Vorschrift des Art. 19 Abs. 1 S. 1 GG richtet sich an den Gesetzgeber und beschränkt den durch die Grundrechtsvorbehalte eröffneten Gestaltungsbereich, indem sie die Beachtung gewisser Regelungsformen verlangt; grundrechtseinschränkende Gesetze müssen allgemein und dürfen nicht nur für den Einzelfall gelten. Ein Verstoß gegen dieses Gebot führt zu Nichtigkeit[221]. Eine Grundrechtseinschränkung durch Gesetz oder auf Grund eines Gesetzes, das dem Art. 19 Abs. 1 S. 1 GG nicht genügt, wäre formell verfassungswidrig[222].

Art. 19 Abs. 1 S. 1 GG wendet sich aber nicht nur an den Gesetzgeber, sondern auch an die anderen staatlichen Gewalten. Denn ein Gesetz, das gegen diese Vorschrift verstößt, gibt weder der Rechtsprechung noch der Verwaltung einen zureichenden rechtlichen Grund für grundrechtsbeeinträchtigende Entscheidungen.

Art. 19 Abs. 1 S. 1 GG verschließt dem Gesetzgeber im Grundrechtsbereich die Regelungsmodalität der Einzelfallregelung. Wann ein Einzelfall vorliegt, bemißt sich nicht danach, ob eine konkrete historische Situation nach einer Regelung verlangt, entscheidend ist vielmehr, ob der von der Regelung betroffene Personenkreis bestimmt ist[223]. Art. 19

---

[220] Dazu, daß Art. 30 GG nicht nur die Eingriffsverwaltung im Auge hat, sondern für jede Erfüllung staatlicher Aufgaben durch Hoheitsträger gilt, siehe *BVerfG* Bd. 12, 205 (246).

[221] So *v. Mangoldt-Klein*, Kommentar, Art. 19 Anm. III 1 a, S. 542; *Wernicke*, Bonner Kommentar, Art. 19 Erl. II 1 c, S. 4.

[222] Dazu, daß Art. 19 Abs. 1 GG eine verfahrensmäßige, also formelle Sicherung der Grundrechte bewirkt, vgl. *v. Mangoldt-Klein*, a.a.O., Anm. III 1, S. 542; *Wernicke*, a.a.O., Erl. II 1, S. 4.

[223] Ebenso wie v. Mangoldt-Klein im Ansatz *Volkmar*, Allgemeiner Rechtssatz und Einzelakt, S. 212 ff.; er sieht den Einzelfall auch als Gegensatz zur abstrakten, nicht nur als Gegensatz zur generellen Regelung. Im Ergebnis nähert er sich aber der Auffassung von v. Mangoldt-Klein, weil er konkrete Regelungen ausnimmt, sofern die Tatsachenkomplexe einen solchen Umfang und eine solche Bedeutung für das Staatsganze besitzen, daß eine Regelung durch die Verwaltung faktisch unmöglich ist, a.a.O., S. 234 f.

Die Gegenposition hält *Hildegard Krüger*, DVBl 55, 758 ff., 791 ff. Sie versteht die Formulierung: „allgemein und nicht nur für den Einzelfall" nicht als einheitlichen, sondern als zweigliedrigen Begriff. Die Regelung müsse sowohl generell als auch abstrakt sein, a.a.O., S. 760 ff. Das läuft darauf hinaus, daß der Gesetzgeber nur regeln darf, wenn er zugleich für alle Zu-

§ 33 Die Voraussetzungen des Art. 19 Abs. 1 S. 166

Abs. 1 S. 1 GG verbietet materielle Verwaltungsakte bzw. Allgemeinverfügungen in der Form des Gesetzes. Sein Sicherungseffekt liegt in der Gewährleistung, daß alle am Regelungsgegenstand sachlich vergleichbar Beteiligten die gleiche Grundrechtseinbuße erfahren.

Dasselbe ergibt sich zwar schon aus dem allgemeinen Gleichheitssatz des Art. 3 Abs. 1 GG, dennoch hat Art. 19 Abs. 1 S. 1 GG eine eigenständige Bedeutung. Sie liegt darin, daß der von einer Regelung Betroffene unabhängig davon, ob tatsächlich ein Gleichheitsverstoß vorliegt oder nicht, das belastende Gesetz mit Erfolg angreifen kann, wenn der Gesetzgeber sich in der Form vergriffen hat. Der Sicherungseffekt des Gleichheitsgebots wird also durch Art. 19 Abs. 1 S. 1 GG um einen weiteren Grad formalisiert[224].

Der formelle Schutzeffekt des Art. 19 Abs. 1 S. 1 GG ist bei faktischen Beeinträchtigungen nur zum Teil problematisch.

Das Verbot der Einzelfallregelung ist in diesem Bereich weitgehend gegenstandslos. Seinem Wesen nach ist es an imperativen Beeinträchtigungen, nämlich belastenden Regelungen orientiert.

Die faktischen Beeinträchtigungen sind mit solchen Regelungen nicht vergleichbar. Sie sind nicht mit belastenden Regelungen identisch, sondern allenfalls deren Folge. Schon durch diese Eigenschaft ist bei ihnen ausgeschlossen, was Art. 19 Abs. 1 S. 1 GG vermeiden will. Die Belastung kann in diesen Fällen gar nicht nur bei normativ bestimmten Einzelpersonen eintreten. Sie ergibt sich stets und überall, wo der Regelungstatbestand und darüber hinaus eine besondere, die faktische Beeinträchtigung bedingende Lage gegeben sind. Im Fall der Anordnung einse kommunalen Anschluß- und Benutzungszwanges entsteht die Beeinträchtigung beispielsweise immer, wenn ein privates Konkurrenzunternehmen vorhanden ist und durch die Anordnung seinen Kundenstamm verliert.

---

kunft regelt; wenn er also im Zeitpunkt der Regelung verbürgt, daß die entsprechenden Fälle auch fürderhin gleichbehandelt werden. Der Gleichheitssatz gewinnt somit eine neue Dimension: Es gilt nicht mehr nur das Gebot der Gleichheit aller in einer konkreten historischen Situation, sondern zudem die Gleichheit aller in allen vergleichbaren historischen Situationen. Diese Auffassung erscheint zu starr. Sie lähmt die Gesetzgebungsarbeit und ist, da der Gesetzgeber seine Gesetze in der Regel wieder aufheben darf, ohne eigentliche Wirkung. Im übrigen verstößt sie auch gegen das Prinzip der Erforderlichkeit, nämlich dann, wenn eine gegenwärtige Regelung ausreicht, um den angestrebten Zweck zu erreichen.

[224] So schon *Herbert Krüger*, DVBl 50, 625 (626). Zu Recht sieht auch *Wernicke*, Bonner Kommentar, Art. 19 Erl. II 1 c, S. 5 in Art. 19 Abs. 1 S. 1 GG eine Bestätigung bzw. Verstärkung des Gleichheitssatzes. Zu dieser Verbindung vgl. auch *v. Mangoldt-Klein*, Kommentar Art. 19 Anm. III 2 c, S. 544 f.; *Hamann*, Kommentar 2. Aufl., Art. 19 B 3, S. 196; *Hesse*, Grundzüge des Verfassungsrechts der Bundesrepublik Deutschland 3. Aufl., S. 131 f.

Denkbar ist es allerdings, daß der Gesetzgeber es speziell auf eine nur bestimmte Einzelperson treffende Reflexbeeinträchtigung abgesehen hat und zu diesem Zweck eine allgemeine Regelung erläßt.

In diesem Fall müßte auf die Überlegungen zum „getarnten Individualgesetz"[225] zurückgegriffen werden. Danach wäre die faktische Beeinträchtigung, die eine solche Regelung ausgelöst hat, wegen Verstoßes gegen Art. 19 Abs. 1 S. 1 GG nichtig.

Weniger leicht hat man es mit der anderen Komponente des Art. 19 Abs. 1 S. 1 GG, mit der Forderung der „allgemeinen" Geltung.

Ein großer Teil der faktischen Beeinträchtigungen entsteht nur gelegentlich auf Grund seltener Sonderlagen. Daher könnte man an folgende Argumentation denken:

Zwar trete die faktische Beeinträchtigung nicht nur bei normativ bestimmten Einzelpersonen auf und sei darum keine Einzelfallregelung, dennoch sei sie nicht allgemein, da sie sich nicht in allen von der Regelung erfaßten Fällen ergebe.

Das wäre indessen vordergründig. Es ist nämlich im Auge zu behalten, daß sich Art. 19 Abs. 1 S. 1 GG seinem Wortlaut nach nicht schlechthin mit Belastungen im Grundrechtsbereich befaßt, sondern mit Grundrechtseinschränkungen durch Gesetz oder auf Grund eines Gesetzes. Diese Erscheinungen lassen sich nicht einfach gleichsetzen. Wohl stellt sich jede Grundrechtseinschränkung durch Gesetz oder auf Grund eines Gesetzes für den Betroffenen als Belastung seines grundrechtlichen Freiheitsbereiches dar. Dieser Satz ist aber nicht umkehrbar.

Bei der Grundrechtseinschränkung durch Gesetz oder auf Grund Gesetzes liegt die Belastung in der normativ vorgezeichneten Regelung. Regelung und Belastung sind hierbei identisch. Gerade diese Beziehung besteht aber bei faktischen Beeinträchtigungen nicht. Sie sind entweder Folge einer normativ vorgezeichneten Regelung oder Folge einer andersartigen Handlung der staatlichen Gewalten.

Man steht also wiederum vor der die Untersuchung kennzeichnenden Frage, ob sich eine aus dem Wortlaut ergebende Beschränkung des Wirkungsfeldes einer Grundrechtsvorschrift auf imperative Beeinträchtigungen sachlich rechtfertigen läßt oder ob eine Auslegung geboten ist, die auch Fälle faktischer Beeinträchtigungen in die Normfunktion einbezieht.

Für eine ausdehnende Auslegung des Art. 19 Abs. 1 S. 1 GG in dem Sinne, daß jede faktische Grundrechtsbeeinträchtigung in einem allgemein geltenden Gesetz benannt sein müßte, besteht kein überzeugender Grund. Im Gegenteil, sie würde wie schon im Rahmen der

---

[225] Vgl. *BVerfG* Bd. 10, 234 (244 f.); *Dieter Volkmar*, Allgemeiner Rechtssatz und Einzelakt, S. 240 ff.

Darlegungen zum allgemeinen Vorbehalt des Gesetzes[226] gezeigt wurde, zu einer tiefgreifenden Lähmung der staatlichen Tätigkeiten führen, eben weil sich die Folgen einer Regelung im Stadium der Gesetzgebung niemals vollständig übersehen lassen, hingegen ist der belastende Effekt, der in den gegen Grundrechtsträger gerichteten gesetzlichen Regelungen selbst liegt, also die imperative Beeinträchtigung, bereits im Zeitpunkt des Erlasses der Regelung in seiner ganzen Tragweite evident.

Dieser Unterschied dürfte einen hinreichenden sachlichen Grund dafür liefern, daß man imperative Beeinträchtigungen schärferen Gültigkeitsvoraussetzungen unterwirft. Wertungswidersprüche sind insoweit weder ersichtlich noch zu befürchten.

Dem Art. 19 Abs. 1 S. 1 GG kommt demnach im Hinblick auf die Belastung durch faktische Grundrechtsbeeinträchtigungen nur geringe Bedeutung zu. Er kann lediglich verhindern helfen, daß der Gesetzgeber eine unzulässige Individualregelung in die Form einer faktischen Beeinträchtigung hüllt und dadurch seine Gestaltungsmöglichkeiten mißbraucht.

Der Sicherungseffekt des Art. 19 Abs. 1 S. 1 GG ist schließlich noch in einer weiteren Beziehung zu untersuchen. Es wurde gezeigt[227], daß faktische Grundrechtsbeeinträchtigungen unzulässig sind, wenn sie sich nicht auf einen durch die Verfassung selbst oder vom Gesetzgeber gesetzten Zweck zurückführen lassen. Daher stellt sich die Frage, ob nicht auch derartige Zwecksetzungen des einfachen Gesetzgebers auf Kosten der Grundrechte und im Rahmen der einzelnen Grundrechtsvorbehalte den Anforderungen des Art. 19 Abs. 1 S. 1 GG entsprechen müssen; mit anderen Worten, ist es dem einfachen Gesetzgeber durch Art. 19 Abs. 1 S. 1 GG verwehrt, Zwecke zu setzen, die sich nur gegenüber bestimmten Grundrechtsträgern nachteilig auswirken?

Für die Reflexwirkungen, also die faktischen Beeinträchtigungen, die sich als Folge eines staatlichen Befehls oder einer staatlichen Regelung ergeben, wurde bereits eine Lösung gezeigt: Der Gesetzgeber darf verfassungsrechtliche Bindungen nicht durch einen Austausch von Gestaltungsformen unterlaufen. Auch allgemein geltende Normen können nichtig sein, wenn sie die Reflexbeeinträchtigung bestimmter Personen zum Zweck hat, zumal wenn der Gesetzgeber nur diesen Personenkreis treffen will.

Der Gedanke, daß Art. 19 Abs. 1 S. 1 GG „getarnte Individualgesetze" ausschließt, ist nicht nur bei Reflexbeeinträchtigungen, sondern gleichermaßen bei der Gruppe schlichter Beeinträchtigungen verwertbar. Der Staat dürfte z. B. einen Wirtschaftszweig nicht allein des-

---
[226] Vgl. oben § 28.
[227] Vgl. oben § 29.

wegen subventionieren, um die Konzentrationsbewegungen zugunsten eines bestimmten Unternehmens zu stoppen.

§ 34 Das Zitiergebot nach Art. 19 Abs. 1 S. 2 GG

Formell-rechtlich wirkt auch das für Grundrechtseinschränkungen statuierte Zitiergebot des Art. 19 Abs. 1 S. 2 GG.

Über den normativen Gehalt dieser Bestimmung ist man sich allerdings keineswegs einig. Die Divergenzen betreffen sowohl die Rechtsfolge für den Fall, daß die Bestimmung nicht beachtet worden ist, als auch den Anwendungsbereich.

In der Literatur überwiegt die Ansicht, ein Verstoß gegen Art. 19 Abs. 1 S. 2 GG führe zur Nichtigkeit des Gesetzes[228]. Ihr scheint auch das *Bundesverfassungsgericht* zuzuneigen[229]. Die eindeutige Ausgestaltung des Art. 19 Abs. 1 S. 2 GG als Muß-Vorschrift läßt sich durch den Hinweis auf Formalismus und unnötige Erschwerung der Arbeit des Gesetzgebers wohl kaum entkräften[230]. Diesen Einwand könnte man übrigens wohl gegen jede formell-rechtliche Gültigkeitsvoraussetzung von Rechtsakten erheben.

Das Zitiergebot birgt so verstanden einen echten Sicherungseffekt. Der Grundrechtsträger kann sich darauf verlassen, daß beim Vollzug eines Gesetzes nur diejenigen Grundrechte beeinträchtigt werden dürfen, die das Gesetz selbst ausdrücklich benennt. Vor allem die Rechtsverfolgung wird durch ein Zitiergebot, das man als Gültigkeitsvoraussetzung betrachtet, erheblich erleichtert. Die Nichtbeachtung des Gebots ist mühelos feststellbar[231].

Der Sicherungseffekt des Art. 19 Abs. 1 S. 2 GG wird aber schon durch die herrschende Lehre in beträchtlichem Umfang verwässert, indem man beim Anwendungsbereich der Vorschrift erhebliche Abstriche macht.

Die positiv-rechtliche Einstiegstelle für dieses Vorgehen liefert der in Art. 19 Abs. 1 GG verwendete Terminus der Grundrechts-„Einschränkung". Besonders formal argumentiert *Röhl*[232]. Er möchte die

---

[228] So *Wernicke*, Bonner Kommentar, Art. 19, Erl. 10, S. 5; *Hamann*, Kommentar, Art. 19, Anm. B 5, S. 196; *Schmidt-Bleibtreu/Klein*, Kommentar zum Grundgesetz, Art. 19 RdNr. 6, S. 125; *Brinkmann*, Grundrechtskommentar, Art. 19, Anm. I 3 a, S. 8 f.; *Röhl*, AöR 81, 195 (213 f.). Kritisch *v. Mangoldt*, Kommentar, Art. 19, Anm. 3, S. 119 f.; *Dürig*, Maunz-Dürig-Herzog, Art. 11, RdNr. 79, S. 26. Gegen den Charakter des Art. 19 Abs. 1 S. 2 GG als Muß-Vorschrift *v. Mangoldt-Klein*, Kommentar, Art. 19, Anm. IV 2, S. 547 f.
[229] BVerfG Bd. 2, 121 (122 f.); 5, 13 (16); 10, 89 (99); 13, 97 (122); 15, 288 (293); 21, 92 (93); 24, 367 (398).
[230] So *v. Mangoldt-Klein*, Kommentar, Art. 19, Anm. IV, S. 547 f.
[231] Es läßt sich freilich nicht abstreiten, daß Art. 19 Abs. 1 S. 2 GG den Gesetzgeber vor eine schwere Aufgabe stellt.
[232] AöR 81, 195 (206 ff.).

§ 34 Das Zitiergebot nach Art. 19 Abs. 1 S. 2 GG 117

Bestimmung nur anwenden, wenn der Grundgesetzgeber bei der Formulierung der einzelnen Vorbehalte ausdrücklich zu „Einschränkungen", „Beschränkungen" oder „Eingriffen" ermächtigt hat. Wo hingegen nur die nähere Ausgestaltung des Grundrechts dem Gesetzgeber übertragen sei oder die Beeinträchtigungsmöglichkeiten anders bezeichnet seien (z. B. Trennung in Art. 6 Abs. 3, Enteignung in Art. 14 Abs. 3, Sozialisierung in Art. 15, Verlust der Staatsangehörigkeit in Art. 16 Abs. 1 GG) bedürfe es schon deswegen keines gesetzlichen Zitats. Dasselbe habe zu gelten, wenn dem Gesetzgeber die Bestimmung der Grundrechtsschranken überlassen sei[233]. Die Ansichten *Röhls* sind beim *Bundesverfassungsgericht auf* eine gewisse Gegenliebe gestoßen. So findet man etwa im Handwerks-Urteil die Bemerkung, wenn Art. 12 Abs. 1 GG den Gesetzgeber zu „Regelungen" ermächtige, dann bringe er deutlich zum Ausdruck, daß solche Gesetze nicht „Einschränkungen" im Sinne des Art. 19 GG seien[234]. Zuvor hatte das *Bundesverfassungsgericht* bereits erklärt, daß Art. 19 Abs. 1 S. 2 GG sich nicht auf die allgemeine Handlungsfreiheit beziehe, denn diese sei von vornherein nur unter dem Vorbehalt der verfassungsmäßigen Ordnung gewährleistet[235]. Andererseits ließ das *Bundesverfassungsgericht* offen, ob mit dem Begriff „Einschränkung" auch eine „Schranke" i. S. d. Art. 5 Abs. 2 GG gemeint sein könne[236].

Die den Entscheidungen des *Bundesverfassungsgerichts* zugrunde liegende Auffassung ist allerdings bei näherem Zusehen weniger formal als es, zumal auf Grund des Zitats aus dem Handwerks-Urteil, den Anschein hat. Das Gericht verweist nämlich auf seine Ausführungen zum „Regelungsvorbehalt" im Apotheken-Urteil. Dort aber heißt es, der Ausdruck „regeln" anstelle des sonst üblichen „beschränken" oder „einschränken" deute darauf hin, daß eher an eine nähere Bestimmung der Grenzen von innen her, d. h. der im Wesen des Grundrechts selbst angelegten Grenzen gedacht sei, als an Beschränkungen, durch die der Gesetzgeber über den sachlichen Gehalt des Grundrechts selbst verfügen, nämlich seinen natürlichen, sich aus rationaler Sinnerschließung ergebenden Geltungsbereich von außen her einengen würde[237]. Dies hinwiederum steht in enger Beziehung zu

---
[233] In dieser Beziehung hatte auch schon *Wernicke*, Bonner Kommentar, Art. 19, Erl. II 1 a, S. 4, den Geltungsbereich des Art. 19 Abs. 1 GG verengt. Ebenso *Hamann*, Kommentar, Art. 19, Anm. B 5, S. 196 f.; *Maunz*, Staatsrecht, 17. Aufl., § 17 I, S. 135.
[234] *BVerfG* Bd. 13, 97 (122).
[235] *BVerfG* Bd. 10, 89 (99).
[236] *BVerfG* Bd. 15, 288 (293).
[237] *BVerfG* Bd. 7, 377 (404); vgl. auch BVerfG Bd. 21, 92 (93) und Bd. 24, 367 (396), wo die Anwendung des Art. 19 Abs. 1 S. 2 GG auf Art. 14 GG abgelehnt wird, weil nur das durch die Gesetze ausgeformte Eigentum Gegenstand der Verfassungsgarantie sei. Im Hinblick auf den Zweck des Art. 19

einer früheren Andeutung des Gerichts über den Zweck des Art. 19 Abs. 1 S. 2 GG. Danach soll die Vorschrift lediglich verhindern, „daß neue, dem bisherigen Recht fremde Möglichkeiten des Eingriffs in Grundrechte geschaffen werden, ohne daß der Gesetzgeber sich darüber Rechenschaft legt und dies ausdrücklich zu erkennen gibt"[238].

Das entscheidende Kriterium, um den Geltungsbereich des Zitiergebotes zu erfassen, ist also in der Sicht des *Bundesverfassungsgerichts* letztlich nicht formaler, sondern materialer Art. Nicht die Wahl des Ausdrucks gibt den Ausschlag, sondern die Qualität der gegen den Grundrechtsträger erlassenen Norm.

Damit steht man vor der Frage, welche Beschaffenheit eine Norm im einzelnen haben muß, damit für sie das Zitiergebot gilt? Das *Bundesverfassungsgericht* nennt zwei Merkmale: die Neuheit der Eingriffsmöglichkeit und die Einengung eines Grundrechts in seinem natürlichen, sich aus rationaler Sinnerschließung ergebenden Geltungsbereich. Das erste scheint indessen bisher eher als Indiz denn als eigentliches Kriterium zu fungieren. Denn auch im Rahmen von Regelungsvorbehalten kann es zu echten Einschränkungen[239] und mithin auch zu „neuen" Einschränkungen kommen. Entscheidender ist wohl das andere Merkmal: die Einengung des „natürlichen" Geltungsbereichs eines Grundrechts. Wo Freiheit nicht ohne Widersprüche zu allgemeinen Rechtsgrundsätzen oder spezifischen Aussagen der Verfassung bestehen könnte, vermag auch eine positiv-rechtliche Gewährleistung durch die Grundrechte nichts auszurichten. Hier fehlt sowohl dem Grundrechtsschutz als auch dem Grundrechtsvorbehalt jeglicher Gegenstand. Wo der Gesetzgeber sich darauf beschränkt, Grundrechtsausübungen zu blockieren, um Widersprüche zu allgemeinen Rechtsgrundsätzen oder zu anderen Verfassungsnormen zu vermeiden, ist er an das Zitiergebot nicht gebunden. Die Bindung setzt erst ein, wenn er im Rahmen eines Grundrechtsvorbehalts eigenmächtig, d. h. ohne Absicherung durch eine rational erschließbare konkrete Entscheidung der Verfassung[240], neue Zwecke setzt, die auf Kosten individueller Freiheit zu verfolgen sind.

Abs. 1 S. 2 GG und die umfassende Regelungsbefugnis des Art. 14 Abs. 1 und 2 GG erscheint diese Einschränkung nicht ganz unbedenklich.
[238] *BVerfG* Bd. 5, 13 (16).
[239] So ausdrücklich *BVerfG* Bd. 7, 377 (404).
[240] Aus diesem Grund bestehen Zweifel an der Richtigkeit der Argumentationen des *BVerfG*, Bd. 10, 89 ff. und Bd. 13, 97 ff. Denn in beiden Fällen ging es nicht um ein Abstecken des natürlichen, sich aus rationaler Sinnerschließung ergebenden Geltungsbereiches der tangierten Grundrechte, sondern um eigenmächtige Zwecksetzung durch den Gesetzgeber. Im Ergebnis wird man den Entscheidungen aber zustimmen können, weil Art. 19 Abs. 1 S. 2 GG nur neue Zwecksetzungen erfaßt, d. h. nur solche, die nicht schon im vorkonstitutionellen Recht vorhanden waren; vgl. hierzu auch *BVerfG* Bd. 16, 194 (199 f.).

Diese Reduktion des Begriffes der Grundrechtseinschränkung führt zu einer beträchtlichen Verminderung des mit dem Zitiergebot verfolgten Sicherungszweckes. Der Bürger kann sich nicht mehr allein auf das Schweigen des Gesetzgebers, auf das fehlende Zitat verlassen.

Problematisch wird dies vor allem deshalb, weil die Feststellung, ob eine von Art. 19 Abs. 1 S. 2 GG erfaßte Grundrechtseinschränkung vorliegt, von höchst subtilen verfassungsrechtlichen Erwägungen abhängt. Um so wichtiger ist es daher, daß man das Verhältnis zwischen den Fällen der Zitierfreiheit und des Zitiergebotes zu klären versucht.

Wieder handelt es sich um eine Frage des richtigen Regel-Ausnahme-Verhältnisses. Es ist leicht einzusehen, daß der Sicherungseffekt des Zitiergebotes zugunsten des Grundrechtsträgers noch mehr dahinschwindet, wenn man letzteres nur bei positiver Feststellung einer „Einschränkung" im Sinne des Art. 19 Abs. 1 GG anwendet. Dann wäre nämlich der Gesetzgeber in Zweifelslagen, also gerade in den heiklen und brisanten Fällen bindungsfrei und der Grundrechtsträger ohne den formellen Schutz.

Aus Art. 19 Abs. 1 S. 2 GG allein läßt sich keine schlüssige Antwort auf die Frage, was in solchen, ungewissen Lagen zu gelten hat, entwickeln. Das gelingt erst, wenn man den Schutzeffekt dieser Vorschrift in das Regel-Ausnahme-Verhältnis einordnet, das durch das Freiheitsprinzip des Art. 1 GG vorgezeichnet ist.

Danach hat die Freiheit des einzelnen den Vorrang, und jede Durchbrechung bedarf einer besonderen verfassungsrechtlichen Rechtfertigung. Diejenigen Fälle, in denen die verfassungsrechtliche Legitimation für eine Freiheitsbeeinträchtigung ungewiß ist, nehmen am rechtlichen Schutz der Freiheitsgarantie teil. Hierin liegt ein wesentlicher Gesichtspunkt des Freiheitsschutzes überhaupt, da andernfalls nur ein überschaubarer, meßbarer und begrenzter Sektor des realen Phänomens menschlicher Handlungsfreiheit gesichert wäre[241].

Nachdem auch Art. 19 Abs. 1 S. 1 GG seinen eigentlichen Grund in der rechtlichen Sicherung des Freiheitsprinzips findet, liegt es nahe, den Umfang seines Funktionsbereiches so abzustecken, daß er den gesamten, dem Prinzip nach gewährleisteten Freiheitsraum umgreift. Das führt dazu, daß auch die ungewissen Lagen den formellen Schutz der Vorschrift genießen. Für Art. 19 Abs. 1 S. 2 GG gilt demnach folgendes Regel-Ausnahme-Schema: Wo immer der Gesetzgeber den staatlichen Organen auf Kosten der prinzipiell gewährleisteten Freiheit Zwecke setzt, hat er das Zitiergebot zu beachten. Ausnahms-

---

[241] Dazu, daß sich anderenfalls unter Umständen Widersprüche zum Wesen der Freiheitsrechte ergeben, zumal weil der originelle Gebrauch der Freiheit außerhalb des verfassungsrechtlichen Rechtsschutzes bliebe, vgl. schon *Carl Schmitt*, Verfassungslehre, 3. Aufl., 1928, S. 164.

weise ist er davon befreit, wenn er sich darauf beschränkt, vorgegebene, sachliche Entscheidungen zu Lasten der Freiheit auszuformen[242]. Die Bestimmung des Art. 19 Abs. 1 S. 2 GG zwingt demnach den Gesetzgeber, sich bei jedem Gesetz die Frage vorzulegen, ob es Grundrechte einschränke. Gegebenenfalls muß er dies für jedermann und von vornherein kenntlich machen[243].

Sinnvollerweise kann sich dieses Gebot nur auf solche Beeinträchtigungen der Grundrechtssphäre beziehen, die für den Gesetzgeber bereits bei der Beratung der Norm erkennbar sind. Anderenfalls drängte man die Legislative wiederum in das Gebiet des Unmöglichen. Wollte der Gesetzgeber dennoch die Nichtigkeit seiner Vorschriften abwenden, so müßte er vorsorglich alle in Betracht kommenden Grundrechte zitieren. Pauschale Zitierungen würden aber ihren grundrechtssichernden Effekt verlieren.

Einwandfrei erkennbar sind nur imperative Beeinträchtigungen. Hier genügt ein Vergleich der geplanten Norm mit den vom Grundgesetz in den Grundrechten normierten Schutzzonen.

Bei faktischen Beeinträchtigungen ist das ganz und gar anders. Um sie schon vor dem Erlaß eines Gesetzes zu erkennen, bedarf es mehr. Der Gesetzgeber müßte die tatsächlichen Gegebenheiten im Regelungsbereich und dessen Umgebung intensiv durchleuchten und erforschen.

In diesem Umstand liegt ein im Hinblick auf Art. 19 Abs. 1 S. 2 GG beachtlicher Unterschied der beiden Beeinträchtigungsarten. Er reicht aus, um eine Verschiedenheit in der Anwendung des Zitiergebotes zu rechtfertigen und faktische Beeinträchtigungen insgesamt von der Schutzfunktion dieser Vorschrift auszunehmen.

Im übrigen käme man, wenn man das Zitiergebot auf faktische Beeinträchtigungen erstrecken wollte, wiederum zu einer höchst unpraktikablen Relativierung und Subjektivierung verfassungsrechtlicher Rechtsfolgen. Es wäre nämlich jeweils zu prüfen, ob den Gesetzgeber hinsichtlich der verschiedenen faktischen Beeinträchtigungen der Vorwurf trifft, er habe die Grundrechtsnennung unterlassen, obwohl ihm die beeinträchtigende Wirkung seiner Regelung auf Grund tatsächlicher Umstände des konkreten Falles erkennbar gewesen ist.

§ 35 Die Junktim-Klausel des Art. 14 Abs. 3 S. 2 GG

Die Regelung des Art. 14 Abs. 3 S. 2 GG in der Bedeutung, die ihr das *Bundesverfassungsgericht* in der Entscheidung vom 21. Juli 1955

---

[242] *Röhl*, AöR 81, 195 (213 f.), vertritt hingegen die Ansicht, in Zweifelsfällen sei die Grundrechtsnennung lediglich empfehlenswert. Dies wird dem Schutzzweck der Norm nicht gerecht.
[243] So *Röhl*, a.a.O., S. 194; *Wernicke*, Bonner Kommentar, Art. 19, Erl. II 10, S. 5.

§ 35 Die Junktim-Klausel des Art. 14 Abs. 3 S. 2 GG

gegeben hat[244], darf man wohl als einen der Kristallisationskerne für das Problem der faktischen Beeinträchtigungen bezeichnen[245].

Das verfassungsrechtlich verankerte Entschädigungsgebot wirkt als Triebfeder, sich immer wieder mit dem Begriff der Enteignung i. S. d. Art. 14 Abs. 3 S. 1 GG auseinander zu setzen und den Enteignungsbegriff überkommener Prägung in seinem Inhalt abzuwandeln[246].

Dieser Tendenz wirkt die Sanktion eines Verstoßes gegen das vorgeschriebene Junktim von Enteignungs- und Entschädigungsregelung entgegen. Jede Ausdehnung des Enteignungsbegriffes i. S. d. Art. 14 Abs. 3 GG erhöht das Risiko, daß gesetzliche Regelungen mangels ausreichender Entschädigungsvorschriften nichtig sind[247].

Die Nichtigkeitsfolge ist der spezifisch formell-rechtliche Schutz der Junktim-Klausel. Daß man diesen Schutz nicht auf jede Beeinträchtigung des Eigentums im verfassungsrechtlichen Sinn durch die staatlichen Gewalten erstrecken kann, gehört zu den wenigen sicheren Erkenntnissen der Enteignungsdogmatik.

Der Grund ist im Zweck der Junktim-Klausel zu suchen. Die Klausel soll bewirken, daß sich der Gesetzgeber des Enteignungscharakters seiner Gesetze jeweils bewußt wird und selbst Erwägungen anstellt, in welcher Art und Höhe er bei Berücksichtigung der verschiedenen Interessensphären eine Entschädigung gewähren will[248]. Bei einer Vielzahl von Beeinträchtigungen der Eigentumsposition ist dieser Zweck schlechterdings nicht zu verwirklichen. Das gilt zumal für die Fälle, in denen die Beeinträchtigung auf einer Sonderlage beruht oder auf erst nach Erlaß des Gesetzes eingetretenen, tatsächlichen Konstellationen. Man hat den Gesichtspunkt zu beachten, daß es nicht Sinn

---

[244] *BVerfG* Bd. 4, 219 ff.; vgl. auch Bd. 24, 367 (407).
[245] Dasselbe Problem wurde aber auch schon im Expropriationsrecht des ausgehenden 19. Jahrhunderts diskutiert; vgl. *Anschütz*, VerwArch Bd. 5, 1897, S. 1 (35, 60 ff., 86 ff.). Der damalige enge Enteignungsbegriff führte zu dem Ergebnis, daß Reflexschäden nur aufgrund spezieller Gesetze entschädigt werden könnten, a.a.O., S. 64.
[246] Vorläufiger Endpunkt der Entwicklung ist die Rechtsfigur der „eingriffs- und enteignungsgleichen Eigentumsbeeinträchtigung", die den Entscheidungen des *BGH*, BGHZ 37, 44 (47); Urt. v. 6.11.1964, DVBl 65, 83; Urt. v. 31.1.1966, NJW 66, 877; Urt. v. 7.12.1967, NJW 68, 293, zugrunde liegt; vgl. auch *Kreft*, Aufopferung und Enteignung, S. 26 f.
[247] Ein Aspekt, der in der Enteignungsrechtsprechung des BGH durchweg vernachlässigt wird, weil dort nur über den Entschädigungsanspruch gestritten wird. Das Verhältnis zwischen dem Anspruch auf Aufhebung einer junktimwidrigen Enteignungsmaßnahme und dem Entschädigungsanspruch bleibt hierdurch ungeklärt. Man handelt nach dem Prinzip: dulde und liquidiere, ohne zu prüfen, ob nicht etwa das Recht, zu liquidieren, auf Fälle beschränkt ist, in denen man die Beeinträchtigung aus rechtlichen oder tatsächlichen Gründen zu dulden hat. Im einzelnen hierzu unten §§ 36 ff.
[248] So schon *BVerfG* Bd. 4, 219 (235).

B. 2. Formelle Grundrechtswidrigkeit

eines Verfassungsbefehls an den Gesetzgeber sein kann, Pflichten aufzubürden, die selbst bei größter Sorgfalt nicht zu erfüllen sind[249].

Damit ist man bei der Frage, wo die Grenze zwischen den junktimgebundenen und den junktim-freien Beeinträchtigungen verläuft?

Mit Sicherheit kann man sagen, daß mindestens alle imperativen Beeinträchtigungen des Eigentums in den Anwendungsbereich der Junktim-Klausel fallen können. Bei ihnen kann das Junktim niemals dadurch seinen Sinn verlieren, daß es dem Gesetzgeber Unmögliches abverlangte. Die Prüfung, ob dasjenige, was der Gesetzgeber durch seine Regelung oder auf Grund seiner Regelung dem Grundrechtsträger nimmt oder nehmen läßt, von der grundrechtlichen Gewährleistung umfaßt ist, betrifft eine reine Rechtsfrage und ist daher jederzeit, auch schon im Zeitpunkt des Erlasses der Regelung, ohne weiteres möglich.

Ob eine Entscheidung des Gesetzgebers faktische Beeinträchtigungen auslösen wird, die ihrer Intensität nach wie Enteignungen wirken, läßt sich hingegen nicht durch einen einfachen Vergleich der geplanten Regelung mit der grundrechtlichen Gewährleistung erkennen. Um diese Frage zu klären, sind Tatsachenfeststellungen und Prognosen erforderlich[250, 251]. Faktische und imperative Beeinträchtigungen können auf Grund dessen nicht gleichgestellt werden. Die Junktim-Klausel ist auf faktische Beeinträchtigungen nicht anwendbar[252].

---

[249] Ebenso *OVG Münster*, Urt. v. 8. 10. 1958, JZ 59, 359 (360). Neuerdings *Kriele*, DÖV 67, 531 (537).

[250] Ganz deutlich wird das an Hand des Finalitätsbegriffes, den *Janssen*, Der Anspruch auf Entschädigung bei Aufopferung und Enteignung, S. 190, als Enteignungskriterium herausarbeitet. Dieses Merkmal soll fehlen, „wenn der Gesetzgeber nicht erkennt und objektiv nach der ratio legis nicht erkennen kann", daß eine Vermögensbeeinträchtigung entstehen wird, a.a.O., S. 195. Ähnlich noch *Hans J. Wolff*, Verwaltungsrecht Bd. I, 6. Aufl., § 62 IV b 2, S. 383, und neuerdings *Wagner*, NJW 66, 2333; letzterer stellt allerdings auf die Merkmale „gewollt und gezielt" ab, a.a.O., S. 2338.

[251] Aus diesem Grund hilft auch der Vorschlag von *Schulte*, DVBl 65, 386 (389 f.) nicht weiter, daß der Gesetzgeber u. U. keine mittelbare Einwirkungsrechte auf das geschützte Eigentum konstruieren dürfe, sondern eine Enteignung vorsehen müsse.

[252] Diese Differenzierung findet eine Entsprechung in der Ansicht *Forsthoffs*, DÖV 55, 193 (195 f.), wonach die Entscheidung, ob eine Enteignung vorliege, nicht von der konkreten Beeinträchtigung her, sondern normqualifizierend zu treffen sei.
Für eine differenzierte Lösung schon *Bachof*, DÖV 54, 592 (594); *Jaenicke*, VVDStRL Heft 20, 135 (153 f.); *Hesse*, Grundzüge des Verfassungsrechts in der Bundesrepublik Deutschland, 3. Aufl., S. 172; *Hans J. Wolff*, Verwaltungsrecht Bd. I, 7. Aufl., § 62 IV b 2, S. 433; *Gallwas*, BayVerwBl 65, 40 (42 ff.); *Rudolf Schneider*. VerwArch 58 (1967), S. 301 (339); *Kreft*, Aufopferung und Enteignung, S. 34; *Rausch*, DVBl 69, 167 (170 ff.). Vgl. auch die Beurteilung der Funktion der Junktim-Klausel bei *Luhmann*, Öffentlich-rechtliche Entschädigung, S. 143 ff.

§ 35 Die Junktim-Klausel des Art. 14 Abs. 3 S. 2 GG

Die Unanwendbarkeit der Junktim-Klausel bei faktischen Beeinträchtigungen besagt jedoch noch nichts über die verfassungsrechtliche Pflicht zur Entschädigung.

Die Gleichung, wo das Junktim nicht gelte, sei auch — mindestens von Verfassungs wegen — keine Entschädigung zu zahlen, geht nicht ohne weiteres auf. Sie wäre exakt, wenn der Gesichtspunkt, der einer Einbeziehung der faktischen Beeinträchtigungen in den Anwendungsbereich der Junktim-Klausel entgegensteht, zugleich für die Entschädigungspflicht ausschlaggebend wäre. Indessen, man würde mit der These, daß Eigentumsbeeinträchtigungen, die für den Gesetzgeber nicht erkennbar waren, allein aus diesem Grund von der verfassungsrechtlichen Entschädigungspflicht ausgenommen seien, kaum auf Verständnis stoßen.

Man muß daher prüfen, ob der Enteignungsbegriff des Art. 14 Abs. 3 GG eventuell seinen Inhalt variiert, und zwar je nachdem, ob man ihn in seiner Funktionalität zur Junktim-Klausel oder zur verfassungsrechtlichen Entschädigungsverpflichtung sieht. Es ist nämlich eine Interpretation des Art. 14 Abs. 3 GG denkbar, nach der auch andere als imperative Beeinträchtigungen der in Art. 14 Abs. 1 GG geschützten Positionen die verfassungsrechtliche Entschädigungspflicht auslösen, daß aber nur imperative Beeinträchtigungen an das Junktim gebunden sind[253].

Entscheidend für die Frage, ob faktische Eigentumsbeeinträchtigungen von der Entschädigungspflicht des Art. 14 Abs. 3 GG erfaßt werden, ist letztlich deren systematische Einordnung.

Sieht man den Anspruch auf Entschädigung als besondere Ausprägung der in Art. 14 Abs. 1 S. 1 GG verbürgten prinzipiellen Eigentumsgewährleistung[254], dann liegt es nahe, ihn als effektbezogen zu qualifizieren, so daß für eine Differenzierung nach der Beeinträchtigungsart kein Raum bliebe[255].

---

[253] Auf ein solches Verständnis des Art. 14 Abs. 3 GG läuft es letztlich hinaus, wenn der *BGH* auch bei enteignungsgleichen und enteignungsähnlichen, eingriffsähnlichen Beeinträchtigungen Entschädigung gewährt. Es entwickeln sich ganze Fallreihen, in denen die Junktim-Klausel gegenstandslos ist und dennoch aus Art. 14 Abs. 3 GG entschädigt wird. Vgl. etwa BGHZ 23, 157; 28, 310; 37, 44; 39, 241; sowie die Urteile vom 6.11.1964, DVBl 65, 83, und vom 5.7.1965, NJW 65, 1907; vgl. hierzu auch *Kreft*, Aufopferung und Enteignung, pass.; *Kröner*, DVBl 69, 157 ff.

[254] Diesem Ansatz verschließt sich zumal *Brinkmann*, Grundrechtskommentar zum Grundgesetz, Art. 14 Anm. I 4 c, S. 19 f. Er hält eine Eigentumsbeschränkung für entschädigungspflichtig, wenn der Betroffene unzumutbar belastet ist und eine Entschädigung gerechtfertigt, gerecht und sachlich geboten ist. Hier werden letztlich Tatbestand (Enteignung) und Rechtsfolge (Entschädigung) ihrer Funktion beraubt, und es erscheint dasjenige als Enteignung, was die Gerichte als entschädigungsbedürftig anerkennen.

[255] Vgl. hierzu schon *Anschütz*, VerwArch Bd. 5, 1897, S. 1 (62 f.): „Die Begründung der staatlichen Entschädigungspflicht durch das Moment des be-

B. 2. Formelle Grundrechtswidrigkeit

Vor dem Hintergrund des alle vermögenswerte Rechte umfassenden Grundrechts auf Eigentum erscheint es in der Tat unbeachtlich, ob das Interesse, einen Vermögensgegenstand ungestört zu haben und zu nutzen, imperativ oder faktisch beeinträchtigt wird. Im Hinblick auf die Eigentumsgewährleistung macht es zum Beispiel keinen Unterschied, ob im Manövergebiet lagerndes Holz beschlagnahmt oder durch Artilleriebeschuß zerstört wird[256].

Ihre dogmatische Absicherung erfährt die These von der Entschädigungspflicht als Sonderform der verfassungsrechtlichen Eigentumsgewährleistung durch den Gedanken einer öffentlich-rechtlichen Restitutionsgrundnorm[257]. Sie besagt auf die Gewährleistung des Art. 14 GG bezogen kurz gefaßt etwa das folgende: Wird jemand zum Wohl der Allgemeinheit in seiner Rechtsstellung aus Art. 14 Abs. 1 GG beeinträchtigt, so ist, sofern die Beseitigung der Beeinträchtigung in Anbetracht des Wohls der Allgemeinheit unmöglich erscheint, der Betroffene zu entschädigen[258].

Eine Entschädigungspflicht des Staates aus Art. 14 GG kann demnach stets entstehen, wenn durch die staatlichen Gewalten eine nach Art. 14 Abs. 1 GG geschützte Vermögensposition beeinträchtigt wird. Die Art der Beeinträchtigung, ihre formale Struktur spielt insoweit keine Rolle[259].

---

sonderen Opfers trifft überall zu und nirgends, je nachdem man das Eigentum als Schranke der Staatsgewalt oder die Staatsgewalt als Schranke des Eigentums ansieht."

[256] BGHZ 37, 44.
[257] So *Menger*, Gedächtnisschrift für Walter Jellinek, 2. Aufl., S. 347 ff.
[258] Vgl. auch *Menger*, VerwArch 1965, 374 (375).
[259] So bereits *Schack*, JZ 60, 625 f.; ders., JZ 61, 373; *Obermayer*, in Staats- und Verwaltungsrecht in Bayern, 3. Aufl., S. 219 f.; anschließend auch *Hans J. Wolff*, Verwaltungsrecht Bd. I, 7. Aufl., § 62 IV b 2, S. 433; desgleichen *Jaenicke*, VVDStRL Heft 20, 135 (154); *Kriele*, DÖV 67, 531 (538); *Gallwas*, BayVerwBl 65, 40 (45). Wie hier auch *Konow*, Eigentumsschutz gegen Eingriffe der öffentlichen Hand, S. 62 ff.; *Weyreuther*, Gutachten, S. 156; *Kreft*, Aufopferung und Enteignung, S. 25 f., letzterer allerdings noch mit der Beschränkung auf unmittelbare Auswirkungen auf das Eigentum. Indessen erwecken die Ausführungen zuvor (a.a.O., S. 19 ff.) den Anschein, als gebe letztlich die einzelne Rechtsposition den Ausschlag für die Qualifikation, ob im konkreten Fall unmittelbar oder mittelbar eingewirkt worden sei. Das läuft im Ergebnis auf die Unterscheidung Interesse und rechtlich geschütztes Interesse hinaus. Gegen einen solchen normativen Begriff der unmittelbaren Beeinträchtigung bestehen keine Bedenken. Daß es bei der Frage der entschädigungsrelevanten Eigentumsbeeinträchtigungen um Probleme des Wertens und Zurechnens geht, deutet auch *Rudolf Schneider*, VerwArch Bd. 58 (1967), 301 (306), an.

A. A. *Kimminich*, Bonner Kommentar, Art. 14 (Zweitbearbeitung) RdNr. 119, S. 50; *Forsthoff*, Lehrbuch des Verwaltungsrechts, 9. Aufl., § 18, S. 332 f.; ders., DÖV 65, 289; *Wagner*, NJW 66, 569 ff.; *Janssen*, Der Anspruch auf Entschädigung bei Aufopferung und Enteignung, S. 198 f.; *Reißmüller*, JZ 60, 122 ff.

§ 36 Rechtsfolgen der Grundrechtswidrigkeit

Durch diesen Ansatz wird die gesamte — man kann wohl unterdessen getrost sagen — lästige[260] „Eingriffs"-Diskussion im Enteignungsentschädigungsrecht abgeschnitten und der Schwerpunkt auf die Fragenkreis verlagert, wie weit die Eigentumsgewährleistung der Verfassung der Sache nach reicht und wie die Rechtsordnung auf eine Beeinträchtigung des gewährleisteten Bereiches durch die staatlichen Gewalten reagiert[261].

Vergegenwärtigt man sich die Unsicherheit in der bisherigen Enteignungsrechtsprechung, die zu einem großen Teil auf das Konto einer ungeklärten Eingriffsvorstellung geht, dann dürfte der Vorschlag, die Gewichte der rechtlichen Beurteilung anders zu verteilen, weniger gewagt sein, als das vielleicht auf Anhieb erscheinen mag.

Mit der Feststellung, daß nicht nur die dem Junktim unterworfenen, sondern auch andere Eigentumsbeeinträchtigungen gemäß Art. 14 GG entschädigungspflichtig sein können, ist nicht zugleich die Frage entschieden, welche Eigentumsbeeinträchtigungen eine verfassungsrechtliche Entschädigungspflicht auslösen. Zumal die These, daß alle Eigentumsbeeinträchtigungen, die sich nicht als Konkretisierung verfassungsmäßiger Inhalts- und Schrankenbestimmungen darstellen, zu entschädigen seien, ist durch die bisher angestellten Erwägungen weder begründet noch impliziert.

Welche Schlüsse aus der positivrechtlichen Entschädigungsregelung des Art. 14 Abs. 3 GG für die Behandlung faktischer Beeinträchtigungen prinzipiell geschützter Eigentumspositionen gezogen werden können, ist bei der Darstellung der Rechtsfolgen grundrechtswidriger faktischer Beeinträchtigungen zu behandeln[262].

Dritter Abschnitt

Rechtsfolgen der Grundrechtswidrigkeit faktischer Beeinträchtigungen

§ 36 Vorbemerkungen

Handlungen der staatlichen Gewalten können, wie dargelegt, formell oder materiell grundrechtswidrig sein, wenn sie zu faktischen Beeinträchtigungen der im Grundrechtskatalog genannten Gewährleistungsbereiche führen. Damit stellt sich die Frage nach den Rechtsfolgen solcher Grundrechtswidrigkeit.

---

[260] Immerhin ist inzwischen das böse, aber wohl zutreffende Wort von der „leeren Worthülse" gefallen, vgl. *Egon Schneider*, NJW 67, 1750 (1754).
[261] Im einzelnen hierzu unten §§ 36 ff.
[262] Einzelheiten hierzu unten § 39.

B. 3. Die Rechtsfolgen grundrechtswidriger Beeinträchtigungen

Die Begriffe Verfassungswidrigkeit, Rechtswidrigkeit oder Grundrechtswidrigkeit liefern für sich genommen keine bündige Antwort. Sie besagen nur, daß das von der entsprechenden Handlung betroffene Interesse unter dem Schutz der Verfassung bzw. der übrigen Rechtsordnung steht, aber nicht, worin dieser Schutz liegt[263].

Die Grundrechtswidrigkeit ist scharf von ihren Rechtsfolgen zu trennen. Auch die Verfassung reagiert in sehr differenzierten Formen auf Mißachtung ihrer Entscheidungen[264].

Beeinträchtigungsverbot, Beseitigungs- und Unterlassungsansprüche sowie der Anspruch auf Entschädigung sind die wichtigsten Bauformen der Rechtsordnung zum Schutze rechtlich anerkannter Interessen. Im folgenden soll nun der Frage nachgegangen werden, mit welchen Mitteln die Grundrechte des Grundgesetzes auf faktische Beeinträchtigungen reagieren.

§ 37 Das Beeinträchtigungsverbot

Wenn auch von der Entscheidung des Gesetzgebers, ein bestimmtes Interesse in Schutz zu nehmen, noch nicht auf die Art des Schutzes im einzelnen geschlossen werden darf, so steht doch eines fest: Die Entscheidung des Gesetzgebers enthält selbst die Forderung nach einem Minimum an Rechtsschutz. Es liegt in dem materiell-rechtlichen Gebot, Handlungen zu unterlassen, die das für schutzwürdig erklärte Interesse beeinträchtigen[265].

Daß ein solches Gebot für den gesamten Bereich der in den Grundrechten gewährleisteten Freiheiten gegenüber den staatlichen Gewalten gilt, ist heute eine verfassungsrechtliche Selbstverständlichkeit[266].

---

[263] Zur Trennung von Rechtsverletzung und den daraus resultierenden Rechtsfolgen vgl. *Bettermann*, Grundrechte, Bd. III 2. Halbbd., S. 779 (803 f.).

[264] Vgl. etwa Art. 9 Abs. 2: „Vereinigungen, ..., sind verboten; Art. 21 Abs. 2 S. 1: „Parteien, ..., sind verfassungswidrig"; Art. 26 Abs. 1: „Handlungen, ..., sind verfassungswidrig. Sie sind unter Strafe zu stellen."
Die Vernachlässigung des Unterschiedes zwischen verfassungsrechtlichem Unwert-Urteil und den Folgen dieses Urteils führt u. U. zu einer Verengung des gesetzgeberischen Gestaltungsraums. Es sei nur daran erinnert, daß, wenn man beides unkritisch miteinander vermengt, eine Wiederzulassung der KPD alter Prägung kaum ohne Änderung des Art. 21 Abs. 2 GG über die Bühne gehen könnte.

[265] Insoweit müßte mit einer materiellen öffentlich-rechtlichen Grundnorm noch vor der Grundnorm auf Wiedergutmachung im Sinne *Mengers*, Gedächtnisschrift für Walter Jellinek, 2. Aufl., S. 347 ff. (350); ders., Grundrechte, Bd. III 2. Halbbd., S. 717 (733), angesetzt werden.

[266] Das ist aber, wie die Vorstellung vom Grundrecht nach Maßgabe der Gesetze zeigt, keineswegs eine Denknotwendigkeit, sondern eine Sache der positiv-rechtlichen Ausgestaltung und des hierauf gerichteten politischen Wollens.

§ 38 Beseitigungs- und Unterlassungsansprüche

Ihre positiv-rechtliche Stütze findet sie in der Bindungsklausel des Art. 1 Abs. 3 GG.

Das Beeinträchtigungverbot gilt indessen nicht ausnahmslos. Das Grundgesetz selbst stellt speziellere Schutzformen zur Verfügung, die das Beeinträchtigungsverbot aufheben und den Beeinträchtigten auf andere Weise Schutz gewähren. Der Paradefall hierfür ist Art. 14 Abs. 3 S. 2 GG, die Verpflichtung, für Enteignungen Entschädigungen zu leisten[267].

Da das Eigentum des einzelnen dem Staat gegenüber gewährleistet ist, gilt, so weit sich die Gewährleistung der Sache nach erstreckt, an sich das Beeinträchtigungsverbot. Diese Schutzform wird jedoch in Lagen, in denen es das Wohl der Allgemeinheit erfordert, aufgehoben. An ihre Stelle tritt die Verpflichtung, den Betroffenen zu entschädigen. Es liegt ein Fall von verfassungsrechtlicher Surrogation der Rechtsschutzform vor[268].

§ 38 Beseitigungs- und Unterlassungsansprüche

Nahezu ebenso selbstverständlich wie das prinzipielle Beeinträchtigungsverbot folgt aus dem Grundrechtsteil der Verfassung, daß demjenigen, der dennoch durch die staatlichen Gewalten in seinen Rechten verletzt ist, ein materiell-rechtlicher Beseitigungsanspruch zusteht.

Grundrechte sind kraft Herkommens nicht lediglich Normen des objektiven Rechts. Sie besitzen einen individuellen Hebel, um die gemäß der Verfassung schutzwürdigen Individualinteressen in der Wirklichkeit staatlichen Lebens durchsetzbar zu machen. Daß diese Schutzform vom Grundgesetz angestrebt ist, folgt daraus, daß die im ersten Abschnitt geschützten Interessen des einzelnen pauschal als „Grundrechte" bezeichnet sind und nach Art. 1 Abs. 3 GG die „nachfolgenden

---

[267] Dasselbe gilt aber auch für Art. 15 S. 1 GG.
[268] Hierin hat es seinen Grund, wenn der „Störer" keine Enteignungsentschädigung bekommt; hierin findet aber auch die Einschränkung ihre Berechtigung, daß der „Störer" nicht schon, weil er „Störer" ist, sondern nur soweit seine Eigentumsnutzung „stört", ohne Entschädigung bleiben soll. Vgl. hierzu *Lerche*, Übermaß und Verfassungsrecht, S. 118 ff.; *Gallwas*, Der Mißbrauch von Grundrechten, S. 101.
Wegen dieser Surrogation von Verfassungs wegen geht auch das Argument von *Haas*, System der öffentlich-rechtlichen Entschädigungspflichten, S. 13, gegen die am Gleichheitssatz orientierte Enteignungsvorstellung des BGH, BGHZ 6, 270 (279 f.), fehl. Der Gleichheitssatz begründet eben kein ausnahmslos zwingendes Beeinträchtigungsverbot; die Verfassung kann den Betroffenen vielmehr auch, und zwar u. U. ausschließlich, durch die Normierung von Entschädigungsansprüchen schützen. So schon *Gallwas*, BayVerwBl 65, 40 (44 FN. 41).
Vgl. hierzu auch *Rausch*, DVBl 69, 167 (170), der Begriff der Enteignung sei als „Durchbrechung der Rechtsstellungsgarantie im Rahmen der grundrechtlichen Eigentumsgewährleistung" vorgegeben.

B. 3. Die Rechtsfolgen grundrechtswidriger Beeinträchtigungen

Grundrechte" die staatlichen Gewalten „als unmittelbar geltendes Recht" binden sollen. Das ist so zu verstehen, daß die Normen des Grundrechtsteils, sofern sich aus der Verfassung nichts anderes ergibt, als Grundrechte, also als materielle subjektive Rechte zu gelten haben[269]. Art. 19 Abs. 4 GG bestätigt dies, indem er den Grundrechten die erforderliche verfahrensrechtliche Durchschlagskraft verschafft.

Der vom Grundgesetz intendierte materiell-rechtliche Abwehranspruch soll den Freiheitsbereich sichern, den die Grundrechtsnormen dem einzelnen gewährleisten. Daher darf davon ausgegangen werden, daß, wenn nichts Abweichendes gilt, die Beseitigung jeder Beeinträchtigung der gewährleisteten Freiheit gefordert werden darf.

Im Normalfall wird es genügen, die beeinträchtigende staatliche Maßnahme aufheben zu lassen. Damit ist es jedoch nur getan, wenn Maßnahmen und Beeinträchtigung zusammenfallen, wenn sie identisch sind, also zumal bei imperativen Beeinträchtigungen.

Tangiert eine Handlung der staatlichen Gewalten den Freiheitsbereich des einzelnen in anderer Weise, handelt es sich also um faktische Beeinträchtigungen, dann richtet sich der Anspruch auf die Beseitigung der ausgelösten Beeinträchtigung.

Die Grundrechte schützen, so das bisherige Ergebnis, im Prinzip vor jeder Beeinträchtigung durch die staatlichen Gewalten. Eine Durchbrechung dieses Grundsatzes in bezug auf die faktischen Beeinträchtigungen insgesamt oder in bezug auf die eine oder andere Gruppe von

---

[269] Ebenso *BVerfG* Bd. 6, 386 (387); *Dürig*, Maunz-Dürig-Herzog, Art. 1 Abs. III, RdNr. 91 ff., S. 43 ff. Vgl. auch *v. Mangoldt-Klein*, Kommentar, Art. 1, Anm. V, S. 158 f.; *Wernicke*, Bonner Kommentar, Art. 1, Erl. 4, S. 5; *Konow*, Eigentumsschutz gegen Eingriffe der öffentlichen Hand, S. 24, *Weyreuther*, Gutachten, S. 84 mit weiteren Nachweisen. A. A. *Rupp*, DVBl 69, 221; vgl. auch *Rupp*, Grundfragen der heutigen Verwaltungsrechtslehre, S. 160 ff. Er vermißt dort eine tragfähige dogmatische Begründung dafür, daß Gesetzesverletzungen im Sinne von Statusverletzungen subjektive Reaktionsansprüche auslösen, und meint, der gebotene Nachweis könne nur nach Art der Glossatoren aus der nach geltendem Recht bestehenden Möglichkeit einer Anfechtungsklage erbracht werden; diese sei das einzig tragfähige Indiz, daß es bei Statusverletzungen materiell-rechtliche Reaktionsansprüche geben müsse, a.a.O., S. 173 f. Um den naheliegenden Einwand, daß es womöglich Individualklagen ohne entsprechende materielle Individualrechte gebe, zu entgehen, verweist er (a.a.O., S. 175) auf die heutige Verfassungslage sowie auf folgende Erwägung: Wenn es richtig sei, daß das objektive Gesetzmäßigkeitsprinzip in bestimmten Fällen zugleich einen personalen Status des einzelnen begründet, dann erscheine es nicht mehr schlüssig in einer verwaltungsrechtlichen Klage des einzelnen, die nur aus der Verletzung derartiger Individualstatus entspringen kann, lediglich eine Beanstandungsklage i. S. der Konzeption Rudolf von Gneists zu erblicken. Diese Erwägungen sind ihrerseits nur stichhaltig, wenn man den „status" als solchen nicht völlig reaktionslos versteht. Man muß also letztlich doch auf die den „status" begründende Norm zurückgreifen, denn sie ist in erster Linie indiziell für etwaige Reaktionsansprüche. Tut man dies bei den Grundrechtsnormen, dann ist allemal mehr zu erkennen als nur ein „status".

ihnen läßt sich aus dem positiven Recht nicht belegen. Sie würde dazu führen, daß die Primärfunktion der Grundrechte, den geschützten und umgrenzten Bereich individueller Freiheit durch materiell-rechtliche Ansprüche des Grundrechtsträgers zu sichern, partiell „leerliefe"[270]. Die Grundrechte gewinnen, versteht man sie in dieser Weise, die Funktion einer allgemeinen „actio negatoria" des öffentlichen Rechts[271], was vor allem für die materiell-rechtliche Absicherung des sogenannten Folgenbeseitigungsanspruches[272] von Bedeutung sein dürfte[273].

---

[270] So für den Fall, daß Immissionen der hoheitlich handelnden Verwaltung die gewährleistete Freiheit beeinträchtigen, bereits *Martens*, Hamburger Festschrift für Friedrich Schack, 1966, S. 85 (94 f.); ders., DVBl 68, 150.

[271] Zu dieser Funktion der Grundrechte vgl. schon *Menger*, System des verwaltungsgerichtlichen Rechtsschutzes, S. 118 ff.

[272] Vgl. hierzu die Darstellungen bei *Bettermann*, DÖV 55, 528 ff.; *Lerche*, Übermaß und Verfassungsrecht, S. 168 ff.; *Heidenhain*, Amtshaftung und Entschädigung aus enteignungsgleichem Eingriff, S. 123 ff.; ders., JZ 68, 487 (491 ff.); sowie *Rupp*, Grundfragen der heutigen Verwaltungsrechtslehre, S. 259 ff.; *Schleeh*, AöR 92, 58 ff.; *Bender*, DÖV 68, 156 (161 ff.); *Rüfner*, DVBl 67, 186 ff.; ders., BB 68, 881 ff.; *Spanner*, DVBl 68, 618 ff.; *W. Schmidt*, JuS 69, 166 ff. Der Versuch, den Folgenbeseitigungsanspruch mit dem Freiheitsschutz in Beziehung zu bringen, findet sich schon bei *Bachof*, Die verwaltungsgerichtliche Klage auf Vornahme einer Amtshandlung, S. 129 f., allerdings mit der Einschränkung, daß nur der unmittelbare Schaden, nicht dagegen mittelbare Schäden und ungewollte Folgen zu beseitigen seien, a.a.O., S. 130 ff. Diese Differenzierung ist aber mit dem Freiheitsgedanken und der umfassenden Gewährleistung der Freiheit eben nicht, mindestens nicht ohne weiteres vereinbar. Es wäre Sache des Gesetzgebers, im Rahmen der Grundrechtsvorbehalte zu bestimmen, wann und in welchem Umfang individuelle Freiheitsinteressen dem Interesse der Allgemeinheit zu weichen haben. Vgl. neuerdings *Rösslein*, Der Folgenbeseitigungsanspruch; auch er versucht, den Folgenbeseitigungsanspruch aus dem verfassungsrechtlichen Unterlassungs- und Beseitigungsanspruch der Grundrechte abzuleiten (a.a.O., S. 65 ff.; S. 80 ff.). Bemerkenswert ist allerdings, daß er den Beseitigungsanspruch einmal „auf Beeinträchtigungen, die der Verwaltungsakt angeordnet hat" beschränkt wissen will und mittelbare Schäden ausnimmt, „da sie jenseits der eigentlichen Statusverletzung lägen", daß er aber andererseits fordert, es müßten auch Beeinträchtigungen rückgängig gemacht werden, bei denen der Hoheitsträger „jemanden durch tatsächliche Beeinträchtigungen in seinem Freiheitsstatus" verletzt habe (a.a.O., S. 80 f.). Eingehender *Weyreuther*, Gutachten, S. 83 ff., der Folgenbeseitigungsanspruch sei im Kern nichts anderes als ein umgewandelter, der geschehenen Rechtsverletzung angepaßter Unterlassungsanspruch, der aus dem Freiheitsgrundrecht folge (a.a.O., S. 85).

Speziell zur „actio negatoria" des öffentlichen Rechts vgl. *Bettermann*, a.a.O., S. 534 ff.; ders., MDR 57, 130 (131); ders., Grundrechte, Bd. III 2. Halbbd., S. 779 (804); *Scheuner*, DÖV 55, 545 (549 f.); *Menger*, Gedächtnisschrift für Walter Jellinek, 2. Aufl., S. 347 (351); *Heidenhain*, a.a.O., S. 135 ff.; *Ule, Fittschen*, JZ 65, 315; *Rupp*, a.a.O., S. 253 ff.; *Schleeh*, a.a.O., S. 68 ff.; *Rüfner*, BB 68, 881 ff.

[273] Daß in dieser Hinsicht durch das Denken in „Eingriffs"-Kategorien manche Einsicht verbaut wurde, stellt bereits *Schleeh*, a.a.O., S. 76 f., fest; vgl. hierzu auch *Weyreuther*, Gutachten, S. 51, 65 f.

B. 3. Die Rechtsfolgen grundrechtswidriger Beeinträchtigungen

Der materiell-rechtliche Anspruch auf Beseitigung grundrechtswidriger Beeinträchtigungen überlagert und verdeckt einen anderen materiell-rechtlichen Anspruch.

Nimmt man, wie dies Art. 1 Abs. 3 GG vorschreibt, das Grundrecht als materielles subjektives öffentliches Recht auf Freiheit, das alle staatlichen Gewalten unmittelbar bindet, dann kann man den materiell-rechtlichen Schutz der Grundrechte nicht auf die Beseitigung einmal eingetretener Freiheitsbeeinträchtigungen beschränken.

Vielmehr muß man anerkennen, daß jedem Grundrechtsträger gegenüber den staatlichen Gewalten ein materiell-rechtlicher Anspruch auf Beachtung der in den Grundrechten normierten Beeinträchtigungsverbote zusteht.

Es wäre mit der positiv-rechtlichen Ausgestaltung der Grundrechte im Grundrechtskatalog des Grundgesetzes unvereinbar, wollte man annehmen, ein Hoheitsträger, der eine grundrechtswidrige Maßnahme vorbereitet, könne die materiell-rechtliche Rüge eines potentiell Beeinträchtigten mit dem Einwand abwehren, es dürfe erst gerügt werden, wenn „etwas passiert" sei. Materiell-rechtlich steht dem Grundrechtsträger daher auch ein Anspruch auf Unterlassung grundrechtswidriger Beeinträchtigungen zur Verfügung[274].

Freilich darf der Gesetzgeber, und hierin liegt der Grund für die Überlagerung, dem materiell-rechtlichen Beseitigungsanspruch im Verhältnis zum materiell-rechtlichen Unterlassungsanspruch einen prozessualen Vorrang einräumen, indem er den verfahrensrechtlichen Rechtsschutz auf die Beseitigungsklage konzentriert. Die Befugnis hierzu dürfte sich aus der allgemeinen Ermächtigung ergeben, den in Art. 19 Abs. 4 GG garantierten Rechtsweg konkretisierend zu gestalten. Die sachliche Rechtfertigung einer solchen Regelung folgt aus der

---

[274] Ebenso schon *Neumann*, Gedächtnisschrift für Walter Jellinek, 2. Aufl., S. 391 (403 f.); ihm folgend *Bettermann*, DÖV 55, 528 (535 FN. 21); *Ringe*, DVBl 58, 378 (380 f.); *Ruckdäschel*, DÖV 61, 675 (679, 682). *Weyreuther*, Gutachten, S. 84 mit Nachweisen, vgl. auch *Schnapp*, DVBl 69, 596 (598).

Gegen Weyreuther wendet sich *Rupp*, DVBl 69, 221; sein Argument, bisher habe noch niemand die Freiheitsrechte ernsthaft als subjektionsrechtliche Unterlassungsansprüche gegenüber drohenden Rechtsverletzungen interpretiert, besagt nicht sehr viel. Der Grund dafür ist wohl darin zu sehen, daß man bisher die Grundrechte ausschließlich als Abwehrrechte gegen hoheitliche Regelungen verstand und diese mit der rechtsstaatlichen Vermutung der Rechtmäßigkeit ausgestattet sind; der Unterlassungsanspruch ist also insoweit blockiert. Dennoch bleibt der dogmatische Ansatz richtig, daß ein von der Rechtsordnung eingeräumter Beseitigungsanspruch Surrogat für einen aus tatsächlichen oder rechtlichen Gründen ausgeschlossener Unterlassungsanspruch sein kann. Damit ist freilich nicht gesagt, daß Beseitigungsansprüche von der Rechtsordnung immer nur als Ersatz für einen untauglichen Unterlassungsanspruch eingeräumt werden.

Der materiell-rechtliche Ansatz für die vorbeugende Unterlassungsklage wird am augenfälligsten verfehlt von *Hoffmann*, BayVerwBl 62, 72 ff. und 101 ff.

§ 38 Beseitigungs- und Unterlassungsansprüche

inneren Beziehung zwischen Unterlassungs- und Beseitigungsanspruch, zumal aus der Tatsache, daß mit dem Eintritt der Beeinträchtigung der Unterlassungsanspruch gegenstandslos wird und an seine Stelle der Beseitigungsanspruch zu treten hat.

Reicht jedoch die Beseitigungsklage nicht aus, um den Schutz der gewährleisteten Freiheit prozessual sicherzustellen, handelt es sich also um Beeinträchtigungen, die mit dem materiell-rechtlichen Beseitigungsanspruch und der Beseitigungsklage nicht mehr in den Griff zu bekommen sind, wohl aber, bevor sie eintreten, dem materiell-rechtlichen Unterlassungsanspruch unterliegen, dann gewinnt dieser Anspruch eigenes auch prozessuales Gewicht. Dem muß das positive Prozeßrecht Rechnung tragen. Da nach Art. 19 Abs. 4 GG gegen alle Grundrechtsverletzungen der Weg zu den Gerichten eröffnet ist, hat das Prozeßrecht mindestens für solche Fälle, in denen Grundrechtsverletzungen einzig und allein mit Hilfe der materiell-rechtlichen Unterlassungsansprüche wirksam bekämpft werden können, auch eine Unterlassungsklage bereitzustellen[275].

Für die materiell-rechtlichen Beseitigungs- und Unterlassungsansprüche gilt die gleiche Einschränkung, die zuvor für das Beeinträchtigungsverbot gemacht wurde. Allesamt stehen sie unter dem Vorbehalt spezieller verfassungsrechtlicher Schutzformen. Das in Art. 14 Abs. 3 S. 2 und in Art. 15 S. 1 GG niedergelegte Gebot des „dulde und liquidiere!" blockiert unter den jeweils normierten Voraussetzungen sowohl das an die staatlichen Gewalten gerichtete Gebot, das an sich gewährleistete Eigentum auch im konkreten Fall zu achten, als auch die Ansprüche des Grundrechtsträgers auf Unterlassung bzw. auf Beseitigung einzelner Beeinträchtigungen. Es sichert den einzelnen statt dessen durch einen Anspruch auf Entschädigung.

Darüber hinaus wird man dem betroffenen Grundrechtsträger den materiell-rechtlichen Anspruch auf Unterlassung und Beseitigung grundrechtswidriger Beeinträchtigungen auch dann versagen müssen, wenn sich die Ausübung dieser Rechte im konkreten Fall als mißbräuchlich erweisen sollte[276].

---

[275] So *Naumann*, a.a.O., S. 403 ff.; *Menger*, VerwArch 1958, 272 (279 f.); *Bachof*, Verfassungsrecht, Verwaltungsrecht, Verfahrensrecht, Bd. II, S. 140 f. (Nr. 139), auf BVerwG Bd. 14, 323 (328) hinweisend; *Rupp*, DVBl 58, 113 (118 f.); *Ruckdäschel*, DÖV 61, 675 (682). Vgl. auch *Ringe*, DVBl 58, 378 ff., er differenziert danach, ob sich die Unterlassungsklage gegen einen Verwaltungsakt oder gegen sonstiges Verwaltungshandeln richtet; im ersten Fall sei sie ausgeschlossen, weil das Recht zum Erlaß von Verwaltungsakten im Rahmen der Verbindlichkeit ein den Grundrechten „übergeordnetes Gut" sei. Diese Unterscheidung ist angesichts des Art. 19 Abs. 4 GG nicht zu halten.
Weitere Nachweise zur Unterlassungsklage bei *Schunck-De Clerck*, Verwaltungsgerichtsordnung, 2. Aufl., § 42, Erl. 4 f., S. 238.

[276] Wann dies der Fall ist, braucht hier nicht im einzelnen dargestellt zu werden. Es sei auf den Versuch einer allgemeinen Definition des Grund-

B. 3. Die Rechtsfolgen grundrechtswidriger Beeinträchtigungen

§ 39 Der verfassungsrechtliche Anspruch auf Entschädigung

Nicht jede grundrechtswidrige Beeinträchtigung löst materiell-rechtlich einen Entschädigungsanspruch des Betroffenen aus[277].

Die positiv-rechtliche Ausstattung der Grundrechte im Grundgesetz läßt nicht darauf schließen, daß dem Beeinträchtigten neben dem Beseitigungs- bzw. Unterlassungsanspruch auch noch der Anspruch zusteht, den Staat zur Kasse zu bitten. Kein Satz des positiven Rechts begründet die Befugnis, zwischen Beseitigung und Entschädigung einer grundrechtswidrigen Beeinträchtigung frei zu wählen[278].

Die Vorstellung, daß prinzipiell jede Verletzung eines in den Grundrechten gewährleisteten Individualinteresses einen Abwehranspruch des Betroffenen nach sich ziehen muß[279], vermag zwar einen Unterlassungsanspruch, einen Beseitigungsanspruch oder einen Entschädigungsanspruch, aber kein Wahlrecht zwischen diesen Ansprüchen zu begründen.

Ein Nebeneinander von Entschädigungsanspruch und Beseitigungsanspruch wäre eine zusätzliche materiell-rechtliche Rechtsschutzform. Sie bedarf daher besonderer verfassungsrechtlicher Begründung. Das Grundgesetz gibt sie nicht. Es spricht eher dagegen. Denn vor dem Hintergrund einer auf alle Grundrechte anzuwendenden Entschädigungspflicht wären die speziellen Forderungen, den von Enteignung

---

rechtsmißbrauchs bei *Gallwas*, Der Mißbrauch von Grundrechten, S. 34 ff., verwiesen.
Auch *Bachof* zieht in diesem Zusammenhang den Mißbrauchsgedanken heran, vgl. Die verwaltungsgerichtliche Klage auf Vornahme einer Amtshandlung, S. 130. Ähnlich auch *Martens*, Hamburger Festschrift für Friedrich Schack, 1966, S. 85 (95), die Lahmlegung des gesetzlich gedeckten ordnungsgemäßen Verwaltungsbetriebs bilde eine Barriere für den Beseitigungsanspruch aus Art. 14 Abs. 1 GG.
[277] Es sei denn, man glaubte mit *Leisner*, VVDStRL Heft 20, 185 (233), an die These: „Illegalität ersetzt Verschulden" oder folgt der Ansicht *Konows*, JR 67, 246 ff., es sei das Mindeste, daß in den Fällen rechtswidriger Grundrechtsverletzung die betroffenen Bürger so gestellt werden, als wenn der rechtswidrige Eingriff unterblieben wäre. Wie hier, speziell im Hinblick auf Verstöße gegen den Gleichheitssatz des Art. 3 Abs. 1 GG, *Scheuner*, DÖV 54, 587 (591); vgl. auch *Rüfner*, BB 68, 881 (882 f.).
[278] In der Rechtswirklichkeit sieht es freilich anders aus. Durch die Ausweitung der Entschädigungspflicht aufgrund des Gesichtspunkts des enteignungsgleichen Eingriffs einerseits und durch die verwaltungsgerichtliche Generalklausel andererseits wurden zwei Individual-Rechtsschutz-Systeme perfektioniert. Das System: „dulde und liquidiere" und das System „fechte an und lasse aufheben". Schaltet man nun, wie es geläufig ist, beide Systeme unreflektiert hintereinander, so ergibt sich in der Tat das Wahlrecht: „fechte an und lasse aufheben" oder „dulde und liquidiere". Die Folge ist, daß das System der öffentlich-rechtlichen Haftung buchstäblich in heillose Verwirrung gerät. Um das Knäuel an Überschneidungen zu lösen, muß man die materiell-rechtlichen Rechtsschutzformen aufeinander abstimmen; vgl. hierzu auch *Weyreuther*, Gutachten, S. 150 ff. mit Nachweisen.
[279] Vgl. oben § 38.

oder Sozialisierung Betroffenen eine Entschädigung zu gewähren (Art. 14 Abs. 3, Art. 15 S. 1 GG), wenig sinnvoll.

Das ist etwas anderes, wenn es sich um Beeinträchtigungen der gewährleisteten Freiheit handelt, für die einzig und allein ein Ausgleich durch Entschädigung in Betracht kommt. Hier liegt in der Tat die Erwägung nahe, den materiell-rechtlichen Rechtsschutz, den die Grundrechte gewährleisten, zu einem Entschädigungsanspruch zu verdichten[280].

Die Annahme, daß das jeweils betroffene Grundrecht selbst, wo immer die Beseitigung einer grundrechtswidrigen Beeinträchtigung unmöglich ist, die Rechtsgrundlage für einen Entschädigungsanspruch liefert, ist jedoch noch zu pauschal. Sie läßt möglichen und auch nötigen Differenzierungen keinen zureichenden Raum.

Die Unmöglichkeit, eine grundrechtswidrige Beeinträchtigung zu beseitigen, hat viele Arten und die verschiedensten Ursachen. Es kann eine rechtliche oder tatsächliche, eine anfängliche oder nachfolgende Unmöglichkeit sein. Sie kann ihre Ursache in der Sphäre der staatlichen Gewalten, in der Sphäre des Betroffenen, aber auch in der Sphäre Dritter haben. Sie mag von der einen oder anderen Seite verschuldet[281] oder zufällig sein.

Die verschiedenen Fälle lassen sich rechtlich nicht über einen Kamm scheren. Eine Unmöglichkeit, die erst nachträglich eingetreten ist, weil der Betroffene alle Beseitigungschancen ungenutzt verstreichen ließ, hat nicht dasselbe rechtliche Gewicht wie eine anfängliche, bei der der Staat von vornherein jede Beseitigung vereitelte. Vom Tatsächlichen her öffnet sich hier ein weiter Raum für mögliche rechtliche Differenzierungen.

Die Entschädigungsvorschriften in Art. 14 Abs. 3 und in Art. 15 Abs. 1 GG haben nicht den Sinn, diesen Bereich von Verfassungs wegen restlos auszuformen und anderen Gestaltungen gänzlich zu verschließen. Die offenkundige Punktualität dieser Vorschriften sowie die Existenz des Art. 34 GG machen dies unbezweifelbar. Man kann kaum davon ausgehen, daß die lapidaren und speziell an die Rechtsfigur der Enteignung anknüpfenden Entschädigungsnormen das ausgefächerte öffentlich-rechtliche Haftungssystem im Schutzbereich der Eigentumsgewährleistung völlig einebnen sollten. Mit gutem Grund könnte man demnächst argumentieren, was bei Vermögensschäden

---

[280] Vgl. hierzu etwa den von *Menger*, Gedächtnisschrift für Walter Jellinek, 2. Aufl., S. 347 (354 ff.), auf die Restitutions-Grundnorm bezogenen „Quasiaufopferungsanspruch"; *Franke*, VerwArch Bd. 57 (1966), 357 (366); *Weyreuther*, Gutachten, S. 139 ff.

[281] Daß dieser Gesichtspunkt für die Entschädigungsfrage nicht unerheblich ist, zeigt § 839 Abs. 3 BGB.

recht, sei im selben Umfang bei Körperschäden billig[282]. Nahezu völliger Leerlauf des Art. 34 GG wäre dann die Folge.

Dennoch sind die Entschädigungsvorschriften in Art. 14 Abs. 3 und Art. 15 S. 1 GG richtungweisend. Sie basieren nämlich auf einem bestimmten rechtlichen Gesichtspunkt. Dieser bildet kraft seines Ranges als Aussage des Verfassungrechts das materiell-rechtliche Zentrum des gesamten staatlichen Entschädigungsrechts. Er gibt diesem Impuls und Maß.

Das Grundgesetz erlaubt dem Gesetzgeber in Art. 14 Abs. 3 und Art. 15 S. 1, die Barriere zu überspringen, die es ihm in Art. 14 Abs. 1 aufgerichtet hat.

Das an sich gewährleistete Eigentum muß sich dann dem Wohl der Allgemeinheit nachhaltiger fügen, als es die allgemeinen Bestimmungen über Inhalt und Schranken der Gewährleistung zulassen[283]. Auf diese Weise gewinnt der Gesetzgeber die Befugnis, das mit der Grundrechtsgarantie verbundene Beeinträchtigungsverbot zu überwinden. Er braucht insoweit auch nicht mit Unterlassungs- bzw. Beseitigungsansprüchen des Betroffenen zu rechnen. Der Preis für den Machtzuwachs ist die Pflicht zur Entschädigung.

Wo der Gesetzgeber das Eigentum nicht generell beschränken will oder nicht generell beschränken darf, etwa weil eine Beschränkung über die jeweils zulässige Inhalts- und Schrankenbestimmung hinausginge — wo demnach der einzelne an sich, und zwar auch gegenüber dem Gesetzgeber, im Schutze des Grundrechts steht —, dort darf die Legislative immerhin das an alle staatlichen Gewalten gerichtete, grundrechtliche Beeinträchtigungsverbot samt den zugehörigen Unterlassungs- und Beseitigungsansprüchen partiell, im Hinblick auf besondere Fälle, kassieren, wenn das Wohl der Allgemeinheit dies erfordert. Aber er darf die an sich bestehenden, materiell-rechtlichen Rechtsschutzformen nicht ersatzlos streichen. Der grundrechtliche Abwehranspruch der Betroffenen verwandelt sich in einen Entschädigungsanspruch[284].

---

[282] Der Anfang hierzu ist gemacht, vgl. die Rechtsprechung des *BGH* zu Impfschäden, zumal BGHZ 9. 83 (88 ff.), danach könne bei der Entschädigungspflicht zwischen Eingriffen in Eigentum und sonstige vermögenswerte Rechte einerseits und solchen in Leben und Gesundheit andererseits ein Unterschied zuungunsten der letzten nicht gemacht werden; Leben und Gesundheit ständen in ihrer Schutzwürdigkeit nicht hinter den vermögenswerten Rechten zurück; die Verankerung als Grundrechte unterstreiche die Schutzwürdigkeit jener Lebensgüter usw.

[283] *Bettermann*, Grundrechte. Bd. III 2. Halbbd., S. 779 (861 f.), spricht in diesem Zusammenhang von „Übergriffen in den verbliebenen Macht-, Freiheits- und Rechtsbereich".

[284] Zutreffenderweise erblickt man darin einen Anwendungsfall des Prinzips: „dulde und liquidiere". Aber man übersieht eine wesentliche Voraussetzung des Liquidierens, nämlich das Dulden-Müssen. Vgl. hierzu auch *Weyreuther*, Gutachten, S. 173 f.

§ 39 Der verfassungsrechtliche Anspruch auf Entschädigung

Der verfassungsrechtliche Anspruch auf Entschädigung von Eigentumsbeeinträchtigungen hängt also von folgenden Voraussetzungen ab:
1. Es muß sich um einen Gegenstand (Sache oder Recht) handeln, für den der Träger den Schutz des Art. 14 Abs. 1 GG genießt.
2. Das Haben oder Nutzen dieses Gegenstandes muß durch eine Handlung der staatlichen Gewalten beeinträchtigt worden sein.
3. Der Gesetzgeber muß das Beeinträchtigungsverbot sowie den Unterlassungs- bzw. Beseitigungsanspruch des Betroffenen zum Wohle der Allgemeinheit partiell, d. h. mit Wirkung gegenüber dem Betroffenen aufgehoben haben.

Damit zeichnet sich der tragende Gesichtspunkt für die verfassungsrechtliche Entschädigungsregelung ab. Er liegt in der Erwägung, daß der Entschädigungsanspruch den unter bestimmten Voraussetzungen zulässigen Entzug der anderen materiell-rechtlichen Rechtsschutzformen (Beeinträchtigungsverbot, Unterlassungs- und Beseitigungsanspruch) der Eigentumsgewährleistung kompensieren soll.

Der Kompensationsgedanke als tragender Grund der verfassungsrechtlichen Pflicht zur Entschädigung wird in der Enteignungsdiskussion fast durchwegs übergangen. Indessen ist nicht zu übersehen, daß er in den verschiedenen Enteignungslehren mitschwingt. Versucht man nämlich „die Sonderopferlage", „die Unzumutbarkeit", „die Schutzwürdigkeit des Betroffenen", „die Einzelaktsqualität" usw. zur Begründung einer Enteignungssituation heranzuziehen, so bleibt offen, nach welchem Kriterium der Inhalt dieser Formeln zu bestimmen ist. Gestalt gewinnen sie erst, wenn man sie zum Verlust des durch das Grundrecht an sich gewährten Beseitigungsanspruchs in Beziehung setzt, wenn man z. B. die Sonderopferlage darin sieht, daß dem Betroffenen der durch die Verfassung im allgemeinen gewährte Beseitigungsanspruch zum Schutz spezieller vermögenswerter Rechtspositionen durch Hoheitsakt entzogen wird[285].

Dieser verfassungsrechtliche Gesichtspunkt hat seinen positiv-rechtlichen Niederschlag zwar nur in Art. 14 Abs. 3, Art. 15 S. 1 GG gefunden, gilt aber auch für andere Bereiche grundrechtlicher Gewährleistungen. Dieser Standort ist historisch durch die spezifische Gefährdungssituation des Eigentums begründet. Er darf nicht als Ausschließlichkeitsindiz gewertet werden. Es wäre in der Tat nicht einzusehen, warum das Recht auf Leben und körperliche Unversehrtheit (Art. 2 Abs. 2 S. 1 GG) in dieser Beziehung geringeren Schutz bieten sollte als die Gewährleistung des Eigentums[286].

---
[285] Aus diesem Grund kann auch der von *Rudolf Schneider*, VerwArch Bd. 58 (1967), 301 (331), gebotenen Enteignungsdefinition nicht gefolgt werden; dasselbe gilt für den Begriff der Enteignung im weiteren Sinn, den *Kreft*, Aufopferung und Enteignung, S. 33, vorschlägt.
[286] Im Ergebnis ebenso schon *Bettermann*, Grundrechte Bd. III 2. Halbbd., S. 779 (864); vgl. auch BGHZ 9, 83 (88 ff.).

B. 3. Die Rechtsfolgen grundrechtswidriger Beeinträchtigungen

Der Gesichtspunkt, daß immer und nur der Entzug des Beseitigungsanspruches die verfassungsrechtliche Entschädigungspflicht auslöst, dient zugleich als fixe Größe für die Ermittlung weiterer Lagen, in denen der grundrechtswidrig Beeinträchtigte von Verfassungs wegen zu entschädigen ist.

Es wurde bereits gesagt, daß ein verfassungsrechtlicher Entschädigungsanspruch allenfalls dann in Frage kommen kann, wenn und soweit die Beseitigung der grundrechtswidrigen Beeinträchtigung unmöglich ist. Welche Fälle der Unmöglichkeit die Entschädigungspflicht auslösen, war noch offen geblieben.

Vom Normalfall der Enteignung ausgehend läßt sich nunmehr folgendes Grundprinzip aufstellen: Der Entzug des Beseitigungsanspruchs durch den Gesetzgeber begründet verfassungsrechtlich einen Entschädigungsanspruch des grundrechtswidrig Beeinträchtigten. Dasselbe hat zu gelten, wenn die staatlichen Gewalten in vergleichbarer Weise bewirken, daß der prinzipielle Abwehranspruch eines grundrechtswidrig Beeinträchtigten seine Realisierbarkeit verliert.

Für die Frage, in welchen Fällen der Unmöglichkeit, eine grundrechtswidrige Beeinträchtigung zu beseitigen, dem Betroffenen ein verfassungsrechtlicher Entschädigungsanspruch zusteht, läßt sich auf Grund dessen ein System skizzieren:

1. Anfängliche, rechtliche Unmöglichkeit, Beseitigung einer grundrechtswidrigen Beeinträchtigung zu verlangen. Hierher gehört der klassische Fall der Enteignung, bei dem dem Betroffenen, schon bevor gegen ihn vorgegangen wird, der Beseitigungsanspruch entzogen ist.

2. Nachträgliche, rechtliche (d. h. durch speziellen Hoheitsakt herbeigeführte) Unmöglichkeit, Beseitigung einer grundrechtswidrigen Beeinträchtigung zu verlangen. Das ist der Fall, in dem der Gesetzgeber dem Betroffenen, nachdem die Beeinträchtigung eingetreten ist, einen an sich rechtlich und tatsächlich noch realisierbaren Beseitigungsanspruch entzieht. Diese Lage ist dem Ausgangsfall im wesentlichen vergleichbar und begründet daher die Entschädigungspflicht.

3. Anfängliche, tatsächliche Unmöglichkeit der Beseitigung einer grundrechtswidrigen Beeinträchtigung. Auch wenn die staatlichen Gewalten durch eine Maßnahme zum Wohle der Allgemeinheit grundrechtswidrige Beeinträchtigungen auslösen, die sich, sobald sie eingetreten, nicht mehr aus der Welt schaffen lassen, besteht eine Vergleichbarkeit im wesentlichen mit der Normallage der Enteignung. Hier wie dort ist dem Betroffenen von Anfang an durch staatliches Handeln zum Wohle der Allgemeinheit die Möglichkeit genommen, die auftretenden Beeinträchtigungen abzuwehren.

§ 39 Der verfassungsrechtliche Anspruch auf Entschädigung

Zu dieser Gruppe dürften zumal die meisten Fälle zu zählen sein, in denen der BGH aus dem Gesichtspunkt des „enteignungsgleichen Eingriffs" Entschädigung gewährte. Allerdings ist von unserem Ausgangspunkt her eine Einschränkung zu machen. Steht nämlich dem Betroffenen gegen den staatlichen Akt, ein realisierbarer Anspruch auf Beseitigung oder mindestens auf Abänderung zu seinen Gunsten zu, dann ist ein verfassungsrechtlicher Entschädigungsanspruch insoweit nicht gegeben[287].

4. Nachträgliche, tatsächliche Unmöglichkeit der Beseitigung grundrechtswidriger Beeinträchtigungen. In solchen Lagen ist ein verfassungsrechtlicher Entschädigungsanspruch in der Regel nicht gegeben, weil dem Betroffenen im Gegensatz zur Ausgangslage zunächst ein Beseitigungsanspruch zusteht.

Allenfalls in Ausnahmefällen, wenn auf Grund besonderer Umstände, die außerhalb des Machtbereichs des Betroffenen liegen, der Beseitigungsanspruch seine Realisierbarkeit verloren hat oder wenn ihm der Weg zur Realisierung im konkreten Fall nicht zugemutet werden darf, könnte ein verfassungsrechtlicher Entschädigungsanspruch eingreifen.

5. Im übrigen, also stets wenn sich der Betroffene eines realisierbaren Beseitigungsanspruches aus Gründen, die ihm zuzurechnen sind[288], nicht bedient hat, kann er für grundrechtswidrige Beeinträchtigungen mindestens von Verfassungs wegen keine Entschädigung verlangen[289]. Exakt da endet die Analogiefähigkeit des Entschädigungsmodells, das in Art. 14 Abs. 3 GG vorgezeichnet ist[290]. Was

---

[287] Aus diesem Aspekt erscheint auch die Ausdehnung der Entschädigungspflicht auf die „rechtmäßigen enteignungsgleichen Eingriffe" gerechtfertigt, vgl. speziell hierzu schon *Schack*, JZ 60, 625 (626). Es wäre durchaus reizvoll, die einzelnen Entscheidungen des BGH unter dem Kompensations-Gesichtspunkt durchzumustern. An dieser Stelle würde es den Rahmen sprengen.

[288] Hierdurch wird auch wieder die Konkordanz zu § 839 Abs. 3 BGB hergestellt. Es kann doch einfach nicht richtig sein, daß dasjenige, was über diese Konkretisierung des Mitverschuldensgedankens im Zusammenhang mit § 839 BGB, Art. 34 GG dem Geschädigten versagt wird, über denn Gesichtspunkt des „eingriffsgleichen Eingriffs" wieder zu gewähren ist. Im übrigen sei auch auf die Lage bei „Enteignungen" durch rechtswidrigen Verwaltungsakt hingewiesen. Unterläßt der Betroffene die Anfechtung, dann tritt immerhin die Bestandskraft ein. Daß die Zivilgerichte in diesen Fällen dennoch die Frage der Rechtmäßigkeit des Eingriffs prüfen, und u. U. aus dem Gesichtspunkt des „enteignungsgleichen Eingriffs" Entschädigung gewähren, beruht wohl auf der überkommenen Vorstellung des „dulde und liquidiere", obwohl indessen, eben wegen Art. 19 Abs. 4 GG, der Satz seinen Inhalt gewandelt hat.

[289] So bereits *Scheuner*, Jus 61, 243 (250); ebenso *Weyreuther*, Gutachten, S. 174.

[290] Vgl. hierzu *Heidenhain*, Amtshaftung und Entschädigung aus enteignungsgleichem Eingriff, S. 101 ff.

darüber hinausgeht, also jede zum Beseitigungsanspruch hinzutretende, zusätzliche materiell-rechtliche Sicherung des Betroffenen, bedarf besonderer gesetzlicher Begründung. Es gilt demnach kraft Verfassung das Prinzip: Beseitigung geht vor Entschädigung; Ausnahmen bedürfen besonderer Regelung.

Hierin liegt ein nicht zu unterschätzender, finanzieller Effekt zugunsten der Haushalte des Staates und damit zugunsten der Allgemeinheit[291].

Sofern dem Bürger kraft seines Grundrechts ein realisierbarer Beseitigungsanspruch zur Verfügung steht, kann er für grundrechtswidrige Beeinträchtigungen nur dann Entschädigung verlangen, wenn ihm das materielle Recht unterhalb der Verfassung einen Anspruch gewährt.

---

[291] Dieser Effekt, und wohl nicht nur der Gedanke des Mitverschuldens, dürfte das gesetzgeberische Motiv des § 839 Abs. 3 BGB sein.

DRITTER HAUPTTEIL

Die Rüge der Rechtswidrigkeiten faktischer Beeinträchtigungen im Verfahren vor den Verwaltungsgerichten und vor dem Bundesverfassungsgericht

Erster Abschnitt

Die Rügemöglichkeit im verwaltungsgerichtlichen Verfahren

§ 40 Die Bedeutung der Rechtsweggarantie des Art. 19 Abs. 4 GG für faktische Grundrechtbeeinträchtigungen

Die These, daß die Grundrechte prinzipiell auch vor faktischen Beeinträchtigungen schützen, besagt noch nichts für die verfahrensrechtliche Realisierung dieser materiell-rechtlichen Schutzfunktion.

Man könnte daran denken, daß sich hier ein Bereich grundrechtlicher Gewährleistung auftut, der zwar im Hinblick auf Art. 1 Abs. 3 GG alle staatlichen Gewalten unmittelbar bindet, bei dem aber dem Betroffenen keine verfahrensrechtlichen Behelfe gegen Verletzungen zustehen.

Das ist zunächst eine Frage des Art. 19 Abs. 4 GG. Daß hierzu schlankweg behauptet wird, die Bestimmung versage, wenn eine nur mittelbare Verletzung durch die öffentliche Gewalt vorliege[1], erscheint wenig überzeugend. Art. 19 Abs. 4 GG wird als Entscheidung für einen „verfahrensrechtlich lückenlosen Individualrechtsschutz" gewertet, als Garantie eines „effektiven Rechtsschutzes", der auf eine möglichst wirkungsvolle Abschirmung der Individualsphäre abziele[2]. Demgemäß ist bei der Auslegung des Art. 19 Abs. 4 GG im Prinzip davon auszugehen, daß verfahrensrechtlicher und materiell-rechtlicher Grundrechtsschutz ihrem Gegenstand nach auf Kongruenz angelegt

---
[1] So aber *Dörffler*, NJW 63, 14.
[2] *Dürig*, Maunz-Dürig-Herzog, Art. 19 Abs. 4, RdNr. 1 ff., S. 1 ff.; *Wernicke*, Bonner Kommentar, Art. 19, Erl. 4, S. 9 ff.; *v. Mangoldt-Klein*, Kommentar, Art. 19, Anm. VII 3, S. 572 ff.; *Hamann*, Kommentar, Art. 19, Anm. B 12 f., S. 199 f.; *Bettermann*, Grundrechte, Bd. III 2. Halbbd., S. 779 (783 ff.).

sind. Gehört der Schutz vor faktischen Beeinträchtigungen zur grundrechtlichen Gewährleistung, dann tritt insoweit auch das formelle Hauptgrundrecht in Aktion. Abweichungen bedürften, weil sie Ausnahmen darstellen, besonderer verfassungsrechtlicher Rechtfertigung[3].
In Art. 19 Abs. 4 sucht man vergebens nach einer geeigneten Einstiegsstelle, um eine verfassungsrechtliche Ausnahme positiv-rechtlich zu begründen. Die Formel von der „Verletzung durch die öffentliche Gewalt" kann wohl kaum so verstanden werden, als seien damit nur bestimmte Beeinträchtigungsmodalitäten gemeint[4]. Was eine Verletzung ist, bestimmt sich nach dem Umfang der materiell-rechtlichen Gewährleistung.

§ 41 Die Bedeutung der Beeinträchtigungsmodalität im verwaltungsgerichtlichen Verfahren

Im Rahmen, den die Generalklausel des § 40 VwGO absteckt, steht für Beeinträchtigungen imperativer Art durchwegs der Verwaltungsrechtsweg zur Verfügung. Alle Maßnahmen, welche die Rechtssphäre des Betroffenen in der Weise berühren, daß Regelung und Belastung identisch sind, können einer verwaltungsgerichtlichen Prüfung unterworfen werden.

Das gilt auch dann, wenn die imperative Beeinträchtigung sich nach Gegenstand und Inhalt aus einer Regelung ergibt, die nach ihrem Wortlaut an einen Dritten gerichtet war. Der Anfechtungsberechtigte braucht als solcher in der belastenden Maßnahme nicht förmlich benannt zu sein[5]. Formelle Adressatenschaft zählt nicht zu den Voraussetzungen der Klagebefugnis[6].

Freilich sind auch derartige, imperative Drittbelastungen verfahrensrechtlich keineswegs problemlos. Das zeigt sich zumal, wenn durch

---

[3] Eine solche Rechtfertigung sieht *Lerche*, ZZP Bd. 78, S. 1 (30), in einem durch Art. 19 Abs. 4 dem Gesetzgeber eröffneten Verdichtungsspielraum. Danach wäre es Sache des Gesetzgebers, das für die Zulässigkeit eines Rechtsbehelfs erforderliche Maß an Betroffenheit festzulegen.
Es geht hierbei aber nicht nur um eine prozessuale Frage, sondern auch um die materiell-rechtliche Prüfung, ob der Grundrechtsträger eine bestimmte Beeinträchtigung, sei es auch nur aus verfahrensrechtlichen Erwägungen, hinzunehmen hat. Deshalb dürfte ein Durchgriff auf das als verletzt gerügte Grundrecht geboten sein. Man hat also zu erwägen, ob im Rahmen gegebener Vorbehalte dem Grundrechtsträger die Durchsetzung seiner Interessen verweigert werden darf; z. B. weil man dem öffentlichen Interesse, uferlosen Rechtsschutz zu vermeiden, Rechnung tragen möchte.
[4] So schon *Dürig*, Maunz-Dürig-Herzog, Art. 19 Abs. 4, RdNr. 36, S. 26 f.; *Hamann*, Kommentar, Art. 19, Anm. B 16, S. 202.
[5] So schon *Preuß. OVG* Bd. 1, 307 (327).
[6] Vgl. bereits O. *Mayer*, Deutsches Verwaltungsrecht, Bd. 1, 3. Aufl., 1924, S. 127 mit FN. 9; *Bachof*, Festschrift für Laforet, 1952, S. 285 (309), *Bernhardt*, JZ 63, 302 (303).

§ 41 Die Beseitigungsmodalität im Verwaltungsgerichtsverfahren 141

eine öffentlich-rechtliche Regelung auf ein zwischen dem förmlichen Adressaten einerseits und dem Dritten andererseits bestehendes Zivilrechtsverhältnis eingewirkt wird, wie etwa bei behördlichen Genehmigungen der Kündigung bürgerlich-rechtlicher Verträge. Dabei handelt es sich indessen weniger um die Frage des Rechtsschutzes überhaupt als um die des richtigen Rechtsweges, m. a. W. um das Problem der selbständigen Anfechtbarkeit der behördlichen Genehmigung vor den Verwaltungsgerichten anstelle einer Inzidentprüfung im Rahmen eines Zivilrechtsstreites[7].

Bei den faktischen Beeinträchtigungen hingegen ist der verwaltungsgerichtliche Rechtsschutz durchaus problematisch.

Verhältnismäßig einfach hat man es noch mit den Fällen, bei denen ein Verwaltungsakt oder eine Norm den Betroffenen auf Grund besonderer Umstände zusätzlich zu der in der Regelung angelegten Beeinträchtigung, also untypisch belastet[8].

Nach der Gesetzeslage genügt diese Art der Beeinträchtigung sowohl für die Zulässigkeit einer Anfechtungsklage wie für die Zulässigkeit einer verwaltungsgerichtlichen Normenkontrolle.

Für die Anfechtungsklage verlangt man nur das Vorliegen eines Verwaltungsaktes und die Behauptung des Klägers, er sei in seinen Rechten verletzt, § 42, § 113 VwGO. Für die Normenkontrolle nach § 47 VwGO bedarf es einer existenten Rechtsvorschrift sowie eines bereits erlittenen oder in absehbarer Zukunft zu erwartenden Nachteils für den Antragsteller. Eine engere rechtliche Verknüpfung zwischen Regelung und Belastung, zumal die Verknüpfungsmodalität der Identität von Regelung und Belastung setzt das Gesetz nicht voraus. Im Wege einer verwaltungsgerichtlichen Normenkontrolle kann man z. B. ohne weiteres nachprüfen lassen, ob man eine Gemeindesatzung, welche die Benutzung einer öffentlichen Versorgungsanlage vorschreibt, auch dann befolgen muß, wenn man zusätzlich zu der für alle geltenden Belastung die besonderen wirtschaftlichen Vorteile einer eigenen Versorgungsanlage verlieren würde.

Auch in der Literatur findet sich kein Ansatz, die Zulässigkeit verwaltungsgerichtlicher Rechtsbefehle an bestimmte Modalitäten der Verknüpfung von Regelung und Belastung zu binden. Vor dem Hintergrund des Art. 19 Abs. 4 GG, der ganz allgemein von Rechtsverletzungen durch die öffentliche Gewalt spricht, blieb die Einsicht in die Verschiedenheiten der Beeinträchtigungsart ohne Belang. Liest man allerdings, daß der Begriff des Verwaltungsaktes durch das

---

[7] Ausführlich hierzu schon *Walter Jellinek*, Festschrift für Thoma, 1950, S. 93 ff.
[8] In der Terminologie dieser Arbeit sind das Folgewirkungen.

Merkmal: Regelung eines konkreten Einzelfalles, geprägt sei, daß Verwaltungsakte nur Willensäußerungen einer Verwaltungsbehörde mit unmittelbarer Rechtswirkung seien[9], so nimmt es doch wunder, wie wenig Beachtung dem Umstand geschenkt ist, daß viele Rechtsbeeinträchtigungen durch den Verwaltungsakt lediglich ausgelöst sind und gerade nicht zum eigentlichen Inhalt der Regelung bzw. der Willensäußerung gehören[10].

Ungereimt muß diese gleichsam im groben bleibende Betrachtungsweise besonders dann erscheinen, wenn man sie mit der überkommenen rechtlichen Behandlung solcher Fälle vergleicht, die im Sinne unserer Terminologie als Nebenwirkungslagen oder als schlichte Beeinträchtigungen zu qualifizieren wären.

Die Nebenwirkungslage, also der Fall, daß eine Regelung über den eigentlichen Regelungsgegenstand hinausgreifend die Rechtssphäre eines Dritten berührt, deckt sich zu einem großen Teil mit den tatsächlichen Situationen des gängigen verwaltungsprozessualen Problems der Anfechtbarkeit von Verwaltungsakten durch Dritte[11]. Gemäß den Vorstellungen, die sich zu diesem Problemkreis entwickelt haben, kann nur der Adressat, d. h. der in die getroffene Regelung der Sache nach Einbezogene, den ihn belastenden Verwaltungsakt ohne weiteres anfechten. Wer in die Regelung nicht einbezogen, aber dennoch, eben reflexweise, von ihr betroffen ist, kann sie nur anfechten, wenn er die Verletzung einer Vorschrift rügt, die allein oder mindestens auch seinem Schutz dient[12]. Nachdem man die Bedeutung der Grundrechte, respektive die Bedeutung des allgemeinen Freiheitsrechts des Art. 2 Abs. 1 GG, noch nicht allgemein als spezielle, auch Dritte schützende

---

[9] So *BVerwG* Bd. 21, 352 f.; *Schunck-De Clerck*, Verwaltungsgerichtsordnung, 2. Aufl., § 42, 2 a bb, S. 205; 2 a ii, S. 212 f.; *Klinger*, Kommentar zur Verwaltungsgerichtsordnung, 2. Aufl., § 42, E I 3 a, S. 187 ff.; *Ule*, Verwaltungsgerichtsbarkeit, 2. Aufl., § 42, IV 1 a, S. 135 f.; *Obermayer*, Verwaltungsakt und innerdienstlicher Rechtsakt, S. 71 ff.

[10] Immerhin sieht man heute, daß das Nebeneinander von Anfechtungsklage und Folgenbeseitigungsanspruch auf eine Überbetonung der Eingriffsmäßigkeit der durch den Verwaltungsakt ausgelösten Rechtsverletzung zurückzuführen ist. Der Folgenbeseitigungsanspruch beruht letztlich auf der Erkenntnis, daß der Eingriff als solcher für den Betroffenen weniger wichtig ist als die Beeinträchtigung. Sie umfaßt alle Folgen, zumal die aus ihm resultierenden, fortbestehenden Belastungen. Vgl. hierzu *Schleeh*, AöR 92, 58 (76 f.); *Weyreuther*, Gutachten, S. 65 f.

[11] Daß insoweit keine vollständige Kongruenz besteht, hat seinen Grund darin, daß man trotz verschiedener Ansätze noch immer nicht zu einer exakten Trennung von Adressat und Dritten gelangt ist. Letztlich dürfte auch dies auf die verfehlte Unterscheidung von mittelbarer und unmittelbarer Betroffenheit zurückzuführen sein.

[12] So ausdrücklich *Eyermann-Fröhler*, Verwaltungsgerichtsordnung, 4. Aufl., RdNr. 94 ff., S. 226 f.; *Dörffler*, NJW 63, 14. Vgl. auch *Bernhardt*, JZ 63, 302 (304). Neuere Rechtsprechungsübersicht bei *Schunck-De Clerck*, Verwaltungsgerichtsordnung, 2. Aufl., § 42, Anm. 2 d, S. 228 ff.

§ 41 Die Beseitigungsmodalität im Verwaltungsgerichtsverfahren

Vorschriften anerkannt hat[13], tritt an die Stelle der umfassenden Klagebefugnis des Adressaten eines Verwaltungsaktes beim Drittbetroffenen eine Art von Enumerationsprinzip. Die große Zahl gerichtlicher Entscheidungen zugunsten oder zu Lasten Dritter wirkt als prozessualer Enumerationskatalog.

Der Unterschied zwischen der prozessualen Stellung des Adressaten und des Drittbetroffenen im Anfechtungsverfahren ist beträchtlich. Wo eine drittschützende Spezialnorm fehlt oder, was auf dasselbe hinausläuft, eine Norm von den Gerichten nicht als drittschützend anerkannt wird, hat der reflexweise Betroffene die Belastung klaglos hinzunehmen[14]. Der Adressat hingegen kann sie auch dann einer gerichtlichen Nachprüfung zuführen, wenn sie nur als Folge eines gegen ihn gerichteten Verwaltungsakts auftritt. Während auf diese Weise der Adressat Belastungen auch mit der Behauptung angehen kann, die verursachende Maßnahme, der Ausgangsakt sei in formeller Beziehung rechtswidrig, er stamme z. B. von einer unzuständigen Behörde oder man habe beim Erlaß zwingende Verfahrensvorschriften außer acht gelassen, steht dem Drittbetroffenen dieses Angriffsmittel nicht zur Verfügung; es sei denn, er wäre durch eine solche rechtswidrige Maßnahme in einer Position betroffen, die von einer speziellen Norm unter Schutz genommen ist[15].

Nicht zuletzt kann der Adressat auf das Gewicht einer zusätzlichen Belastung, die der Verwaltungsakt über seinen eigentlichen Inhalt hinaus bei ihm verursacht, hinweisen und unter Umständen ein Mißverhältnis zwischen dieser Folge und dem von der Behörde angestrebten Zweck gegen den belastenden Verwaltungsakt ins Feld führen. Auch diese Möglichkeit ist dem Drittbetroffenen nach überkommener Vorstellung in der Regel verschlossen. Das Übermaßverbot ist nicht selbständig prozessual durchsetzbar[16].

Im verwaltungsgerichtlichen Normenkontrollverfahren hingegen spielt der Unterschied zwischen dem Adressaten einer Regelung und dem von der Regelung nur reflexweise Betroffenen keine Rolle. Der „Nachteil", der nach dem Gesetz die Antragsbefugnis begründet, wird in einem umfassenden Sinn verstanden. Man betont, daß die Zulässig-

---

[13] Wenngleich es auch insoweit nicht an Aktualisierungsversuchen der Grundrechte gefehlt hat, vgl. etwa *Bachof*, Gedächtnisschrift für Walter Jellinek, 2. Aufl., S. 287 (301); *Dürig*, Maunz-Dürig-Herzog, Art. 19 Abs. IV, RdNr. 36, S. 26; *Bernhardt*, JZ 63, 302 (306); *Reiner Schmidt*, NJW 67, 1635 (1640); *Rudolf Schneider*, DVBl 69, 325; vgl. jetzt auch BVerwG, Bd. 30, 191 (198).
[14] So ausdrücklich *Dörffler*, NJW 63, 14, mit weiteren Nachweisen FN. 3; ebenso schon *Bettermann*, NJW 61, 1097 (1099).
[15] Dazu, daß die Anfechtungsklage insoweit auf eine eingeschränkte Popularklage hinausläuft, vgl. *Henke*, Das Subjektive Öffentliche Recht, S. 59, 67.
[16] Vgl. hierzu *Lerche*, Übermaß und Verfassungsrecht, S. 318 ff.

keit des Antrags nicht davon abhängt, daß der Antragsteller gegen einen Akt, der auf Grund der angegriffenen Vorschrift ergeht, Anfechtungsklage erheben könnte[17].

Die Maßstäbe für die prozessuale Behandlung von Belastungen, die im Sinn unserer Terminologie schlichte Beeinträchtigungen darstellen, befinden sich gegenwärtig allerdings in einem Prozeß der Wandlung.

Nach traditioneller Ansicht mußte ein Anfechtungsverfahren ausscheiden, denn schlichte Beeinträchtigungen lassen sich dem herkömmlichen Verwaltungsaktsbegriff nicht zuordnen. Kennzeichen dieses Begriffes ist die rechtsverbindliche Regelung eines Einzelfalles[18]. Gerade dieses Merkmal fehlt aber in den Fällen schlichter Beeinträchtigungen.

Für die Frage nach der gerichtlichen Überprüfbarkeit von Belastungen, die durch tatsächliches Verwaltungshandeln ausgelöst werden, konnte das freilich nicht das letzte Wort bleiben[19].

Die vor allem durch Art. 19 Abs. 4 GG angeregte Entwicklung zeigt drei Tendenzen. Einmal bemüht man sich, von dem das Anfechtungsverfahren beschränkenden, engen Verwaltungsaktsbegriff abzugehen und einen weiteren Begriff zu prägen, geeignet, auch tatsächliche Handlungen in sich aufzunehmen[20]. Zum andern versucht man, mit dem Blick auf die Formulierung des § 113 Abs. 4 S. 1 VwGO die Verpflichtungsklage vom engen Verwaltungsaktsbegriff zu lösen und auf den umfassenderen Begriff der Amtshandlung zu beziehen[21]. Schließ-

---

[17] Vgl. *Ule*, Verwaltungsgerichtsbarkeit, 2. Aufl., § 47, III 1, S. 185 f.; *Eyermann-Fröhler*, Verwaltungsgerichtsordnung, 4. Aufl., § 47, RdNr. 29, S. 284; *Klinger*, Kommentar zur Verwaltungsgerichtsordnung, 2. Aufl., § 47, C 2, S. 248; *Redeker-v. Oertzen*, Verwaltungsgerichtsordnung, 2. Aufl., § 47, RdNr. 13, S. 183 f.

[18] Nach O. *Mayer*, Deutsches Verwaltungsrecht, 1. Bd., 3. Aufl., S. 93, findet der Verwaltungsakt als obrigkeitlicher Ausspruch sein Vorbild sogar im gerichtlichen Urteil.
Das Regelungselement wird auch heute noch betont. Vgl. *Menger*, System des verwaltungsgerichtlichen Rechtsschutzes, S. 102 ff.; *Ule*, Verwaltungsgerichtsbarkeit, 2. Aufl., § 42, IV 1 a, S. 135 f.; *Klinger*, Kommentar zur Verwaltungsgerichtsordnung, 2. Aufl., § 42, E I 3 a, S. 187 f.; *Redeker-v. Oertzen*, Verwaltungsgerichtsordnung, 2. Aufl., § 42, RdNr. 22 f., S. 128 f.; Hans J. *Wolff*, Verwaltungsrecht, Bd. I, 7. Aufl., § 46, V, S. 302 ff. Auch *Forsthoff*, Lehrbuch des Verwaltungsrechts, 9. Aufl., § 11, S. 191 f., zählt tatsächliche Handlungen nur dann zu den Verwaltungsakten, wenn sie zugleich ein Rechtsgebot an den Betroffenen enthalten, den Vollzug zu dulden oder geschehen zu lassen.

[19] Immerhin wurde noch nach Inkrafttreten des Grundgesetzes judiziert, wo es am Verwaltungsakt fehle, sei der Verwaltungsrechtsweg nicht gegeben und die Klage deshalb unzulässig, vgl. *OVG Lüneburg*, Urt. v. 14. 8. 1953, DVBl 53, 663 ff. Siehe auch *Obermayer*, JZ 62, 64 (65). Zur Bedeutung des Verwaltungsakts als Zentralbegriff verwaltungsgerichtlicher Spruchtätigkeit, *Naumann*, Staatsbürger und Staatsgewalt, Bd. II, S. 365 (371).

[20] So *Dürig*, Maunz-Dürig-Herzog, Art. 19 Abs. IV, RdNr. 11, S. 5; *Eyermann-Fröhler*, Verwaltungsgerichtsordnung, 4. Aufl., § 42, RdNr. 13 f., S. 179 ff.

[21] So *Bettermann*, NJW 60, 649 (650).

lich ist man bestrebt, für die gerichtliche Nachprüfung tatsächlichen Verwaltungshandelns die allgemeine Leistungsklage heranzuziehen[22].

§ 42 Grundrechtlich geschützte Individualinteressen im verwaltungsgerichtlichen Verfahren

Die vorstehenden Darlegungen haben bereits gezeigt, daß sich das Verwaltungsprozeßrecht selbst nicht durchwegs auf bestimmte Beeinträchtigungsmodalitäten versteift.

Eine spezifisch prozessuale Vorstellung vom „Eingriff" als Verfahrensvoraussetzung gibt es nicht. Weder die Gruppe der Folgewirkungen, noch die der Nebenwirkungen, noch die Fälle schlichter Beeinträchtigungen sind schlechterdings und allein wegen ihrer Struktur vom verwaltungsgerichtlichen Verfahrensschutz ausgenommen. Der Unterschied zwischen imperativen und faktischen Beeinträchtigungen ist im Hinblick auf das „Ob" prozessualer Nachprüfbarkeit vom Prozeßrecht her ohne zentrale Bedeutung. Er gewinnt sie erst in anderer Beziehung, nämlich bei der Frage, welcher Klageart sich der Betroffene zu bedienen hat.

Wenn dennoch die Beeinträchtigungsmodalität im Verwaltungsgerichtsverfahren eine so große Rolle spielt, so liegt das einmal an der Ausgestaltung des materiellen Rechts und zum anderen daran, daß das Verwaltungsprozeßrecht im Zulässigkeitserfordernis der Klagebefugnis eine verhängnisvolle Nahtstelle aufweist, wo materielles Recht und Verfahrensrecht ineinander übergehen[23].

Zur Vermeidung von Popularklagen fordert man bei den Anfechtungs- und Verpflichtungsklagen, der Kläger müsse tatsächliche Behauptungen aufstellen, die eine Verletzung seiner Rechte zumindest möglich erscheinen lassen, andernfalls sei seine Klage unzulässig[24]. Entsprechendes gilt für die allgemeine Leistungsklage[25].

---

[22] Vgl. *Bachof*, JZ 62, 701 (707); siehe auch BVerwG Bd. 19, 19 (20); *Bachof*, Verfassungsrecht, Verwaltungsrecht, Verfahrensrecht, Bd. I, 3. Aufl., Nr. 82 f., S. 211 f.; Bd. II, Nr. 251 ff., S. 218 ff.; *Ule*, Verwaltungsgerichtsbarkeit, 2. Aufl., Vor § 42, II, S. 112 ff.

[23] Vgl. hierzu *Lüke*, AöR 84, 185 (212), er sieht das wesentliche Problem der Klagebefugnis in der Frage, welche Rechtsstellungen schutzwürdig sind. Gerade dies ist aber prinzipiell nach dem materiellen Recht zu beurteilen. Wegen Art. 19 Abs. 4 GG muß man mindestens im Grundsatz davon ausgehen, daß alle grundrechtlich geschützten Interessen in irgendeiner Weise prozessual durchsetzbar sein müssen.

[24] So BVerwG Bd. 3, 237 (238); 10, 122 (123); *Lüke*, AöR 84, 185 (213, 223); *Eyermann-Fröhler*, Verwaltungsgerichtsordnung, 4. Aufl., § 42 RdNr. 85, S. 221 f.; *Schunck-De Clerck*, Verwaltungsgerichtsordnung, 2. Aufl., § 42, 2 e, S. 332 f.; 3 e, S. 235; *Klinger*, Kommentar zur Verwaltungsgerichtsordnung, § 42, B 1, S. 162. Kritisch dazu *Bettermann*, Staatsbürger und Staatsgewalt, Bd. II, S. 449 ff.; *Bachof*, Verfassungsrecht, Verwaltungsrecht, Verfahrensrecht, Bd. I, 3. Aufl., S. 62 f.; *Rupp*, Grundfragen der heutigen Verwaltungs-

C. 1. Die Rügemöglichkeit im verwaltungsgerichtlichen Verfahren

Man hat es insoweit mit einer gewissermaßen rudimentären Schlüssigkeitsprüfung zu tun; allerdings mit der Besonderheit, daß dabei nicht wie in der übrigen Schlüssigkeitsprüfung über die Begründetheit, sondern über die Zulässigkeit der Klage entschieden wird[26].

Geht man davon aus, daß bestimmte subjektive Rechtssphären nach materiellem Recht nur gegen gewisse Beeinträchtigungsmodalitäten schützen, dann schleicht sich durch die Hintertür der Klagebefugnis eben der Effekt wieder ein, den man durch die Ausdehnung des Verwaltungsaktsbegriffes bzw. durch das Institut der allgemeinen Leistungsklage prozessual auszuräumen glaubte.

Ein eindrucksvolles Beispiel hierfür liefern *Eyermann-Fröhler* bei der Kommentierung zu § 42 VwGO[27].

Durch Allgemeinverfügung wird die Benutzung einer Straße für einige Zeit untersagt. Dies nötigt einen Unternehmer, größere Umwege zu fahren und die damit verbundenen höheren Auslagen und Kosten zu tragen. Eine Anfechtungsklage des Unternehmers mit der Behauptung, durch die Straßensperre werde der Betrieb geschädigt, soll unzulässig sein. Der Betroffene könne sich nicht auf das Recht am eingerichteten und ausgeübten Gewerbebetrieb berufen. Dieses Recht schütze nur vor Maßnahmen, die sich unmittelbar gegen den Gewerbebetrieb richteten, nicht aber vor mittelbaren Auswirkungen.

Die Gedankenführung ist methodisch bedenklich. Sie überträgt Rechtsgedanken, die im Privatrechtsverhältnis geprägt wurden, unbesehen ins öffentliche Recht. Dadurch wird der Zusammenhang zwischen Regelung und Regelungsgegenstand zerrissen und die Funktionalität eines bereits ausgeformten Normenkomplexes vernachlässigt. Letztlich ist das Ergebnis, die Unzulässigkeit der Klage nur eine Scheinlösung. Denn in Wahrheit liefert das Recht am eingerichteten und ausgeübten Gewerbebetrieb, das sich zu einer anderen Interessenkonstellation entwickelt hat, für das Bürger-Staat-Verhältnis keine oder mindestens keine abschließende Aussage[28].

---

rechtslehre, S. 249 ff.; *Henke*, Das Subjektive Öffentliche Recht, S. 130 ff. (136 f.). Weitergehend, nämlich eine Schlüssigkeitsprüfung fordernd, *Ule*, Verwaltungsgerichtsbarkeit, 2. Aufl., § 42, III 1 a, S. 121 f.; *Redeker-v. Oertzen*, Verwaltungsgerichtsordnung, 2. Aufl., § 42, RdNr. 15, S. 125.

[25] Vgl. *Schunck-De Clerck*, a.a.O., § 42, 4 c, S. 236 f.; *Naumann*, Staatsbürger und Staatsgewalt, Bd. II, S. 365 (385); *Engelhardt*, JZ 61, 588 (590). A. A. *Lüke*, AöR 84, 185 (217 ff.).

[26] Zur Divergenz gegenüber der zivilprozessualen Praxis schon *Bachof*, a.a.O., S. 62 f.; *Bettermann*, NJW 61, 1097 (1098).

[27] Verwaltungsgerichtsordnung, 4. Aufl., § 42, RdNr. 94 ff., S. 226 f.

[28] Zur Gefahr der Sachfremdheit privatrechtlicher Vorstellungen bei der rechtlichen Beurteilung hoheitlichen Verwaltungshandelns vgl. *Martens*, Hamburger Festschrift für Friedrich Schack, 1966, S. 85 (93 f.). Speziell zum Problem des „staatsgerichteten Eigentums" *Rupp*, Grundfragen der heutigen Verwaltungsrechtslehre, S. 237 ff. Vgl. im übrigen zu dem angeführten Beispielsfall BGH Urt. v. 8. 1. 1968, DVBl 68, 212 ff.: wenn ein Gewerbebetrieb

§ 42 Grundrechtsschutz im verwaltungsgerichtlichen Verfahren 147

Kein Wunder, empfindet man es als Nachteil der rechtlichen Konstruktion, daß dem Betroffenen schon die gerichtliche Nachprüfung der verfügten Straßensperre gänzlich versagt sein soll, und zwar auch dann, wenn er Tatsachen vorbringt, aus denen sich ergibt, daß die Straßensperre gegen zwingende Vorschriften des öffentlichen Rechts verstößt, sei es, daß eine unzuständige Behörde gehandelt hat, sei es, daß Verfahrensbestimmungen oder das Übermaßverbot mißachtet wurden[29].

Das Beispiel zeigt mit aller Deutlichkeit, wieviel davon abhängt, daß man den umfassenden Schutz, den Individualinteressen durch die Grundrechte erfahren, auch für das verwaltungsgerichtliche Verfahren aktualisiert.

Rechtsprechung und Literatur bieten in dieser Hinsicht alles andere als ein geschlossenes Bild[30]. Zumal die Entwicklung, die mit dem Elfes-Urteil begonnen hat[31], ist noch nicht aufgearbeitet. Gehört es nämlich zum Recht aus Art. 2 Abs. 1 GG, daß der Bürger Nachteile

---

die Straßenverbindung zu einer Zulieferungsstätte verliert, weil die Straße durch Übungsfahrten schwerer Panzer unbefahrbar geworden ist und gesperrt werden mußte, sei das als hoheitlicher Eingriff in die verfassungsrechtlich geschützte Eigentümerposition zu qualifizieren.

[29] Als Ausweg bleibt nur die Berufung auf entsprechende formelle subjektive Rechtsschutzpositionen, ähnlich dem früheren formellen subjektiven Recht auf fehlerfreie Ermessensausübung. Doch damit kehrte man zum Enumerationsprinzip zurück.

[30] Vgl. etwa einerseits die Entscheidung des *BVerwG* Bd. 10, 91, wo zur Begründung der Klagebefugnis einer Kirchengemeinde gegen die Erteilung einer Schankerlaubnis an einen Dritten Art. 4 Abs. 2 GG herangezogen wird oder *BVerwG* Bd. 30, 191 (198); andererseits versagt das *BVerwG* Bd. 6, 167, Dritten die Klagebefugnis gegen eine Entscheidung, welche einer Verbindung die Rechtswirkung einer gesetzlichen Ehe zuerkannte, trotz Art. 6 und Art. 14 Abs. 1 (Erbrecht); kritisch hierzu *Lüke*, ZZP 1963, 1 (5).
In der Entscheidung, Bd. 21, 352, verneint das *BVerwG* die Klagebefugnis gegen eine Zuständigkeitsbestimmung; die nächsthöhere Behörde mehrerer örtlich zuständiger Behörden hatte eine von diesen für zuständig erklärt. Die hier entfaltete Tätigkeit sei, so das *BVerwG*, jedenfalls nicht unmittelbar gegen den Bürger gerichtet, sie halte sich innerhalb des Behördenaufbaues. Allenfalls strahle sie auf den Bürger insoweit aus, daß dieser nunmehr mit der als zuständig bestimmten Behörde zu tun habe. Sei allerdings inzwischen ein Verwaltungsakt dieser Behörde ergangen und verwaltungsgerichtlich angefochten, dann könne auch die Zuständigkeitsbestimmung angegriffen werden. Hier erscheint die allgemeine Handlungsfreiheit des Art. 2 Abs. 1 GG nicht genügend berücksichtigt. Es kann durchaus eine unzulässige Freiheitsbeeinträchtigung vorliegen, wenn ein Bürger durch einen rechtswidrigen Zuständigkeitsbestimmungsakt mit einer Behörde konfrontiert wird, die von seinem Wohnsitz erheblich weiter entfernt ist als andere örtlich zuständige Behörden; ähnlich in der Tendenz *BVerwG* Bd. 28, 268 (271).
Siehe auch *OVG Münster*, Urt. v. 16. 10. 1968, DVBl 69, 560 (561).
Literaturnachweise bei *Reiner Schmidt*, NJW 67, 1635 (1640 FN. 63); vgl. auch *Friauf*, DVBl 69, 368 (371), mit Nachweisen.

[31] Vgl. BVerfG Bd. 6, 32 ff.; 6, 389 (433); 7, 111 (119); 9, 3 (11); 9, 83 (88); 10, 89 (99); 19, 206 (215 f.); 21, 54 (59); 24, 367 (385).

C. 1. Die Rügemöglichkeit im verwaltungsgerichtlichen Verfahren

und Belastungen nicht hinzunehmen braucht, wenn sie nicht in der verfassungsmäßigen Ordnung begründet sind, d. h. wenn sie nicht in materieller wie in formeller Beziehung mit den Normen der Rechtsordnung übereinstimmen, dann muß man dieser Erkenntnis angesichts des Art. 19 Abs. 4 GG auch im verwaltungsgerichtlichen Verfahren zum Durchbruch verhelfen[32].

Die Auswirkungen hiervon sind dort, wo es um die Nachprüfung imperativer Beeinträchtigung geht, alles andere als umwerfend. Schon bisher hat man bei Anfechtungsklagen der Behauptung, der belastende Verwaltungsakt sei rechtswidrig, größeres Gewicht zugelegt als der vom Gesetz gleichfalls geforderten Behauptung, der rechtswidrige Akt verletze in materieller Beziehung die Rechte des Klägers[33].

Interessant wird es erst, wenn man auf den Bereich der faktischen Beeinträchtigungen überwechselt. Nimmt man in diesem Zusammenhang die These auf, daß die in den Grundrechten thematisch benannten Individualinteressen prinzipiell umfassend, also gegen jegliche Beeinträchtigung durch die staatlichen Gewalten, unabhängig von der Beeinträchtigungsmodalität verfassungsrechtlich geschützt sind, dann ist es in der Tat um manche überkommene prozessuale Denkfigur und Denkgewohnheit geschehen.

Allein so verheerend, wie es auf Anhieb erscheinen mag, werden die Folgen nicht sein. Die grundlegenden Überlegungen zur Anpassung des verwaltungsgerichtlichen Verfahrens an das veränderte Grundrechtsverständnis sind durchaus überschaubar und haben in ihrer praktischen Auswirkung nur ergänzenden, Ungereimtheiten beseitigenden Charakter.

---

[32] So schon *Dürig*, Maunz-Dürig-Herzog, Art. 2 Abs. I, RdNr. 26, S. 25 und Art. 19 Abs. IV, RdNr. 36, S. 26; *Bernhardt*, JZ 63, 302 (306); *Zeidler*, Der Staat 1962, 321 (330); *Köttgen*, Fondsverwaltung in der Bundesrepublik, S. 68; ebenso BVerfG Bd. 18, 310 (315). Kritisch *Bachof*, AöR 88, 424 (425).

[33] Vgl. etwa *Ule*, Verwaltungsgerichtsbarkeit, 2. Aufl., § 42, III 2, S. 127. Die Anfechtungsklage sei immer zulässig, wenn an den Kläger ein belastender Verwaltungsakt ergangen sei. Schon damit habe die Verwaltungsbehörde in dessen Rechtssphäre eingegriffen. Der Kläger brauche in diesem Fall nicht mehr darzulegen, daß er durch den Verwaltungsakt in seinen Rechten verletzt werde.
Nach *Eyermann-Fröhler*, Verwaltungsgerichtsordnung, 4. Aufl., § 42, RdNr. 90, S. 224, setzt sich der Begriff der Rechtsverletzung i. S. d. § 42 Abs. 2 VwGO aus zwei Bestandteilen zusammen: einmal der Schmälerung bzw. Beeinträchtigung einer Rechtsposition, zum andern aus der Rechtswidrigkeit des Verwaltungsakts. Dennoch sehen sie es schon als Rechtsverletzung an, wenn die Rechtsbeeinträchtigung als solche, d. h. im Hinblick auf die materiell-rechtliche Rechtsposition des Klägers, zulässig wäre, aber durch einen Verwaltungsakt ausgelöst wird, der aus anderem Grund (z. B. wegen Form- oder Verfahrensfehlern) rechtswidrig ist.

§ 43 Die Erweiterung der Klagebefugnis durch das auch faktische Beeinträchtigungen umfassende Grundrechtsverständnis

Ein Grundrechtsverständnis, das faktische Beeinträchtigungen in den Schutzbereich der materiell-rechtlichen Gewährleistungen einbezieht, wirkt sich nachhaltig auf die verwaltungsprozessuale Klagebefugnis aus.

Klagen gegen Beeinträchtigungen der Freiheit durch Handlungen der staatlichen Gewalten können an der Art dieser Beeinträchtigungen, an ihrer formalen Struktur, an der Modalität ihrer Verknüpfung mit dem Ausgangsakt nicht mehr scheitern.

Das gilt für Anfechtungs- und Verpflichtungsklagen ebenso wie für die allgemeine Leistungsklage[34].

Die Unterscheidung zwischen unmittelbaren und mittelbaren, direkten und indirekten Beeinträchtigungen wird in bezug auf die Klagebefugnis gleichermaßen gegenstandslos wie die Frage, ob der Kläger durch die angefochtene Maßnahme als Adressat oder als Dritter betroffen ist[35].

Es wären sodann für die Klagebefugnis nur mehr zwei Voraussetzungen zu erfüllen:

Der Kläger muß einmal auf Grund einer Handlung aus dem Bereich des öffentlichen Rechts eine Beeinträchtigung seiner Interessen erlitten haben oder erleiden. Auf die Intensität der Beeinträchtigung kommt es nicht an.

Zum anderen muß er behaupten, die Beeinträchtigung betreffe ein Interesse, das im Gewährleistungsbereich eines seiner Grundrechte[36] oder eines sonstigen subjektiven öffentlichen Rechts liege.

---

[34] Es sei denn, der Gesetzgeber gäbe dem Prozeßrecht eine entsprechende andere Gestalt. Bekanntlich ergibt sich die Möglichkeit zur gerichtlichen Durchsetzung eines materiellen Rechts nicht aus diesem selbst. Allerdings darf man angesichts des Art. 19 Abs. 4 GG und der verwaltungsgerichtlichen Generalklausel von dem Grundsatz ausgehen, daß jeder materiell-rechtliche Anspruch auch klagbar ist, solange ihm diese Klagbarkeit vom Gesetzgeber nicht durch eine Spezialregelung genommen ist. Vgl. hierzu *Lüke*, ZZP 1963, S. 1 (19 f.).
[35] Im übrigen kann die Unterscheidung u. U. durchaus sinnvoll bleiben. Sie könnte etwa dazu dienen, Anfechtungs- und Verpflichtungsklagen von der allgemeinen Leistungsklage zu trennen.
[36] So schon, und zwar hinsichtlich des Art. 2 Abs. 1 GG, *Bernhardt*, JZ 63, 302 (306 f.), allerdings mit der zusätzlichen Beschränkung, daß „nicht unerhebliche Interessen beeinträchtigt sein müssen". Damit kehrt Bernhardt aber wieder zur herrschenden Lehre vom Erfordernis einer rechtlich besonders geschützten Position für den Beeinträchtigten zurück. Kritisch insoweit auch *Rupp*, Grundfragen der heutigen Verwaltungsrechtslehre, S. 250, FN. 250. Vgl. hierzu *Henke*, Das Subjektive Öffentliche Recht, S. 134 ff., er versucht eine scharfe Zäsur zwischen dem subjektiven öffentlichen Recht und den prozessualen Voraussetzungen seiner Durchsetzung. Die Klage-

C. 1. Die Rügemöglichkeit im verwaltungsgerichtlichen Verfahren

Die Erweiterung der Klagebefugnis dehnt den Horizont der in die rechtliche Prüfung einbeziehbaren Gesichtspunkte.

Die Problematik der faktischen Beeinträchtigungen wird aus dem bisherigen, engen und überwiegend durch formale Gesichtspunkte bestimmten Koordinatensystem überkommener Zulässigkeitsvoraussetzungen herausgenommenen und einer umfassenderen Nachprüfung im Rahmen der Begründetheit der Klage zugeführt. Zur Begründung, daß der Betroffene eine konkrete faktische Beeinträchtigung hinzunehmen habe, reicht nicht mehr ein auf die Struktur der Beeinträchtigung abstellendes Prozeßurteil. Statt dessen wird ein Sachurteil erforderlich.

Damit ergibt sich die Möglichkeit, das für jede konkrete Rechtsfindung maßgebliche Prinzip der Interessenabwägung stärker zu Geltung kommen zu lassen. Man kann bei der konkreten Entscheidung besser differenzieren und bereits im Recht ausgeprägte Modelle für sachliche Interessenkonfliktsentscheidungen eingehender berücksichtigen. Es werden auf diese Weise Wertungswidersprüche vermieden, und man erzielt größere Rationalität.

Hierzu ein Beispiel: Nach herrschender Auffassung kann der Nachbar die einem anderen erteilte Baugenehmigung nur anfechten, wenn er die Verletzung von Normen rügt, die zu seinem Schutz erlassen sind[37]. Eine anders begründete Klage würde mit dem Hinweis, die baurechtliche Genehmigung ergehe nur im Verhältnis zwischen Bauwerber und Behörde und richte sich nicht an ihn, als unzulässig abgewiesen.

Diese rechtliche Behandlung ist höchst unbefriedigend[38]. Läßt sich doch nicht von der Hand weisen, daß u. a. der Wert eines Grundstücks allein auf Grund der Bebauung des Nachbargrundstückes, also ohne Verletzung spezifisch nachbarschützender Vorschriften, auf das nachhaltigste beeinflußt werden kann. Wirtschaftlich gesehen tritt ein solcher Wertverlust bereits mit der Genehmigung ein, sein Ausmaß

---

befugnis sei mit jedem materiell-rechtlichen Anspruch von selbst gegeben. Es genüge für die Zulässigkeit der Klage, wenn hinreichendes Tatsachenmaterial vorgetragen werde, um eine rechtliche Individualisierung des geltend gemachten zu ermöglichen. Zusätzliche Voraussetzungen wie Betroffensein oder Beschwer des Klägers, Schlüssigkeit oder Möglichkeit der Klage bräuchten nicht erfüllt zu sein.

Im Ergebnis deckt sich diese Ansicht mit der hier vertretenen, denn angesichts des umfassenden Grundrechtsschutzes des Ausschlusses prinzipiell grundrechtsfreier Räume, kann die Behauptung, die Beeinträchtigung betreffe ein Interesse, das im prinzipiellen Gewährleistungsbereich eines Grundrechts liege, immer erhoben werden.

[37] Siehe hierzu die Übersicht bei *Sellmann*, DVBl 63, 273 ff.

[38] Das tritt in der permanenten Diskussion um die Rechtsstellung des Nachbarn klar zutage. Vgl. neuerdings *Kemnade*, Der Rechtsschutz des Nachbarn im Baurecht, 1965; *Peters*, DÖV 65, 744 ff.; *Gelzer*, BBauBl 66, 254 ff.; *Böhm*, DVBl 68, 10 ff.

§ 43 Erweiterung der Klagebefugnis

richtet sich nach dem Umfang der Genehmigung. Daß durch diese Beeinträchtigung der prinzipielle Gewährleistungsbereich des Art. 14 Abs. 1 GG angesprochen wird[39], sollte außer Zweifel stehen. Demgemäß kann die entscheidende Frage nur lauten: Welcher verfassungsrechtliche Gesichtspunkt rechtfertigt diese Beeinträchtigung?

Hier ist zunächst zu berücksichtigen, daß die Eigentumsgewährleistung auch zugunsten des Bauwerbers wirkt. Sie kann also nicht in Anspruch genommen werden, um das Bauen auf dem Nachbargrundstück schlechterdings zu verhindern. Allerdings steht es nicht im Belieben des Eigentümers, wie er sein Grundstück bebaut. Er hat sich vielmehr nach den Gesetzen zu richten, die seinem Eigentum Inhalt und Schranken bestimmen. Die Fixierung dessen, was Inhalt und Schranken der prinzipiellen Baufreiheit ausmacht, obliegt dem Gesetzgeber. Er trifft die erforderlichen Sachregelungen und normiert das Verfahren. Nur innerhalb des so durch materiell-rechtliche und verwaltungsverfahrensrechtliche Vorschriften festgesetzten Rahmens darf gebaut werden. In eben diesen Grenzen hat der Nachbar die mit dem Bau verbundenen Beeinträchtigungen seines Eigentums prinzipiell, d. h. sofern ihm nicht besondere Rechte z. B. aus Vertrag zustehen[40], hinzunehmen. Sobald allerdings dieser Rahmen überschritten wird, nämlich dadurch, daß die den Bauwerber begünstigende Entscheidung nicht sowohl in materiell-rechtlicher wie in verfahrensrechtlicher Beziehung der bestehenden Rechtsordnung entspricht, liegt ein Verstoß gegen die grundrechtliche Eigentumsgewährleistung vor. Eine Klage des Nachbarn müßte zur Aufhebung der zugrunde liegenden Genehmigung führen[41].

Dieses Ergebnis ließe sich nur vermeiden, wenn eine gleichfalls inhaltsbestimmende Norm zur Verfügung stände, die den Grundstücks-

---

[39] So schon *Evers*, JuS 62, 87 (89).
[40] Die aber grundsätzlich im Verfahren vor den Zivilgerichten geltend zu machen sind.
[41] Verfehlt erscheint die Argumentation des *BVerwG*, Bd. 28, 268 (271). Wenn einem Nachbarn die Möglichkeit genommen werde, sich auf eine angebliche Verletzung des § 36 Abs. 1 BBauG zu berufen, verstoße dies nicht gegen Art. 2 Abs. 1 GG. Denn Art. 2 Abs. 1 GG besage nicht, daß jede Gesetzesverletzung die allgemeine Handlungsfreiheit eines jeden Bürgers beeinträchtige. Eine solche Beeinträchtigung liege nur dann vor, wenn das verletzte Gesetz seinerseits demjenigen Rechte gewähre, der die Verletzung geltend macht.
Daß eine Beeinträchtigung des Art. 2 Abs. 1 GG nur nach Maßgabe der Rechtsgewährung durch das einfache Gesetz in Betracht kommen solle, ist angesichts des Art. 1 Abs. 3 GG kaum überzeugend. Die entscheidende Frage hat hier wohl zu lauten, ob der Nachbar in seiner Handlungsfreiheit (besser wohl in der Nutzung seines Eigentums) durch die öffentliche Hand beeinträchtigt ist und ob diese Beeinträchtigung in formeller wie in materieller Beziehung von der verfassungsmäßigen Ordnung gedeckt ist.
Vgl. hierzu auch *Bartlsperger*, VerwArch Bd. 60 (1969), 35 (61 ff.); sowie *Friauf*, DVBl 69, 368 (371).

C. 1. Die Rügemöglichkeit im verwaltungsgerichtlichen Verfahren

eigentümer verpflichtete, alle Beeinträchtigungen durch eine den Nachbarn erteilten, rechtswidrigen Baugenehmigung hinzunehmen. Ob aber eine Norm dieses Inhalts noch mit der prinzipiellen Gewährleistung des Eigentums vereinbar wäre, dürfte zweifelhaft sein[42].

Die prozessualen Auswirkungen einer derart erweiterten Klagebefugnis sollten nicht überschätzt werden.

Die im Hinblick auf ein umfassenderes Grundrechtsverständnis gebotene Neuorientierung hat eigentlich nur eine ergänzende Funktion. Wo schon jetzt geklagt werden darf, also bei allen imperativen Beeinträchtigungen und darüber hinaus dort, wo Lehre und Rechtsprechung den einfachen Gesetzen eine rechtlich speziell geschützte Sphäre zugunsten des Betroffenen entnommen haben, ergeben sich keinerlei Veränderungen.

Die Ausdehnung der Klagebefugnis gewinnt letztlich nur in Fällen Bedeutung, in denen man bisher unter Berufung auf die Struktur der Beeinträchtigung die Zulässigkeit einer verwaltungsgerichtlichen Klage verneinte.

Allerdings wird sich, vor allem bei der prozessualen Behandlung von Drittbeeinträchtigungen und von schlichten Beeinträchtigungen, eine vielfältige verfahrensrechtliche Problematik zeigen. Man denke etwa an den vorläufigen Rechtsschutz zugunsten des Drittbetroffenen, an die aufschiebende Wirkung einer von diesem erhobenen Anfechtungsklage, an die Notwendigkeit, ein Vorverfahren durchzuführen, an den Lauf der nach der VwGO maßgeblichen Fristen bei solchen Beeinträchtigungen oder an die Frage der Aufhebung eines zwar rechtswidrigen, aber vom Adressaten bereits „ins Werk gesetzten" Verwaltungsakts mit Drittwirkung[43]. Doch spricht vieles dafür, daß es sich hier nicht um verfahrensrechtliche Sonderprobleme der faktischen Beeinträchtigungen handelt, sondern nur um eine Häufung schon bekannter problematischer Verfahrenssituationen. Die genannten Fragenkreise treten auch dort auf, wo ein Verwaltungsakt mehrere Adressaten hat oder ein Dritter betroffen ist, dessen Position rechtlich besonders geschützt ist[44].

---

[42] Vgl. zum ungeschriebenen Vorbehalt unrichtiger Anwendung gültiger Rechtsnormen *Schumann*, Verfassung und Menschenrechtsbeschwerde gegen richterliche Entscheidungen, S. 195 ff.

[43] Siehe hierzu die Bemerkungen von *Bernhardt*, JZ 63, 302 (307 f.).

[44] Vgl. hierzu die ständig wachsende Literatur zur sogenannten Doppelwirkung bzw. zur Drittwirkung von Verwaltungsakten; u. a. *Schäfer*, DVBl 62, 844; *Dörffler*, NJW 63, 14 ff.; *Fromm*, DVBl 63, 564; DVBl 66, 241; *Rüfner*, DVBl 63, 609; *Siegmund-Schultze*, DVBl 63, 745 (752); *Sellmann*, NJW 64, 1545; *Haueisen*, NJW 64, 2037; *Gelzer*, DÖV 65, 793 (795); *Bender*, NJW 66, 1989; *Laubinger*, Der Verwaltungsakt mit Doppelwirkung, 1967; *Wieseler*, Der vorläufige Rechtsschutz gegen Verwaltungsakte, 1967, S. 231 ff.

Zweiter Abschnitt

Die Rügemöglichkeit im Verfahren vor dem Bundesverfassungsgericht

§ 44 Vorbemerkung

Von Interesse ist hier lediglich die Frage, ob man faktische Beeinträchtigungen von Grundrechten mit der Verfassungsbeschwerde nach Art. 93 Abs. 1 Ziff. 4a GG, § 90 BVerfGG rügen kann.

Zwar kommt für Grundrechtsverletzungen durch faktische Beeinträchtigungen, sofern sie von einem nachkonstitutionellen Gesetz ausgehen, auch das Normenkontrollverfahren nach Art. 100 GG in Betracht. In verfahrensrechtlicher Beziehung erscheint dies jedoch kaum problematisch.

Die prozessuale Ausgestaltung der konkreten Normenkontrolle bietet keinen Anlaß, im Rahmen der Zulässigkeitsprüfung auf die Modalität der Grundrechtsbeeinträchtigung einzugehen. Hier zählt allein die materiell-rechtliche Frage, ob das anzuwendende Gesetz grundrechtswidrig ist.

§ 45 Die Bedeutung der Beeinträchtigungsmodalität in der Rechtsprechung des Bundesverfassungsgerichts zur Zulässigkeit von Verfassungsbeschwerden

Nach dem Wortlaut des Art. 93 Abs. 1 Ziff. 4a GG, § 90 BVerfGG scheint die Art der Beeinträchtigung bei der Beurteilung der Zulässigkeit einer Verfassungsbeschwerde nicht ins Gewicht zu fallen. Das Gesetz fordert nur die Behauptung des Beschwerdeführers, er sei durch die öffentliche Gewalt in seinen Grundrechten oder in den anderen, gleichgestellten, Rechten verletzt.

Ein Blick in die Rechtsprechung des *Bundesverfassungsgerichts* und in die Kommentarliteratur zeigt jedoch ein anderes, differenzierteres Bild. Bei mittelbaren Berührungen, Reflexwirkungen und tatsächlichen Auswirkungen hoheitlicher Maßnahmen macht man Abstriche und hält eine Verfassungsbeschwerde grundsätzlich für unzulässig[45].

---

[45] Vgl. BVerfG Bd. 4, 96 (101); 6, 273 (278); 7, 61 (62); 8, 222 (223 ff.); 13, 230 (233); 15, 256 (262 f.); 15, 283 (286); 16, 25 (27); *Maunz-Sigloch*, Bundesverfassungsgerichtsgesetz, § 90 RdNr. 94 ff., S. 79 ff.; *Lechner*, Bundesverfassungsgerichtsgesetz, 2. Aufl., § 90, Anm. 3 b, S. 319; *Geiger*, Gesetz über das Bundesverfassungsgericht, § 90, Anm. 5, S. 278.
Dasselbe Problem stellt sich bei den Verfassungsbeschwerden nach Landesrecht, zu Art. 47 BayVerfGHG vgl. *Ehard*, BayVerfBl 66, 73 (76).

Sucht man allerdings nach den Gesichtspunkten, nach denen die Zulässigkeit der Verfassungsbeschwerde jeweils zu beurteilen ist, also die erheblichen von den unerheblichen Beeinträchtigungsmodalitäten abzugrenzen sind, so stößt man auf eine karge und eher verwirrende Ausbeute.

Bei einer Vielzahl von Verfassungsbeschwerden taucht die Frage nach der Beeinträchtigungsmodalität im Rahmen der Zulässigkeitsprüfung überhaupt nicht auf. Das sind die Normalfälle. Man wendet sich gegen dasjenige, was eine gesetzliche Regelung, ein Verwaltungsakt oder eine richterliche Entscheidung einem abfordern. Hier kann allenfalls zu prüfen sein, ob der angefochtene Akt den Beschwerdeführer gegenwärtig oder virtuell, unmittelbar oder erst vermittels eines besonderen Vollzugsaktes betrifft[46].

Problematisch wird es, wenn der Beschwerdeführer behauptet, er sei in seinen Rechten verletzt, der angefochtene Hoheitsakt sich aber an einen Dritten wendet.

In einer ganzen Reihe solcher Konstellationen hat das *Bundesverfassungsgericht* die Zulässigkeit der Verfassungsbeschwerde dennoch bejaht.

In deer Entscheidung Bd. 4, 96 hält das Gericht die Verfassungsbeschwerde einer Arbeitgebervereinigung gegen ein Urteil für zulässig, wenngleich die Beschwerdeführerin am Ausgangsverfahren nicht als Prozeßpartei beteiligt war.

Das angefochtene arbeitsgerichtliche Urteil hatte eine Berufung ausschließlich deshalb verworfen, weil sie durch einen nicht zugelassenen Vertreter, nämlich einen Angestellten der Beschwerdeführerin, eingelegt worden war. Das *Bundesverfassungsgericht* argumentierte, durch diese Urteilsbegründung werde unmittelbar die Betätigung der Beschwerdeführerin bei der satzungsmäßigen Wahrnehmung der Interessen ihrer Mitglieder beschränkt[47].

Der Beschluß Bd. 6, 273, behandelt die Verfassungsbeschwerde einer politischen Partei gegen eine Norm, die Steuerpflichtigen einen Steuervorteil für Spenden gewähren, gleichfalls als zulässig.

Das *Bundesverfassungsgericht* führte aus: Die angegriffene Bestimmung wende sich nur an die Steuerpflichtigen, so daß es den Anschein habe, die Interessen der politischen Parteien wären nur mittelbar berührt. Bei bloßen Reflexwirkungen könnte der davon Berührte nicht als selbst betroffen angesehen werden. Im gegebenen Fall handle es sich jedoch nur formell um eine Reflexwirkung, nicht aber nach Be-

---
[46] So schon *BVerfG* Bd. 1, 97 (101 f.), bei Verfassungsbeschwerden gegen Gesetze; vgl. auch *BVerfG* Bd. 24, 289 (294 f.), dort wird dieselbe Erwägung in bezug auf ein Gerichtsurteil angestellt; kritisch hierzu *Bettermann*, AöR 86, 129 ff.
[47] *BVerfG* Bd. 4, 96 (101); vgl. auch *BVerfG* 24, 289 (295).

deutung und Zielrichtung der angegriffenen Norm. Die Abzugsfähigkeit von Spenden bringe zwar auch dem Steuerpflichtigen Vorteile. Indessen, dies sei nicht der Zweck des Gesetzes. Zweck und Hauptwirkung der Regelung lägen vielmehr in dem Anreiz, den Parteien Beträge zu spenden, die zu einem erheblichen Teil durch Steuerermäßigung vom Fiskus getragen würden. Diese steuerliche Maßnahme sei daher zugleich und essentiell ein Beitrag zur Parteienfinanzierung, sie greife in das Parteienrecht hinüber. Die durch die Norm Begünstigten seien sowohl faktisch wie nach der Absicht des Gesetzgebers die Parteien, damit werde eine von dieser Regelung ausgeschlossene Partei selbst betroffen[48].

Im Urteil zum Ladenschlußgesetz bejaht das *Bundesverfassungsgericht* die Zulässigkeit einer Verfassungsbeschwerde der Kunden, die durch die gesetzlich angeordneten Ladenschlußzeiten betroffen werden, mit folgender Erwägung: Formell seien zwar nur die Inhaber der Verkaufsstellen und nicht die Beschwerdeführerinnen Adressaten des Gesetzesbefehls, der die Schließung der Läden gebiete. Die Einwirkung auf die Handlungsfreiheit der Beschwerdeführerinnen gehe aber über eine bloße Reflexwirkung hinaus. Die an die Ladeninhaber gerichtete Norm hindere zwangsläufig die Kundschaft im Einkauf, wirke also wie ein unmittelbar an diese gerichteter Gesetzesbefehl[49].

In der Entscheidung Bd. 15, 256 ginge es um die Verfassungsbeschwerde der Universität Gießen gegen das Urteil des Hessischen Verwaltungsgerichtshofs, der das Land Hessen zur Ernennung eines außerordentlichen Professors der Universität verurteilt hatte.

Zur Zulässigkeit der Verfassungsbeschwerde führte das Gericht an: Es sei Voraussetzung, daß der Beschwerdeführer nicht nur mittelbar, faktisch, sondern unmittelbar, rechtlich betroffen werde. Durch die Ernennung, zu der das Land verpflichtet sei, werde der Ernannte aber nicht nur zum Landesbeamten, sondern zugleich zum Mitglied der Universitäten als Korporation und damit auch der Fakultät, ohne daß es insoweit noch eines besonderen rechtsbegründenden Aufnahmeaktes seitens dieser Institutionen bedürfe. Daher sei die Universität selbst betroffen[50].

In der Entscheidung Bd. 15, 283 prüfte das *Bundesverfassungsgericht*, ob jemand, der in den Gründen eines Scheidungsurteils als Ehestörer namentlich bezeichnet wird, dieses Urteil mit der Verfassungsbeschwerde anfechten kann.

Das Gericht kam zu der Ansicht: Das Urteil im Zivilprozeß wirke grundsätzlich nur zwischen den Parteien. Die Wirkung für und gegen

---
[48] *BVerfG* Bd. 6, 273 (277 f.).
[49] *BVerfG* Bd. 13, 230 (233 f.).
[50] *BVerfG* Bd. 15, 256 (262 f.).

alle beziehe sich nur auf die durch das Urteil bewirkte Rechtsgestaltung. Die in den Gründen betroffene Feststellung, daß zwischen einem Ehegatten und einem Dritten ehewidrige Beziehungen bestanden hätten, habe dem Ehestörer gegenüber keinerlei rechtliche Wirkungen. Das schließe aber nicht aus, daß die namentliche Beziehung des Beschwerdeführers als Ehestörer in der Begründung des Scheidungsurteils ihn in einem Grundrecht verletze, dies könne nämlich auch in den Gründen eines Urteils geschehen. Daß eine unzutreffende Feststellung dieses Inhalts die Ehre des Beschwerdeführers und damit sein Grundrecht aus Art. 1 Abs. 1 GG berühren würde, bedürfe keiner näheren Ausführung[51].

Die Entscheidung Bd. 18, 1 zur Zulässigkeit mehrerer gegen das damals geltende Umsatzsteuerrecht gerichteter Verfassungsbeschwerden stützt sich u. a. auf Erwägungen zu Beeinträchtigungslagen, die sich durch gesetzliche Begünstigung Dritter ergeben.

Das *Bundesverfassungsgericht* meint dort: Die für die Zulässigkeit erforderliche Beschwer brauche nicht darin zu bestehen, daß möglicherweise rechtliche Pflichten der Beschwerdeführer zu mindern seien. Genügen müsse vielmehr, daß die als nichtig gerügte Steuernorm den Konkurrenten rechtliche Vorteile bringe, welche die Wettbewerbsfähigkeit der Beschwerdeführer minderten, und daß die darin liegende Benachteiligung der Beschwerdeführer wegfallen würde, wenn die Steuernorm nichtig wäre. Die Benachteiligung liege darin, daß einstufige Unternehmen mit höheren Selbstkosten belastet seien als Konkurrenten, die Lieferungen innerhalb eines Organkreises ausführten[52]. Eine Beschwer liege auch in dem Hoheitsakt, der einer Beschwerdeführerin bei der gegenwärtigen Rechtslage die Zahlung eines Umsatzsteuerbetrages auferlege und dadurch ihre Fähigkeit mindere, den Wettbewerb mit mehrstufigen Konkurrenten erfolgreich zu bestehen. Auch eine durch Steuergesetze herbeigeführte Minderung der Wettbewerbsfähigkeit reiche als Beschwer aus[53].

Für unzulässig hielt das *Bundesverfassungsgericht* hingegen die Verfassungsbeschwerde des Landesverbandes Saar der KPD gegen ein Schreiben des Bundesministers des Innern, in dem der Saarländische Minister des Innern gebeten wurde, Maßnahmen zur Vollstreckung des KPD-Urteils des Bundesverfassungsgerichts gegen den Beschwerdeführer einzuleiten.

---

[51] *BVerfG* Bd. 15, 283 (286); die Zulässigkeit wird dann jedoch aus anderen Gründen verneint.
Daß man nicht Prozeßpartei sein muß, um ein Urteil mit der Verfassungsbeschwerde anfechten zu können, wird auch in Bd. 21, 133 (136) angenommen.
[52] *BVerfG* Bd. 18, 1 (12 f.).
[53] *BVerfG* a.a.O., S. 17

Das *Bundesverfassungsgericht* verwies darauf, daß das Schreiben des Bundesministers nur als Anregung eines Bundesorgans an ein Landesorgan zu werten sei, dieses möge in bestimmter Weise tätig werden. Es greife also in die Rechtsstellung des Beschwerdeführer nicht unmittelbar ein, erwarte und wünsche vielmehr einen solchen Eingriff erst von seinem Adressaten. Damit bliebe es ein interner Vorgang ohne Rechtswirkungen nach außen. Auch die Veröffentlichung in der Presse könne dem Schreiben nicht die für eine Verfassungsbeschwerde vorausgesetzte Bedeutung eines Eingriffes in die Rechtsstellung der KPD/Landesverband Saar geben. Es liege kein mit der Verfassungsbeschwerde anfechtbarer Akt der öffentlichen Gewalt i. S. d. § 90 Abs. 1 Bundesverfassungsgerichtsgesetz vor[54].

Weiterhin erachtete das *Bundesverfassungsgericht* eine Verfassungsbeschwerde für unzulässig, mit der sich der Beschwerdeführer gegen die an einen Konkurrenten ergangenen, begünstigenden Umsatzsteuerbescheide wandte. Der Beschwerdeführer stützte sich darauf, sein Konkurrent werde in verfassungswidriger Weise bevorzugt. Er rügte u. a. eine Verletzung des Art. 2 Abs. 1 und des Art. 14 GG. Zur Begründung erklärte das *Bundesverfassungsgericht*: Es könne Fälle geben, in denen jemand wegen seiner besonderen Beziehung zum Sachverhalt durch den gegen einen anderen gerichteten Akt der öffentlichen Gewalt betroffen werde und deshalb ausnahmsweise selbst zur Verfassungsbeschwerde legitimiert sei. Ein solcher Fall liege aber nicht vor. Zwar würden sich aus der Umsatzsteuerfreiheit des Konkurrenzunternehmens wirtschaftliche Wirkungen auf den Beschwerdeführer ergeben. Trotzdem könne man Steuerbescheide gegen ein Konkurrenzunternehmen nicht mit der Verfassungsbeschwerde angreifen. Das ergäbe sich schon aus der Bedeutung, die diesen Bescheiden im Verhältnis zum Steuerfiskus zukomme[55].

Auf den Gesichtspunkt, daß bei Belastungen faktischer Art eine Verfassungsbeschwerde auszuscheiden habe, hat sich das *Bundesverfassungsgericht* auch in einem völlig anders gelagerten Fall berufen.

Der Beschwerdeführer wandte sich da gegen ein Urteil des Bundesverwaltungsgerichts, das ihn belastende Vorentscheidungen aufhob und die Sache zu erneuter Verhandlung und Entscheidung zurückverwies. Er behauptete, für die Rückverweisung sei eine Norm des Steuerrechts maßgeblich gewesen, die unter Verletzung der grundgesetzlichen Kompetenzvorschriften ergangen sei. Hätte man dies beachtet, so wäre in der Sache selbst und zwar zu seinen Gunsten zu entscheiden gewesen.

---

[54] *BVerfG* Bd. 7, 61 (62).
[55] *BVerfG* Bd. 16, 25 (27).

Das *Bundesverfassungsgericht* begründete die Unzulässigkeit der Verfassungsbeschwerde folgendermaßen: Der Beschwerdeführer möge faktisch dadurch belastet sein, daß — im Gegensatz zu seiner Rechtsauffassung — das Bundesverwaltungsgericht in den Urteilgründen ausgesprochen habe, die Steuernorm sei mit Art. 105 Abs. 2 Ziff. 1 GG vereinbar. Er müsse auch damit rechnen, daß das Instanzgericht nunmehr eine langwierige, schwierige und für ihn lästige Beweisaufnahme anordnen werde. Dies alles stelle aber keine Beschwer im Rechtssinne dar, wie sie § 90 Abs. 1 BVerfGG voraussetzte. Rechtsausführungen in den Gründen einer Entscheidung begründeten allein keine Beschwer. Dieser im Verfahrensrecht anerkannte Grundsatz gelte auch für das Verfahren der Verfassungsbeschwerde, da sie in erster Linie dem Rechtsschutz des einzelnen gegenüber der Staatsgewalt diene. Auf eine lediglich in den Urteilsgründen vertretene, grundrechtswidrige Rechtsauffassung könne eine Verfassungsbeschwerde nicht gestützt werden. Dem stehe die Entscheidung Bd. 6, 7 (9 f.) nicht entgegen. Dort habe es sich um die Verfassungsbeschwerde gegen ein Strafurteil gehandelt und der Beschwerdeführer gerügt, daß er nicht wegen erwiesener Unschuld, sondern mangels Beweises frei gesprochen worden sei. Der Inhalt dieses Urteils habe also die Rechtsstellung des Beschwerdeführers unmittelbar berührt. Solche Wirkungen äußere das angegriffene Urteil des Bundesverwaltungsgerichts nicht. Seine Rechtsausführungen zu einem bestimmten rechtlichen Argument des Beschwerdeführers könnten dessen Grundrechte nicht verletzen[56].

§ 46 Kritische Anmerkungen

Die verschiedenen Versuche des Bundesverfassungsgerichts, Verfassungsbeschwerden allein auf Grund der Beeinträchtigungsmodalität den prozessualen Riegel der Unzulässigkeit vorzuschieben, besitzen nicht die Kraft zu überzeugen.

Das häufig angeführte Begriffspaar: unmittelbare — mittelbare Beeinträchtigungen, ist als solches auch in prozessualer Beziehung nicht griffig. Zwar ist es erkennbar auf eine mediale Beziehung zwischen Hoheitsakt und Beeinträchtigung angelegt, d. h. es setzt eine gewisse Verknüpfung zwischen ihnen voraus, aber es besagt selbst nichts zu der Frage auf welches „Medium" es ankommt, wie die Verknüpfung ihrem Inhalt nach beschaffen sein muß. Um eine Beeinträchtigung als lediglich mittelbar qualifizieren zu können, bedarf es daher immer zusätzlicher Gesichtspunkte.

Das Bundesverfassungsgericht ist mit dem Gesichtspunkt, den es zunächst für maßgeblich erachtete, nämlich daß eine Beeinträchtigung

---

[56] *BVerfG* Bd. 8, 222 (224).

§ 46 Kritische Anmerkungen

durch ein Gesetz dann mittelbar ist, wenn dessen Durchführung rechtsnotwendig oder nach der tatsächlichen Verwaltungspraxis einen besonderen, vom Willen der vollziehenden Gewalt beeinflußten Vollziehungsakt voraussetzt[57], nicht ausgekommen. Statt dessen hat es eine Vielzahl von Erwägungen zur Begründung der Unmittelbarkeit von Beeinträchtigungen herangezogen.

Nur in den seltensten Fällen kommt diesen Überlegungen jedoch eine wirklich abgrenzende Funktion zu.

Wenn das Bundesverfassungsgericht zum Beispiel die Unmittelbarkeit der Betroffenheit bejaht, weil sich die Beeinträchtigung zwangsläufig aus einer an andere gerichteten gesetzlichen Regelung ergibt, so besagt das noch nicht, daß bei Beeinträchtigungen, denen diese Art von Zwangsläufigkeit fehlt, die Verfassungsbeschwerde unzulässig wäre[58].

Damit hängt ein weiteres zusammen: Das Bundesverfassungsgericht läßt nicht erkennen, warum es ihm gerade auf den jeweils präsentierten Gesichtspunkt ankommt. Dadurch werden die verschiedenen, rechtlich möglichen Erwägungen untereinander austauschbar, was zu einem Mangel an Rationalität der Entscheidungen führt. Das gilt vor allem, wenn das Gericht die Beziehung zwischen Hoheitsakt und konkreter Beeinträchtigung vernachlässigend auf den Zweck des Gesetzes, die Absicht des Gesetzgebers[59] oder die Bedeutung eines Hoheitsaktes[60] abstellt.

Hier wäre jeweils eine Absicherung im positiven Recht oder aber der Nachweis erforderlich, daß das Bundesverfassungsgericht die Kompetenz besitzt, selbst die für die Zulässigkeit der Verfassungsbeschwerde maßgebenden Gesichtspunkte auszuwählen. Beides läßt sich durchwegs nicht erkennen[61].

Die wohl gewichtigste Einwendung gegen die Bemühungen des Bundesverfassungsgerichts, bei bestimmten Beeinträchtigungsmodalitäten die Verfassungsbeschwerde zu versagen, ist methodischer Art.

§ 90 Abs. 1 BVerfGG eröffnet demjenigen die Möglichkeit, Verfassungsbeschwerde zu erheben, der behauptet, durch die öffentliche Ge-

---

[57] BVerfG Bd. 1, 96 (102 f.).
[58] Bemerkenswerterweise wird der in Bd. 13, 230, genannte Gesichtspunkt der Zwangsläufigkeit in den anderen Entscheidungen nicht einmal mehr erwähnt. Auch die Gesichtspunkte des Zweckes einer Norm und der Absicht des Gesetzgebers tauchen in anderen Entscheidungen als der in Bd. 6, 273, nicht wieder auf.
[59] BVerfG Bd. 6, 273 (277 f.).
[60] BVerfG Bd. 16, 75 (27).
[61] Es sei denn, man wollte in diesen Fällen immer mit dem Begriff der auszuschließenden „Popularklage" operieren, wobei allerdings offen bliebe, ob nicht gerade dieser Begriff allein von § 90 BVerfGG her, also nicht von anderweitigen gesetzlichen oder gerichtlichen Ausformungen, geprägt ist. Vgl. hierzu schon *Bettermann*, AöR 86, 129 (180 f.).

walt[62] in seinen Grundrechten u. a. verletzt zu sein. Welche Beeinträchtigungen hierbei als Verletzung in Betracht kommen, richtet sich einzig und allein nach dem Inhalt des materiellen subjektiven Rechts, das als verletzt gerügt ist. Soweit dieses Recht reicht, soweit sich also der grundrechtliche Gewährleistungsbereich erstreckt, sind auch Verletzungen möglich[63].

Damit soll nicht gesagt sein, daß jede Verletzung eines der in § 90 Abs. 1 BVerfGG genannten Rechte mit der Verfassungsbeschwerde rügbar sein müsse. Der Gesetzgeber kann freilich bestimmen, daß nur spezifische Fälle beschwerdefähig sind[64]. Ein solcher Wille zur Spezifizierung läßt sich aber nicht schon aus dem im Gesetz verwendeten Begriff der „Rechtsverletzung" herleiten. Hierzu bedarf es eindeutigerer normativer Aussagen[65].

---

[62] Nicht erforderlich ist hingegen die Behauptung, „durch einen unmittelbaren Eingriff der öffentlichen Gewalt" verletzt zu sein. So versucht es aber das *BVerfG* Bd. 7, 61 (62 f.), hinzustellen.

[63] Vgl. zu diesem Gesichtspunkt *Bettermann*, AöR 86, 129 (176 ff.). Um zu erkennen, wann jemand durch Gesetz in einem seiner Grundrechte verletzt werde, sei die materielle Rechtslage zu klären, die der Verfassungsbeschwerde gegen Gesetze zugrunde liege und durch sie geschützt werde. Bettermann kommt auf diese Weise zu dem Ergebnis, daß die Beschränkung der Verfassungsbeschwerde gegen Gesetze durch das vom Bundesverfassungsgericht aufgestellte Erfordernis unmittelbarer und gegenwärtiger Betroffenheit den Kreis der Beschwerdebefugten in unzulässiger Weise verenge. Das hat für die Behandlung der indirekten Belastungen oder Betroffenheit im Rahmen der Beschwerdebefugnis entsprechende Konsequenzen, vgl. a.a.O., S. 183 f.
Zur Ausrichtung der prozessualen Lösungen auf die materiell-rechtlichen Gesichtspunkte vgl. auch *Lerche*, AöR 90, 341 (343).

[64] Zur Befreiung des Verfassungsprozeßrechts vom „materiellen Denken" vgl. *Schumann*, Verfassungs- und Menschenrechtsbeschwerde gegen richterliche Entscheidungen, S. 181 f., mit weiteren Nachweisen FN. 9, S. 197 ff. Art. 19 Abs. 4 GG steht einer normativen Beschränkung des Beschwerderechts nicht entgegen, da die Verfassungsbeschwerde nahezu in allen denkbaren Fällen ein zusätzlicher Rechtsbehelf ist.

[65] Eine solche liegt z. B. in den verschiedenen Vorschriften, die auf Wesen und Funktion der Verfassungsbeschwerde schließen lassen und von daher eine Begrenzung der Prüfungskompetenz des BVerfG rechtfertigen könnten; auch hierzu *Schumann*, a.a.O., S. 198 in Verbindung mit S. 108 ff.
Zur Bedeutung, die § 90 Abs. 2 S. 1 BVerfGG in dieser Hinsicht zukommt, vgl. *Bettermann*, AöR 86, 129 (147 ff., 174 f.); kritisch hierzu *Bachof*, AöR 86, 186 (189 ff.). Bemerkenswert ist in dieser Hinsicht auch der Versuch *Lerches*, AöR 90, 341 (360 f.), die Enumeration der Rechte des § 90 Abs. 1 BVerfGG zur Beschränkung der Rügemöglichkeiten bei Art. 2 Abs. 1 und Art. 3 GG heranzuziehen. Es ist allerdings zu fragen, ob die Enumeration einen zureichenden Sinn nicht auch darin findet, daß sie das Konkurrenzverhältnis zwischen Art. 2 Abs. 1 und den anderen Grundrechten bzw. den gleichgestellten Rechten klärt. Es formt diese Rechte nämlich zu selbständigen prozessualen Einstiegstellen aus. Würde § 90 Abs. 1 BVerfGG nur Art. 2 Abs. 1 GG genannt haben, so ergäbe sich doch zwangsläufig die Frage, ob ein z. B. gemäß Art. 14 GG materiell-rechtlich geschütztes Individualinteresse in prozessualer Beziehung dem von Art. 2 Abs. 1 GG erfaßten Interessen zugerechnet werden kann.

§ 47 Die Beschwerdebefugnis gemäß § 90 Abs. 1 BVerfGG bei faktischen Beeinträchtigungen der Grundrechte

Der materiell-rechtliche Grundrechtsschutz erfaßt jede Beeinträchtigungsmodalität. Ein prinzipieller Unterschied zwischen imperativen und faktischen Beeinträchtigungen der grundrechtlich geschützten Interessen besteht, wie dargelegt, nicht. Jede Beeinträchtigung eines Interesses, das einem gegenständlich benannten Gewährleistungsbereich angehört, kann eine Grundrechtsverletzung sein und begründet gemäß § 90 Abs. 1 BVerfGG die Befugnis, Verfassungsbeschwerde zu erheben.

Verfassungsprozessuale Normen, die ausdrücklich feststellen oder zu dem Schluß zwingen, daß bei bestimmten Beeinträchtigungsmodalitäten die Verfassungsbeschwerde ausgeschlossen sein soll, gibt es nicht.

Das Verfahrensrecht bietet keinen Anlaß, danach zu unterscheiden, ob jemand unmittelbar oder mittelbar, rechtlich oder faktisch, gezielt oder ungezielt, zwangsläufig oder zufällig, direkt oder reflexweise oder wie immer betroffen ist.

Hierdurch entsteht ein Effekt, der sich schon oben bei den Darlegungen zum Verwaltungsprozeßrecht gezeigt hat: Verfassungsbeschwerden gegen faktische Beeinträchtigungen scheitern nicht mehr an einer von formalen Kategorien beherrschten Zulässigkeitsprüfung. Statt dessen sind sie an Hand der einschlägigen materiell-rechtlichen Gesichtspunkte zu beurteilen.

Die Zulässigkeitsprüfung ist demgemäß anders aufzubauen:

Im Mittelpunkt muß die nach § 90 Abs. 1 BVerfGG erforderliche Behauptung des Beschwerdeführers stehen, durch öffentliche Gewalt in einem seiner Grundrechte u. a. verletzt zu sein.

Dies setzt zunächst etwas Tatsächliches voraus. Es muß ein Akt, ein Tun oder Unterlassen, gegeben sein, der sich in irgendeiner Weise rechtlich oder tatsächlich auf den Beschwerdeführer auswirkt. Welcher Art dieser Akt ist, spielt keine Rolle[66].

In bezug auf diesen Akt hat der Beschwerdeführer eine doppelte Behauptung aufzustellen.

Er muß einmal geltend machen, daß der Akt der öffentlichen Gewalt zuzurechnen sei, d. h. daß der Handelnde durch sein Tun öffent-

---

[66] Eine darüber hinausgehende Beschwer ist nicht vorausgesetzt. Zur Beschwer im Verfassungsbeschwerdeverfahren vgl. *Rudolf Schneider*, ZZP Bd. 79 (1966), 1 (55 ff.).

liche Gewalt ausgeübt bzw. durch sein Unterlassen an sich gegebene öffentliche Gewalt nicht ausgeübt habe[67].

Zum andern muß er vorbringen, er sei durch den angefochtenen Akt in seinen Grundrechten verletzt. Der Beschwerdeführer macht hierbei letztlich geltend, der angefochtene Akt beeinträchtige eines seiner Interessen; dieses Interesse sei grundrechtlich geschützt; er habe daher einen Anspruch auf Unterlassung der beeinträchtigenden Handlung[68].

Der Bereich möglicher Grundrechtsverletzungen ist unbegrenzt. Im Hinblick auf die Rechtsprechung des Bundesverfassungsgerichts zu Art. 2 Abs. 1 GG kann im Prinzip jede Handlung eines Trägers öffentlicher Gewalt, die die Interessen eines Grundrechtsträgers in irgendeiner Weise berührt, zum Gegenstand einer Verfassungsbeschwerde werden[69].

Die Ausdehnung der Beschwerdebefugnis nach § 90 Abs. 1 BVerfGG liegt als Trend auch der Rechtsprechung des Bundesverfassungsgerichts zugrunde. Die Entscheidungen, die Verfassungsbeschwerde an der Art der Betroffenheit des Beschwerdeführers als unzulässig scheitern lassen, nehmen nur geringen Raum ein. Gemessen an den übrigen Erkenntnissen des Gerichts wirken sie fast wie Fremdkörper.

Das gilt zumal für die oben erwähnte Entscheidung Bd. 8, 222.

Es vermag einfach nicht zu überzeugen, daß ein Revisionsurteil, das alle nachteiligen Vorentscheidungen aufhebt und die Sache an das Instanzgericht zurückverweist, den Beschwerdeführer nur faktisch be-

---

[67] Daß insoweit die Behauptung ausreicht, ergibt sich aus dem Gesetzestext. Das hat das *Bundesverfassungsgericht* in der Entscheidung Bd. 7, 61 (62) verkannt. Es hielt die Verfassungsbeschwerde für unzulässig, weil kein mit der Verfassungsbeschwerde anfechtbarer Akt der öffentlichen Gewalt im Sinne des § 90 Abs. 1 BVerfGG vorliege.
Wie hier *Schmidt-Bleibtreu, Maunz, Sigloch,* Bundesverfassungsgerichtsgesetz, § 90 RdNr. 67, S. 63.
[68] Vgl. hierzu schon *Bettermann,* AöR 86, 129 (177); *Schumann,* Verfassungs- und Menschenrechtsbeschwerde gegen richterliche Entscheidungen, S. 194; *Lechner,* Bundesverfassunggerichtsgesetz, 2. Aufl., § 90, S. 315.
[69] Daran ändert sich auch dadurch nichts, daß das *BVerfG* im Verfassungsbeschwerdeverfahren, die sich nicht gegen Rechtssätze, sondern gegen rechtssatzanwendende Gerichtsurteile richten, seine Prüfungsbefugnis auf die Feststellung spezifischen Verfassungsrechts beschränkt sieht, vgl. *BVerfG* Bd. 1, 418 (420); 11, 341 (349); 13, 318 (325); 15, 219 (221); 17, 302 (305); denn diese Beschränkung der Prüfungsbefugnis wirkt sich nicht bei der Zulässigkeit, sondern bei der Begründetheit der Verfassungsbeschwerde aus. Vgl. hierzu *Schumann,* Verfassungs- und Menschenrechtsbeschwerde gegen richterliche Entscheidungen, S. 194 ff. A. A. anscheinend *Seuffert,* NJW 69, 1369 (1371), die auf *BVerfG* Bd. 6, 32 gestützten Ausführungen erwecken den Eindruck, als seien in Fragen des einfachen Rechts unrichtige Gerichtsentscheidungen überhaupt nicht als Grundrechtsverletzungen qualifizierbar; derartige Fallentscheidungen müßten hingenommen werden, das läuft auf die schon von *Schumann,* a.a.O., S. 195 ff. als überflüssig abgetane Vorstellung hinaus, Art. 2 Abs. 1 GG stehe unter einem ungeschriebenen Vorbehalt unrichtiger Rechtsanwendung.

§ 47 Die Beschwerdebefugnis gemäß § 90 Abs. 1 BVerfGG

laste und darum nicht mit der Verfassungsbeschwerde angefochten werden könne. Es darf nicht verkannt werden, daß das Revisionsgericht dem Beschwerdeführer eine Last auferlegt, indem es ihn vor die Notwendigkeit stellt, das Verfahren in der Berufungsinstanz zu wiederholen. Wenn diese Last aber auf der Anwendung einer vom Beschwerdeführer als verfassungswidrig gerügten Norm beruht, dann ist die Möglichkeit einer Verletzung des Art. 2 Abs. 1 GG nicht von der Hand zu weisen[70].

Auch die Entscheidung Bd. 16, 25 läßt sich nicht recht in das Gesamtbild der verfassungsrechtlichen Rechtsprechung einfügen.

Es ist wenig einleuchtend, wenn das Gericht einerseits feststellt, daß die dem Konkurrenzunternehmen eingeräumte Umsatzsteuerfreiheit sich wirtschaftlich auf den Beschwerdeführer auswirke, andererseits aber die Verfassungsbeschwerde gegen die Steuerbescheide, die das Konkurrenzunternehmen begünstigen, wegen deren Bedeutung im Verhältnis zwischen dem Begünstigten und dem Steuerfiskus für unzulässig hält.

Auch hier ist der Beschwerdeführer durch die öffentliche Gewalt belastet. Seine Behauptung, u. a. sei Art. 2 Abs. 1 GG verletzt, ist keineswegs völlig haltlos. Beruht nämlich die gewährte Umsatzsteuerbefreiung nicht auf einem Gesetz, daß in formeller und materieller Beziehung dem Grundgesetz entspricht, dann braucht der Beschwerdeführer die zu seinen Lasten eingetretenen Wettbewerbsverzerrungen nicht hinzunehmen. Er ist demgemäß beschwerdebefugt[71].

Einleuchtend erscheint zunächst die Entscheidung Bd. 7, 61.

Offensichtlich hat man sie, wenngleich dies nicht erwähnt ist, auf das Erfordernis unmittelbarer Betroffenheit im Sinne der Entbehrlichkeit eines besonderen Vollzugsaktes ausgerichtet. In der Tat fehlt

---

[70] Auch an dem Erfordernis, den Rechtsweg zu erschöpfen, konnte diese Verfassungsbeschwerde nicht scheitern, denn einen Rechtsweg gegen die im Rückverweisungsurteil liegende Rechtsverletzung gibt es nicht. Die Wiederholung des Verfahrens kann nicht als Rechtsweg i. S. d. § 90 Abs. 2 S. 1 BVerfGG angesehen werden, denn sie kann gegen die in der Rückverweisung liegende Verletzung keine Abhilfe bringen. Recht besehen handelt es sich um eine Frage der Begründetheit. Man hat zu prüfen, ob die Rückverweisung auf der als verfassungswidrig gerügten Norm beruht. Das ist dann der Fall, wenn das Revisionsgericht, falls es die gerügte Norm für nichtig gehalten hätte, zu einer anderen Entscheidung (hier wohl Aussetzung nach Art. 100 GG) gezwungen gewesen wäre.

[71] In diesem Fall kann man die Unzulässigkeit aber wohl mit § 90 Abs. 2 BVerfGG begründen. Das schließt jedoch nicht aus, daß es in vergleichbaren Fällen — eben nach Erschöpfung des Rechtswegs — zu einer Prüfung der Begründetheit kommt. Erweist sich die Steuerbefreiungsnorm dabei als verfassungswidrig, so ist sie gemäß § 95 Abs. 3 BVerfGG für nichtig zu erklären. Der den Dritten begünstigende Steuerbescheid müßte nach § 95 Abs. 2 BVerfGG aufgehoben werden. An dieser Stelle erst wird das vom BVerfG angedeutete Problem der Bestandskraft des Steuerbescheides aktuell.

der Anregung eines Bundesministers an einen Landesminister, dieser solle in bestimmter Weise gegen die Beschwerdeführerin vorgehen, insoweit die Unmittelbarkeit[72].

Löst man sich aber von diesem Merkmal und folgt der These von der umfassenderen Beschwerdebefugnis, dann gelangt man auch hier zu einem anderen Ergebnis. Denn, wenn die Beschwerdeführerin substantiiert behauptet, sie werde dadurch, daß man sie zum Gegenstand eines staatlichen Liquidationsverfahrens macht, in ihren Grundrechten aus Art. 2 Abs. 1, Art. 9 Abs. 1 GG verletzt, weil dieses Vorgehen keinen zureichenden Grund in der verfassungsmäßigen Rechtsordnung finde, so genügt das zur Begründung der Beschwerdebefugnis[73].

Die Erweiterung der Beschwerdebefugnis kann in der Praxis zu einer nicht unbeträchtlichen Vermehrung der Verfassungsbeschwerden führen. Allein, man sollte diesen Effekt nicht überbewerten. Zu einer Flut, der das Bundesverfassungsgericht nicht gewachsen sein könnte, wird es nicht kommen.

Die erweiterte Beschwerdebefugnis findet einmal eine Entsprechung in einer umfassender zu verstehenden verwaltungsgerichtlichen Klagebefugnis[74]. Das bedeutet, daß für eine Vielzahl von Grundrechtsverletzungen durch faktische Beeinträchtigungen vorab der Rechtsweg zu den Verwaltungsgerichten eröffnet ist. Der Filter des § 90 Abs. 2 S. 1 BVerfGG tritt also voll in Aktion.

Zum anderen besteht ja gemäß § 93 a Abs. 4 BVerfGG die Möglichkeit, Bagatellfälle oder Verfassungsbeschwerden, bei denen die Klärung einer verfassungsrechtlichen Frage nicht zu erwarten ist, abzulehnen.

Für eine darüber hinaus gehende Beschränkung der Beschwerdebefugnis bei faktischen Beeinträchtigungen grundrechtlicher Gewährleistungen bedarf es allerdings einer besonderen Entscheidung durch den Gesetzgeber.

---

[72] Vgl. insoweit auch BVerfG Bd. 24, 289 (294 f.).
[73] Allerdings wäre, wenn man die Zulässigkeit einer verwaltungsgerichtlichen Klage bejahte (vgl. oben § 43), zunächst dieser Rechtsweg zu erschöpfen.
[74] Vgl. oben § 43.

Thesen

1. Der Grundrechtsschutz ist nach überkommener Vorstellung auf Freiheitsbeeinträchtigungen bezogen, die in staatlichen Akten mit bestimmter formaler Struktur ihren Grund haben. Der staatliche „Befehl" bildet den Prototyp der Grundrechtsverletzung.
2. Kennzeichen der Grundrechtsverletzung durch „Befehl" ist die Identität von staatlicher Regelung und Beeinträchtigung. Ein Teil der Beeinträchtigungen, die der Grundrechtsträger erfährt, sind im „Befehl" selbst angelegt, und zwar in dem „befohlenen" Verhalten.
3. Diesen „imperativen" Beeinträchtigungen steht die Gruppe der „faktischen" Freiheitsbeeinträchtigungen gegenüber; bei ihnen fehlt die Identität von staatlicher Regelung und Beeinträchtigung. Die Freiheitseinbuße ist hier nicht in der staatlichen Regelung selbst angelegt, sie ergibt sich auf andere Weise.
4. Die Gruppe der „faktischen" Beeinträchtigungen läßt sich in verschiedener Hinsicht unterteilen. Unterteilungsgesichtspunkte liefert einmal die formale Struktur des staatlichen Ausgangsaktes, zumal sein eventueller Regelungscharakter. Danach kann man Reflexwirkungen und schlichte Beeinträchtigungen gegenüberstellen. Die Reflexwirkungen zerfallen in zwei Untergruppen je nachdem, ob der Beeinträchtigte zugleich „Regelungsadressat" ist und als solcher zusätzlich betroffen wird (Folgewirkung) oder ob sich eine staatliche Regelung, die an einen Dritten gerichtet ist, auf den Beeinträchtigungen ausgewirkt hat (Nebenwirkung).
Faktische Beeinträchtigungen können auch nach der Art unterschieden werden, in der der staatliche Ausgangsakt und die Beeinträchtigung in objektiver bzw. subjektiver Beziehung miteinander verknüpft sind. Es gibt demgemäß zwangsläufige und gelegentliche faktische Beeinträchtigungen. Bei letzteren kann noch danach gruppiert werden, ob die Beeinträchtigungen beabsichtigt, bewußt oder gewollt, vorhersehbar oder zufällig sind.
5. Theorie und Praxis lassen schon bisher den Grundrechtsschutz nicht schlagartig an der Grenze zwischen den imperativen und faktischen Beeinträchtigungen enden. Die verschiedenen Ansätze zur Erstreckung des Grundrechtsschutzes kann man auf zwei Grundtendenzen zurückführen.

Die eine versucht, faktische Beeinträchtigungen, die aus dem einen oder anderen für maßgeblich erachteten Gesichtspunkt in formaler Beziehung einer imperativen Beeinträchtigung gleichstehen (Finalität, Unmittelbarkeit, Vorhersehbarkeit), in den Grundrechtsschutz einzubeziehen.

Die andere stellt in erster Linie auf den grundrechtswidrigen Effekt ab und nimmt nur gewisse „eingriffsferne" Beeinträchtigungen vom Grundrechtsschutz aus.

6. Imperative und faktische Beeinträchtigungen können im Hinblick auf den Grundrchtsschutz nicht in jeder Beziehung gleich behandelt werden. Es ist eine Lösung geboten, die Raum läßt, um den rechtlichen Besonderheiten der faktischen Beeinträchtigungen Rechnung zu tragen.

7. Die differenzierende Lösung muß die im Grundgesetz normierten Regel-Ausnahme-Strukturen beachten. Man hat vor allem zu klären, ob faktische Beeinträchtigungen nur ausnahmsweise an den Grundrechten zu messen sind oder ob sie nur ausnahmsweise vom Grundrechtsschutz ausgespart werden dürfen.

Das ist keine lediglich im Rechtstechnischen bleibende Überlegung, sondern gewinnt materiell-rechtliche Bedeutung bei der Frage, wen die Last des nicht geführten Beweises und die Last einer nicht gezogenen Analogie trifft.

8. Der materielle grundrechtliche Gewährleistungsbereich bietet nicht nur Schutz vor imperativen Beeinträchtigungen. Er ist auf den freiheitswidrigen Effekt bezogen.

Wortlaut, Zweck der Grundrechte des Grundgesetzes sprechen dafür, daß im Prinzip jede Beeinträchtigung der gewährleisteten Freiheit den Grundrechtsschutz auslösen kann. Diese Ansicht findet ihre positiv-rechtliche Absicherung durch die in Art. 1 Abs. 1 GG verankerte Achtungs- und Schutzpflicht des Staates sowie in der Erwägung, daß die Grundrechte prinzipiell vor bestimmten thematisch benannten Beeinträchtigungen und nicht nur vor bestimmten formal gekennzeichneten Hoheitsakten schützen.

9. Dieser Deutung steht das überkommene Grundrechtsverständnis nicht entgegen. Ansätze, den Grundrechtsschutz über den Bereich der imperativen Beeinträchtigungen hinaus einzusetzen, finden sich zumal in der Grundrechtsdogmatik der Weimarer Zeit.

10. Auch die modernen Grundrechtstheorien stützen die Ansicht, daß die Grundrechte vor faktischen Beeinträchtigungen schützen. Gleichviel, ob man die Grundrechte als „Werte" oder Institution zur Sicherung individueller „Chancen" sieht, sie werden jeweils auch durch faktische Beeinträchtigungen angesprochen.

11. Faktische Beeinträchtigungen der Individualsphäre genießen nicht nur den Schutz des allgemeinen Freiheitsrechts und des allgemeinen Gleichheitsrechts. Wo die Schutzbereiche spezieller Grundrechtsnormen tangiert sind, gehen diese vor.

12. Faktische Beeinträchtigungen der grundrechtlichen Freiheiten müssen durch einen entsprechenden Vorbehalt gedeckt sein.

13. Inhaltlich benannte Grundrechtsvorbehalte, die speziell zu imperativen Beeinträchtigungen ermächtigen, können auch faktische Beeinträchtigungen gleichen Effekts sachlich legitimieren. Umgekehrt darf aber nicht aus einer Verfassungsnorm, die nur gewisse imperative Beeinträchtigungen aus dem Vorbehaltsbereich ausklammert, auf ein entsprechendes Verbot für faktische Beeinträchtigungen geschlossen werden. Im übrigen gelten im Prinzip alle Vorbehaltsnormen gleicherweise für faktische wie für imperative Beeinträchtigungen.

14. Wo eine Ermächtigung zu Freiheitsbeeinträchtigungen fehlt oder deren Voraussetzungen nicht erfüllt sind, bleibt es auch im Hinblick auf faktische Beeinträchtigungen bei der prinzipiellen grundrechtlichen Gewährleistung.

15. Innerhalb des für staatliche Beeinträchtigungen eröffneten Vorbehaltsbereiches wirken die Grundsätze der Erforderlichkeit und der Verhältnismäßigkeit sowie die Wesensgehaltsgarantie als materiell-rechtliche Gegenschranken.

16. Faktische Beeinträchtigungen verstoßen nicht gegen grundrechtliche Gewährleistungen, wenn und soweit sie Freiheitsinteressen treffen, deren Durchsetzung eine mißbräuchliche Grundrechtsausübung darstellte. Die Abwehr von Beeinträchtigungen ist jedoch nicht schon deshalb mißbräuchlich, weil sie sich gegen eine nur faktische Beeinträchtigung wendet.

17. Für faktische Beeinträchtigungen gilt der Grundsatz der Gesetzmäßigkeit der Verwaltung nicht in gleichem Umfang wie für imperative Beeinträchtigungen. Der Allgemein-Vorbehalt soll gewährleisten, daß die Verwaltung gegen den Bürger nur solche Mittel einsetzt, die der Gesetzgeber ihr zur Verfügung gestellt hat. Er besagt aber nicht, daß die Verwaltung nur solche Folgen auslösen darf, die der Gesetzgeber zuvor katalogisiert hat.

18. Die Bereitstellung der gesetzlichen Grundlagen für das Handeln der Verwaltung ist zweckbezogen. Die Kompetenz, Zwecke zu setzen, welche von den staatlichen Gewalten auf Kosten der Grundrechte verfolgt werden dürfen, bedarf besonderer verfassungsrechtlicher Begründung. Nach dem Grundgesetz besitzt in der Regel nur der Gesetzgeber derartige Kompetenzen.

19. Die prinzipiell ausschließliche Zwecksetzungskompetenz der Gesetzgebung schließt selbständige Zwecksetzungen der Verwaltung auf Kosten grundrechtlicher Freiheiten aus. Das wirkt sich beispielsweise im Subventionsrecht, bei der wirtschaftlichen Betätigung von Hoheitsträgern und bei der Schaffung neuer staatlicher Aufgaben hemmend aus.

20. Bei der Zwecksetzung sind die allgemeinen Vorschriften des staatlichen Organisationsrechts über die staatliche Willensbildung zu beachten.

21. Das Verbot von Individualregelungen im Bereich der Grundrechte gem. Art. 19 Abs. 1 S. 1 GG bewirkt die Unzulässigkeit von faktischen Beeinträchtigungen, wenn der Gesetzgeber eine allgemeine Regelung schafft, um damit bestimmte Einzelfälle von faktischen Beeinträchtigungen herbeizuführen.

22. Das Zitiergebot des Art. 19 Abs. 1 S. 2 GG gilt nur für imperative Beeinträchtigungen. Das gleiche gilt für die Junktim-Klausel des Art. 14 Abs. 3 S. 2 GG; das schließt nicht aus, daß auch faktische Beeinträchtigungen der verfassungsrechtlichen Entschädigungspflicht unterworfen sind.

23. Die verfassungsrechtliche Aussage, daß eine bestimmte Beeinträchtigung grundrechtswidrig ist, muß von der Frage getrennt werden, welche materiell-rechtlichen Instrumente zum Schutz vor solchen Beeinträchtigungen bereitstehen.

24. Aus den Grundrechten ergibt sich zunächst ein materiell-rechtliches Beeinträchtigungsverbot, das sich, wenngleich mit jeweils verschiedener Intensität, an die verschiedenen staatlichen Gewalten richtet.

25. Als subjektive Rechte geben die Grundrechte auch einen materiell-rechtlichen Beseitigungsanspruch. Dieser umfaßt und verbirgt einen entsprechenden materiell-rechtlichen Unterlassungsanspruch. Letzterer gewinnt jedoch selbständige Bedeutung bei Beeinträchtigungen, die mit Hilfe des Beseitigungsanspruchs nicht mehr erreicht werden können.

26. Daneben gibt das Grundgesetz in gewissen Fällen einen Entschädigungsanspruch. Ein allgemeines Wahlrecht zwischen Beseitigungs- und Entschädigungsanspruch besteht nicht. Der verfassungsrechtliche Entschädigungsanspruch ersetzt unter bestimmten, von der Verfassung normierten Voraussetzungen das Beeinträchtigungsverbot und den Unterlassungs- bzw. Beseitigungsanspruch des Betroffenen.

27. Eine analoge Anwendung der verfassungsrechtlichen Entschädigungsregelung kann nur in Fällen in Betracht kommen, in denen der Unterlassungs- bzw. Beseitigungsanspruch des Betroffenen aus

der Enteignungslage vergleichbaren Gründen rechtlich untauglich ist. Das sind vor allem die Situationen, in denen der Gesetzgeber dem Betroffenen den Beseitigungsanspruch entzieht (rechtliche Unmöglichkeit der Beseitigung) oder staatliche Organe Beeinträchtigungen auslösen, denen mit dem Beseitigungsanspruch nicht mehr beizukommen ist (anfängliche tatsächliche Unmöglichkeit der Beseitigung).

28. Prinzipiell reicht die Rechtsweggarantie des Art. 19 Abs. 4 GG ebenso weit wie der materiell-rechtliche Grundrechtsschutz. Daher steht auch gegen faktische Beeinträchtigungen der Rechtsweg offen.

29. Die verwaltungsprozessuale Klagebefugnis hat sich nach dem Umfang der materiell-rechtlichen Gewährleistungen zu richten. Jedermann kann mit der Behauptung, durch einen rechtswidrigen Hoheitsakt in seinen Grundrechten faktisch beeinträchtigt zu sein, Klage zum Verwaltungsgericht erheben (Anfechtungsklage bzw. allgemeine Leistungsklage).

30. Mit derselben Behauptung kann der Betroffene auch Verfassungsbeschwerde zum Bundesverfassungsgericht erheben. Der Gesetzgeber könnte die Beschwerdebefugnis für Verfassungsbeschwerden gegen faktische Beeinträchtigungen einschränken. §§ 90 ff. BVerfGG liefern hierfür jedoch keinen ausreichenden positivrechtlichen Beleg.

Literaturverzeichnis

Anschütz, Gerhard: Der Ersatzanspruch aus Vermögensbeschädigung, durch rechtmäßige Handhabung der Staatsgewalt; VerwArch Bd. I (1897), S. 1 ff.
— Die Verfassung des Deutschen Rechts; 14. Aufl., 1933, Nachdruck 1960
Arndt, Adolf: Das Werbefernsehen als Kompetenzfrage; JZ, 1965, S. 337 ff.
Bachof, Otto: Die verwaltungsrechtliche Klage auf Vornahme einer Amtshandlung, 1951
— Verwaltungsakt und innerdienstliche Weisung; in: Festschrift für Laforet, 1952, S. 285 ff.
— Zur Bedeutung des Entschädigungs-Junctims in Enteignungsgesetzen; DÖV 1954, S. 592 ff.
— Reflexwirkungen und subjektive Rechte im öffentlichen Recht; in: Gedächtnisschrift für Walter Jellinek, 2. Aufl., S. 287 ff.
— Freiheit des Berufs; in: Die Grundrechte, Bd. III, 1. Halbbd., S. 155 ff.
— Nachwort (zum Aufsatz von Karl August Bettermann, AöR 86, S. 129 ff.); AöR Bd. 86 (1961), S. 186 ff.
— Nachwort (zum Aufsatz von Fritz Gygi, AöR Bd. 88, S. 411); AöR Bd. 88 (1963), S. 424 ff.
— Verfassungsrecht, Verwaltungsrecht, Verfahrensrecht; Bd. I, 3. Aufl., 1966; Bd. II, 1967
Ballerstedt, Kurt: Wirtschaftsverfassungsrecht; in: Die Grundrechte, Bd. III, 1. Halbbd., 1958, S. 1 ff.
Bartlsperger, Richard: Das Dilemma des baulichen Nachbarrechts; VerwArch 69, 35 ff.
Bellstedt, Christoph: Bedürfen Subventionen gesetzlicher Grundlagen; DÖV 1961, S. 161 ff.
— Verfassungsrechtliche Grenzen der Wirtschaftslenkung durch Steuern
Bender, Bernd: Aktuelles zur Problematik des gerichtlichen Nachbarschutzes im Baurecht; NJW 1966, S. 1989 ff.
— Zur Problematik der durch Staatsunrecht begründeten öffentlich-rechtlichen Kompensations- und Restitutionspflichten; DÖV 1968, S. 156 ff.
Berg, Wilfried: Konkurrenzen schrankendivergenter Freiheitsrechte im Grundrechtsabschnitt des Grundgesetzes, 1968
Bernhardt, Rudolf: Zur Anfechtung von Verwaltungsakten durch Dritte; JZ 1963, S. 302 ff.
Bettermann, Karl August: Zur Lehre vom Folgenbeseitigungsanspruch; DÖV 1955, S. 528 ff.
— Kein Folgenbeseitigungsanspruch bei Wiedereinweisung des Räumungsschuldners; MDR 1957, S. 130 ff.
— Der Schutz der Grundrechte in der ordentlichen Gerichtsbarkeit; in: Die Grundrechte, Bd. III, 2. Halbbd. 1959, S. 779 ff.
— Die Verpflichtungsklage nach der Bundesverwaltungsgerichtsordnung; NJW 1960, S. 649 ff.
— Gewerberechtliche Nachbarklage; NJW 61, 1097 ff.

Bettermann, Karl August: Zur Verfassungsbeschwerde gegen Gesetze und zum Rechtsschutz des Bürgers gegen Rechtssetzungsakte der öffentlichen Gewalt; AöR, Bd. 86 (1961), S. 129 ff.
— Klagebefugnis und Aktivlegitimation im Anfechtungsprozeß; in: Staatsbürger und Staatsgewalt, Jubiläumsschrift 1963, Bd. II, S. 449 ff.
— Die allgemeinen Gesetze als Schranken der Pressefreiheit; JZ 1964, S. 601 ff.
— Gesetzesfreiheit der öffentlichen Hand; in: Berliner Festschrift für Ernst F. Hirsch, 1968, S. 1 ff.
— Grenzen der Grundrechte, 1968
— Juristische Personen des öffentlichen Rechts als Grundrechtsträger, NJW 1969, S. 1321 ff.
Böckenförde, Ernst-Wolfgang: Die Organisationsgewalt im Bereich der Regierung; 1964
Böhm, Otto: Nachbarschutz bei Zulassung von Vorhaben nach § 35 BBauG; DVBl 1968, S. 10 ff.
Brinkmann, Karl: Grundrechtskommentar zum Grundgesetz; 1967
Bühler, Ottmar: Die subjektiven öffentlichen Rechte und ihr Schutz in der Verwaltungsrechtsprechung, 1914
v. Caemmerer, Ernst: Wandlungen des Deliktsrechts; in: Festschrift Deutscher Juristentag 1960, Bd. II, S. 46 ff.
Canaris, Claus-Wilhelm: Die Feststellung von Lücken im Gesetz; 1964
Deutsch, Erwin: Fahrlässigkeit und erforderliche Sorgfalt; 1963
Dörffler, Wolfgang: Verwaltungsakt mit Drittwirkung; NJW 1963, S. 14 ff.
Dürig, Günter: Der Grundrechtssatz von der Menschenwürde; AöR, Bd. 81 (1956), S. 117 ff.
— (zusammen mit Theodor *Maunz* und Roman *Herzog*): Grundgesetz, Kommentar
Ehard, Hans: Die Verfassungsbeschwerde nach bayerischem Landesrecht; BayVerwBl 1966, S. 79 ff.
Ehmke, Horst: Prinzipien der Verfassungsinterpretation; VVDStRL, Heft 20 (1963), S. 53 ff.
Engelhardt, Hanns: Zur Klagebefugnis im Verwaltungsprozeß; JZ 1961, S. 588 ff.
Engisch, Karl: Interessenjurisprudenz und Strafrecht; Monatsschrift für Kriminalpsychologie und Strafrechtsreform, 1934.
Esser, Josef: Grundsatz und Norm in der rechtlichen Fortbildung des Privatrechts; 2. Aufl., 1964
— Schuldrecht, Band I, Allgemeiner Teil, 3. Aufl., 1968.
Evers, Hans-Ulrich: Zur Auslegung von Art. 2 Abs. I des Grundgesetzes, insbesondere zur Persönlichkeitskerntheorie; AöR, Bd. 90 (1965), S. 88 ff.
Eyermann-Fröhler: Verwaltungsgerichtsordnung, Kommentar; 4. Aufl., 1965
Fikentscher, Wolfgang: Schuldrecht, 2. Aufl., 1969
Fleiner, Fritz: Institutionen des Deutschen Verwaltungsrechts; 8. Aufl., 1928
Forsthoff, Ernst: Verfassungsrechtliche Bemerkungen zum Bausperren-Urteil des Bundesgerichtshofs; DÖV 1955, S. 193 ff.
— Die Umbildung des Verfassungsgesetzes; in: Festschrift für Carl Schmitt, 1959, S. 35 ff.
— Verfassungsmäßiger Eigentumsschutz und Freiheit des Berufs; in: Staatsbürger und Staatsgewalt, Bd. II 1963, S. 19 ff.
— Der Rechtsstaat im Wandel; 1964
— Die öffentlich-rechtliche Vorteilsausgleichung; DÖV 1965, S. 289 ff.
— Lehrbuch des Verwaltungsrechts; Bd. 1, Allgemeiner Teil, 9. Aufl., 1966

Franke, Franz-Josef: Der Folgenentschädigungsanspruch — Folgenbeseitigung durch Entschädigung; VerwArch Bd. 57 (1966), S. 357 ff.
Friauf, Karl Heinrich: Bemerkungen zur verfassungsrechtlichen Problematik des Subventionswesens; DVBl 1966, S. 729 ff.
— Verfassungsrechtliche Grenzen der Wirtschaftslenkung und Sozialgestaltung durch Steuergesetze; Recht und Staat, Bd. 325/326, 1966
— Anmerkung zum Urteil des BVerwG, Bd. 38, 191; DVBl 69, 368 ff.
Fromm, Günter: Anmerkung zum OVG Lüneburg, Beschl. v. 12. 12. 1962; DVBl 1963, S. 564 f.
— Zum Suspensiveffekt bei der Nachbarklage und in vergleichbaren Fällen; DVBl 1966, S. 241
Gallwas, Hans-Ullrich: Nebenwirkung hoheitlicher Akte und Enteignungsrecht; BayVerwBl 1965, S. 40 ff.
— Der Mißbrauch von Grundrechten; 1967
— Die grundrechtswidrige Beweislastregelung; BayVerwBl 1966, S. 310
— Zulassungsbeschränkungen und Hochschulautonomie, JZ 69, 320 ff.
Geck, Wilhelm Karl: Art. 102 GG und der Rechtshilfeverkehr zwischen der Bundesrepublik und Ländern mit der Todesstrafe; Jus 1965, S. 221 ff.
Geiger, Willi: Gesetz über das Bundesverfassungsgericht; 1952.
— Die Grundrechte in der Privatrechtsordnung; 1960.
— Die Wandlung der Grundrechte; in: Gedanke und Gestalt des Demokratischen Rechtsstaats, 1965, S. 9 ff.
Gelzer, Konrad: Zur öffentlich-rechtlichen Nachbarklage; DÖV, 1965, S. 793 ff.
Götz, Volkmar: Recht der Wirtschaftssubventionen; 1966
Grundmann, Siegfried: Die Rechtsprechung des Bundesverfassungsgerichts in Kirchensteuersachen und das Staatskirchenrecht; JZ 1967, S. 193 ff.
Haas, Diether: System der öffentlich-rechtlichen Entschädigungspflichten; 1955
Häberle, Peter: Die Wesensgehaltsgarantie des Art. 19 Abs. 2 Grundgesetz; 1962
Hamann, Andreas: Das Grundgesetz; 2. Aufl., 1960
Haueisen, Fritz: Verwaltungsakte mit mehreren Betroffenen; NJW 1964, S. 203 ff.
Heck, Philipp: Gesetzesauslegung und Interessenjurisprudenz; 1914
Heidenhain, Martin: Amtshaftung und Entschädigung aus enteignungsgleichem Eingriff; 1964
— Die Folgen rechtswidrigen Verwaltungshandelns; JZ 1968, 487 ff.
Henke, Wilhelm: Das Subjektive Öffentliche Recht; 1968
Henze, Karl-Otto: Verwaltungsrechtliche Probleme der staatlichen Finanzhilfe zugunsten Privater; 1958
Herzog, Roman: Verfassungsgerichtliche und verwaltungsgerichtliche Normenkontrolle; BayVerwBl 1961, S. 368 ff.
— Grundrechte und Gesellschaftspolitik; in: Berliner Festschrift für Ernst E. Hirsch, 1968, S. 63 ff.
Hesse, Ernst: Die Bindung des Gesetzgebers an das Grundrecht des Art. 2 I GG bei der Verwirklichung einer „verfassungsmäßigen Ordnung"; 1968
Hesse, Konrad: Grundzüge des Verfassungsrechts der Bundesrepublik Deutschland; 3. Aufl., 1969
v. Hippel, Eike: Grenzen und Wesensgehalt der Grundrechte; 1965
— Die Konkretisierung der Grundrechtsnormen; NJW 1967, S. 539 ff.
Hoffmann, Horst: Vorbeugende Klagen im Verwaltungsprozeß; BayVerwBl 1962, S. 72 ff., 101 ff.

Horn, Norbert: Zur Bedeutung der Topiklehre Theodor Viehwegs für eine einheitliche Theorie des juristischen Denkens; NJW 1967, S. 601 ff.
Huber, Ernst Rudolf: Wirtschaftsverwaltungsrecht; Bd. 1, 2. Aufl., 1953
— Deutsche Verfassungsgeschichte; Bd. III, 1963
Ihering, Rudolf: Die Reflexwirkung oder die Rückwirkung rechtlicher Tatsachen auf dritte Personen; Iherings Jahrbücher, Bd. 9 (1868), S. 245 ff.
Imboden, Max: Das Gesetz als Garantie rechtsstaatlicher Verwaltung; 1962
Ipsen, Hans Peter: Enteignung und Sozialisierung, VVDStRL Heft 10 (1951), S. 74 ff.
— Verwaltung durch Subventionen, VVDStRL, Heft 25 (1967), S. 257 ff.
Isensee, Josef: Subsidiaritätsprinzip und Verfassungsrecht; 1968.
Jäckel, Hartmut: Grundrechtsgeltung und Grundrechtssicherung; 1967
Jaenicke, Günther: Gefährdungshaftung im öffentlichen Recht; VVDStRL, Heft 20 (1963), S. 135 ff.
Janssen, Günter: Der Anspruch auf Entschädigung bei Aufopferung und Enteignung; 1961
Jellinek, Georg: System der subjektiven öffentlichen Rechte; 2. Aufl., Tübingen 1919, Neudruck 1964.
Jellinek, Walter: Behördlicher Kündigungsschutz und Verwaltungsgerichtsbarkeit; in: Festschrift für Thoma, 1950, S. 93 ff.
Jesch, Dietrich: Gesetz und Verwaltung; 1961
Kägi, Werner: Rechtsfragen der Volksinitiative auf Partialrevision; Zeitschrift für Schweizerisches Recht, NF Bd. 75, 1956, S. 740 a ff.
Kemnade, Gerhard: Der Rechtsschutz des Nachbarn im Baurecht; 1965
Kimminich, Otto: Art. 14, in Bonner Kommentar; Zweitbearbeitung 1964.
Klein, Franz (zusammen mit Bruno *Schmidt-Bleibtreu*): Kommentar zum Grundgesetz; 1967
Klein, Friedrich (v. Mangoldt-Klein): Das Bonner Grundgesetz; Bd. I, 2. Aufl., 1957
Klein, Hans H.: Zum Begriff der öffentlichen Aufgabe; DÖV 1965, S. 755 ff.
— Die Teilnahme des Staates am wirtschaftlichen Wettbewerb; 1968
Klinger, Hans: Kommentar zur Verwaltungsrechtsordnung; 2. Aufl., 1964
Klinkhardt, Ingo: Die politische Meinungsfreiheit im Ausländerrecht; DVBl 1965, S. 467 ff.
Koch, C. F.: Allgemeines Landrecht für die Preußischen Staaten; Bd. 1, 1874
Köttgen, Arnold: Die Organisationsgewalt; VVDStRL, Heft 16 (1958), S. 154 ff.
— Die wirtschaftliche Betätigung der Gemeinden; in: Festschrift Deutscher Juristentag, Bd. 1, 1960, S. 577 ff.
— Das Bundesverfassungsgericht und die Organisation der öffentlichen Verwaltung; AöR Bd. 90 (1965), S. 205 ff.
— Fondsverwaltung in der Bundesrepublik; 1965
Konow, Karl Otto: Zum allgemeinen Schadensersatzanspruch bei rechtswidrigen Grundrechtsverletzungen, JR 67, 246 ff.
— Eigentumsschutz gegen Eingriffe der öffentlichen Hand; 1968
Kreft, Friedrich: Aufopferung und Enteignung; 1968
Kriele, Martin: Theorie der Rechtsgewinnung; 1967
— Plangewährleistungsansprüche?; DÖV 1967, S. 537 ff.
Kröner, Herbert: Begriffe und Grundprobleme der Rechtsprechung des Bundesgerichtshofs zur Eigentumsgarantie; DVBl 1969, S. 157 ff.
Krüger, Herbert: Die Einschränkung von Grundrechten nach dem Grundgesetz; DVBl 1950, S. 625 ff.
— Rechtsstaatliche Gesetzgebungstechnik; DÖV 1956, S. 550 ff.
— Allgemeine Staatslehre; 2. Aufl., 1966

Krüger, Hildegard: Die Verfassungswidrigkeit der lex Schörner; DVBl 1955, S. 758 ff., S. 791 ff.
Larenz, Karl: Methodenlehre der Rechtswissenschaft; 2. Aufl., 1969.
— Lehrbuch des Schuldrechts; Bd. 1, Allgemeiner Teil, 8. Aufl., 1967; 2. Bd., Besonderer Teil, 8. Aufl., 1967
Laubinger, Hans-Werner: Der Verwaltungsakt mit Doppelwirkung; 1967
Lechner, Hans: Bundesverfassungsgerichtsgesetz, Kommentar; 2. Aufl., 1967
Leisner, Walter: Grundrechte und Privatrecht; 1960
— Gefährdungshaftung im öffentlichen Recht; VVDStRL, Heft 20 (1963), S. 185 ff.
— Werbefernsehen und öffentliches Recht; 1967
— Öffentliches Amt und Berufsfreiheit; AöR Bd. 93 (1968), S. 161 ff.
Lerche, Peter: Stil, Methode, Ansicht; DVBl 1961, S. 690 ff.
— Übermaß und Verfassungsrecht; 1961
— Rechtsprobleme der wirtschaftslenkenden Verwaltung; DÖV 1961, 486 ff.
— Rechtsprobleme des Werbefernsehens; 1965
— Zum Anspruch auf rechtliches „Gehör"; ZZP, Bd. 78 (1965), S. 1 ff.
— Das Bundesverfassungsgericht und die Verfassungsdirektiven; AöR, Bd. 90 (1965), S. 341 ff.
— Werbung und Verfassung; 1967
Lücke, Gerhard: Die Abgrenzung der Klagebefugnis im Verwaltungsprozeß; AöR, Bd. 84 (1959), S. 185 ff.
— Die Prozeßführungsbefugnis; ZZP, Bd. 76 (1963), S. 1 ff.
Luhmann, Niklas: Grundrechte als Institution; 1965
— Öffentlich-rechtliche Entschädigung rechtspolitisch betrachtet; Schriftenreihe der Hochschule Speyer, Bd. 24 (1965)
Maihofer, Werner: Rechtsstaat und menschliche Würde; 1968
Maiwald, Joachim: Anmerkung zu BVerfG Bd. 24, 367 ff., NJW 1969, S. 1424 ff.
Mallmann, Walter: Schranken nichthoheitlicher Verwaltung; VVDStRL, Heft 19 (1961), S. 165 ff.
v. Mangoldt, Hermann: Das Bonner Grundgesetz; 1953
Marcic, René: Vom Gesetzesstaat zum Rechtsstaat; 1957
Martens, Wolfgang: Öffentlich-rechtliche Probleme des negatorischen Rechtsschutzes gegen Immissionen; in: Hamburger Festschrift für Friedrich Schack, 1966, S. 85 ff.
— Anmerkung zu BGH, Urteil vom 17. 11. 1967; DVBl 1968, S. 150
Maunz, Theodor (zusammen mit Günter *Dürig* und Roman *Herzog)*: Grundgesetz, Kommentar
— Deutsches Staatsrecht; 17. Aufl., 1969.
— (zusammen mit *Sigloch, Schmidt-Bleibtreu* und *Klein)*: Bundesverfassungsgerichtsgesetz, Kommentar
Mayer, Otto: Deutsches Verwaltungsrecht; Bd. 1, 3. Aufl., 1924
Menger, Christian-Friedrich: System des verwaltungsgerichtlichen Rechtsschutzes; 1954
— Über die Identität des Rechtsgrundes der Staatshaftungsklagen und einiger Verwaltungsstreitsachen; in: Gedächtnisschrift für Walter Jellinek, 2. Aufl., S. 347 ff.
— Höchstrichterliche Rechtsprechung zum Verwaltungsrecht; VerwArch, Bd. 49 (1958), S. 272 ff.
— Der Schutz der Grundrechte in der Verwaltungsgerichtsbarkeit; in: Die Grundrechte, Bd. III, 2. Halbbd., 1959, S. 717 ff.
— (zusammen mit Hans Uwe *Erichsen*): Höchstrichterliche Rechtsprechung zum Verwaltungsrecht; VerwArch 1965, S. 374 ff.

Müller, Gebhard: Die Grundrechte — ihr Wesen und ihre Grenzen; FamRZ 69, 4 ff.
Müller-Erzbach, Rudolf: Wohin führt die Interessenjurisprudenz; 1932
Naumann, Richard: Vom vorbeugenden Rechtsschutz im Verwaltungsprozeß; in: Gedächtnisschrift für Walter Jellinek, 2. Aufl., S. 391 ff.
— Streitigkeiten des öffentlichen Rechts; in: Staatsbürger und Staatsgewalt, Jubiläumsschrift, Bd. II, 1965, S. 365 ff.
Neumann-Duesberg, Horst: Korrektur des Unmittelbarkeitsbegriffs beim Eingriff in den Gewerbebetrieb (§ 823 BGB); NJW 1968, S. 1990 ff.
Nipperdey, Hans Carl: Gleicher Lohn der Frau für gleiche Leistung; RdA 1950, S. 121 ff.
— Die Würde des Menschen; in: Die Grundrechte, Bd. II, 1954
— (mit Günter *Wiese)*: Freie Entfaltung der Persönlichkeit; in: Die Grundrechte, Bd. IV, 2. Halbbd., 1962, S. 741 ff.
Obermayer, Klaus: Verwaltungsakt und innerdienstlicher Rechtsakt, 1956
— Urteilsanmerkung zu BVerwG, Urteil v. 23. 2. 1961; JZ 1962, S. 64 ff.
— Allgemeines Verwaltungsrecht; in: Staats- und Verwaltungsrecht in Bayern, 3. Aufl., 1968, S. 118 ff.
— und Udo *Steiner:* Die Monopole der öffentlichen Sachversicherung und das Grundrecht der Berufsfreiheit; NJW 1969, S. 1457 ff.
Ossenbühl, Fritz: Probleme und Wege der Verfassungsauslegung; DÖV 1965, S. 649 ff.
— Verwaltungsvorschriften und Grundgesetz; 1968
Peters, Hans: Lehrbuch der Verwaltung; 1949
— Verwaltung ohne gesetzliche Ermächtigung; in: Festschrift für Hans Huber, 1961, S. 206 ff.
— Das Recht auf freie Entfaltung der Persönlichkeit in der höchstrichterlichen Rechtsprechung; 1963.
— Öffentliche und staatliche Aufgaben; in: Festschrift für Hans Carl Nipperdey, 1965, Bd. II, S. 877 ff.
— Die freie Entfaltung der Persönlichkeit in der höchstrichterlichen Rechtsprechung; BayVerwBl 1965, S. 37 ff.
Peters, Hans: Der Dritte im Baurecht; DÖV 1965, S. 744 ff.
Podlech, Adelbert: Grundrechte und Staat; Der Staat 1967, S. 341 ff.
Rausch, Rudolf: Enteignungsrechtliche Probleme im Lichte der Junktimklausel; DVBl 1969, S. 167 ff.
Redeker-v. Oertzen: Verwaltungsgerichtsordnung, Kommentar; 2. Aufl., 1965
Reißmüller, Johann Georg: Urteilsanmerkung zu BGH Urteil v. 18. 9. 1959; JZ 1960, S. 122 ff.
Ringe, Karl: Zur Unterlassungs- und Beseitigungsklage bei Verwaltungsakten und einfachen Verhaltungshandlungen; DVBl 1958, S. 378 ff.
Röhl, Hellmut: Die Nennung des eingeschränkten Grundrechts nach Art. 19 Abs. I S. 2 des Grundgesetzes; AöR, Bd. 81 (1956), S. 195 ff.
Römer, Gustav: Notariatsverfassung Grundgesetz; 1963
Rösslein, Thomas: Der Folgenbeseitigungsanspruch; 1968
Ross, Gottfried: Der Grundsatz der Gesetzmäßigen Verwaltung und seine Bedeutung für die Anwendung des Verwaltungsrechts; in: Berner Festgabe 1955, S. 117 ff.
Ruckdäschel, Oskar: Vorbeugender Rechtsschutz im Verwaltungsprozeß; DÖV 1961, S. 675 ff.
Rüfner, Wolfgang: Materiell-rechtliche Voraussetzungen und Grenzen des nachbarschädlichen Baudispenses; DVBl 1963, S. 609 ff.
— Formen öffentlicher Verwaltung im Bereich der Wirtschaft; 1967

Rüfner, Wolfgang: Der Folgenbeseitigungsanspruch, ein materiell-rechtlicher oder ein prozessualer Anspruch; DVBl 1967, S. 186 ff.
— Überschneidungen und gegenseitige Ergänzung der Grundrechte; Der Staat 1968, 41 ff.
— Zum gegenwärtigen Stand des deutschen Staatshaftungsrechts; BB 68, 881 ff.
Rupp, Hans Heinrich: Die Beseitigungs- und Unterlassungsklage gegen Träger hoheitlicher Gewalt; DVBl 1958, S. 113 ff.
— Das Grundrecht der Berufsfreiheit; NJW 1965, S. 993 ff.
— Grundfragen der heutigen Verwaltungsrechtslehre; 1965.
— Buchbesprechung: Wilhelm Henke: Das Subjektive Öffentliche Recht; DVBl 1969, S. 221
Salzwedel, Jürgen: Staatsrechtslehrertagung 1961; AöR, Bd. 87 (1962), S. 82 ff.
Schack, Friedrich: Der „enteignungsgleiche Eingriff"; JZ 1960, S. 625 ff.
— Urteilsanmerkung zu OLG Celle, Urteil v. 15. 10. 1960; JZ 1961, S. 373 ff.
— Enteignungsentschädigung bei nicht beabsichtigten Schäden; DÖV 1965, S. 616 ff.
Schäfer, Walter: Hat die Anfechtungsklage des von einem begünstigenden Verwaltungsakt benachteiligten Dritten aufschiebende Wirkung?; DVBl 1962, S. 844
Scheuner, Ulrich: Die Abgrenzung der Enteignung; DÖV 1954, S. 587 ff.
— Probleme der staatlichen Schadenshaftung nach deutschem Recht; DÖV 1955, S. 545 ff.
— Amtshaftung und enteignungsgleicher Eingriff; Korreferat, Jus 1961, S. 243 ff.
— Pressefreiheit; VVDStRL, Heft 22 (1965), S. 1 ff.
— Die Religionsfreiheit im Grundgesetz; DÖV 1967, S. 585 ff.
Schleeh, Jörg: Zur Dogmatik der öffentlich-rechtlichen Folgenbeseitigung; AöR Bd. 92 (1967), S. 58 ff.
Schmidt, Reiner: Der Rechtsschutz des Konkurrenten im Verwaltungsprozeß; NJW 1967, S. 1635 ff.
Schmidt, Walter: Die Freiheit vor dem Gesetz; AöR, Bd. 91 (1966), S. 42 ff.
Schmitt, Carl: Verfassungslehre; 1928, Neudruck 1954.
Schnapp, Friedrich E.: Anmerkung zum Urteil des VG Saarlouis vom 12. 12. 1968; DVBl 69, 596 ff.
Schneider, Egon: Anmerkung zu BGH Urteil vom 29. 5. 1967, vom 22. 5. 1967; NJW 1967, S. 1750 ff.
Schneider, Peter: In dubio pro libertate; in: Festschrift Deutscher Juristentag 1960, S. 262 ff.
— Pressefreiheit und Staatssicherheit; 1968
Schneider, Rudolf: Rechtsschutz gegen verfassungswidriges Unterlassen des Gesetzgebers; AöR Bd. 89 (1964), S. 24 ff.
— Das Rechtsschutzbedürfnis im Verfahren der Verfassungsbeschwerde, ZZP 79 (1966), 1 ff.
— Rechtsnorm und Individualakt im Bereich des verfassungsrechtlichen Eigentumsschutzes, VerwArch Bd. 58 (1967), S. 197 ff. und S. 301 ff.
Schönke-Schröder: Strafgesetzbuch, Kommentar; 13. Aufl., 1967.
Schulte, Hans: Enteignung und privatrechtliche Aufopferung; DVBl 1965, S. 386 ff.
Schumann, Ekkehard: Verfassungs- und Menschenrechtsbeschwerde gegen richterliche Entscheidungen; 1963
Schunck-De Clerck: Verwaltungsgerichtsordnung, Kommentar; 2. Aufl., 1967

Sellmann, Martin: Entwicklung und Problematik der öffentlich-rechtlichen Nachbarklage im Baurecht; DVBl 1963, S. 273 ff.
— Die Problematik der Verwaltungsakte mit Doppelwirkung; NJW 1964, S. 1545 ff.
Selmer, Peter: Der Vorbehalt des Gesetzes, Jus 68, 489 ff.
Seuffert, Walter: Die Abgrenzung der Tätigkeit des Bundesverfassungsgerichts gegenüber der Gesetzgebung und der Rechtsprechung; NJW 1969, S. 1369 ff.
Siegmund-Schultze, Gerhard: Die Bedeutung des Suspensiveffekts bei der Anfechtung von Verwaltungsakten; DVBl 1963, S. 745 ff.
Smend, Rudolf: Verfassung und Verfassungsrecht; 1928
— Das Recht der freien Meinungsäußerung; VVDStRL, Heft 4 (1928), S. 44 ff.
Spanner, Hans: Gesetzliche Regelung des Folgenbeseitigungsanspruchs?; DVBl 1968, S. 618 ff.
Steiner, Udo: Der „beliehene Unternehmer"; Jus 69, 69 ff.
Stern, Klaus: Rechtsfragen der öffentlichen Subventionierung Privater; JZ 1960, S. 518 ff., 557 ff.
— Anmerkung zum Urteil des BGH v. 26. 10. 1961; JZ 1962, S. 181 f.
Stree, Walter: Deliktsfolgen und Grundgesetz; 1960
Thoma, Richard: Die juristische Bedeutung der grundrechtlichen Sätze der deutschen Reichsverfassung im allgemeinen; in: Die Grundrechte und Grundpflichten der Reichsverfassung, Bd. 1, 1929
Torz, Robert: Die privatwirtschaftliche Betätigung der öffentlichen Hand und das Grundgesetz; DÖV 1958, S. 205 ff.
Triepel, Heinrich: Staatsrecht und Politik; 1927.
Ule, Carl Hermann: Verwaltungsgerichtsbarkeit; 2. Aufl., 1962, Bd. I, 2. Halbbd. der Verwaltungsgesetze des Bundes und der Länder
— (zusammen mit D. *Fittschen*): Urteilsanmerkung zu BGH Urt. v. 18. 3. 1964; JZ 1965, S. 315.
Vogel, Klaus: Gesetzgeber und Verwaltung; VVDStRL, Heft 24 (1966), S. 125 ff.
Volkmar, Dieter: Allgemeiner Rechtssatz und Einzelakt; 1962
Wagner, Heinz: Eingriff und unmittelbare Einwirkung im öffentlich-rechtlichen Entschädigungsrecht; NJW 1966, S. 569 ff.
— Die Abgrenzung von Enteignung und enteignungsgleichem Eingriff; NJW 1967, S. 2333 ff.
— Öffentlicher Haushalt und Wirtschaft, VVDStRL, Heft 27 (1968), S. 47 ff.
Weber, Werner: Die verfassungsrechtlichen Grenzen sozialstaatlicher Forderungen; Der Staat, 1965, S. 409 ff.
Wernicke, K. G.: Art. 1, Art. 19, in Bonner Kommentar
Wertenbruch, Wilhelm: Grundgesetz und Menschenwürde; 1958
Weyreuther, Felix: Empfiehlt es sich, die Folgen rechtswidrigen hoheitlichen Handelns gesetzlich zu regeln?; Gutachten B zum 47. Deutschen Juristentag 1968
Wieseler, Willi: Der vorläufige Rechtsschutz gegen Verwaltungsakte; 1967
Wilhelm, Bernhardt: Anschluß- und Benutzungszwang für gemeindliche Fernheizungen, BayVerwBl 1965, S. 80 ff.
— Grundsätze der Bedürfnisprüfung bei § 15 Waffengesetz; DÖV 1966, S. 329 ff.
Wintrich, Josef M.: Die Bedeutung der „Menschenwürde" für die Anwendung des Rechts; BayVerwBl 1957, S. 137 ff.
— Zur Problematik der Grundrechte; 1957.

Wintrich, Josef M.: Die Rechtsprechung des bayerischen Verfassungsgerichtshofes; in: Recht-Staat-Wirtschaft, Bd. IV, S. 139 ff.
Wittig, Peter: Zum Standort des Verhältnismäßigkeitsgrundsatzes im System des Grundgesetzes; DÖV 1968, S. 817 ff.
Wolff, Ernst: Die Freiheit als Rechtsbegriff; JZ 1950, S. 738
Wolff, Hans J.: Verwaltungsrecht I; 7. Aufl., 1968.
Zacher, Hans F.: Verwaltung durch Subventionen; VVDStRL, Heft 25 (1967), S. 308 ff.
Zeidler, Karl: Schranken nichthoheitlicher Verwaltung; VVDStRL, Heft 19 (1961), S. 208 ff.
— Einige Bemerkungen zum Verwaltungsrecht und zur Verwaltung in der Bundesrepublik seit dem Grundgesetz; Der Staat, 1962, S. 321 ff.
Zippelius, Reinhold: Wertungsprobleme im System der Grundrechte; 1962
— Zweitbearbeitung des Art. 1 GG; in: Bonner Kommentar, 1966

Stichwortverzeichnis

actio negatoria 129
Adressat 14, 141 ff.
Analogie 46

Beeinträchtigung 10 f.
—, faktische 12
—, —, bewußte und gewollte 18
—, —, beabsichtigte 18
—, —, gelegentliche 17 f., 87
—, —, vorhersehbare 18, 95
—, —, wahrscheinliche 95 f.
—, —, zwangsläufige 17, 95
—, —, zufällige 18, 94 f.
faktische Beeinträchtigung und Gegenschranke 75 ff.
faktische Beeinträchtigung und Grundrechtsvorbehalt 73 f.
Beeinträchtigung
—, imperative 12
—, schlichte 16, 110
—, —, im Verwaltungsgerichtsverfahren 144 f.
Beeinträchtigung durch Unterlassen 11
Beeinträchtigungsverbot 126 f.
Beschwerdebefugnis 161 ff.
Beseitigungsanspruch 127 ff., 134 ff.
—, Unmöglichkeit der Realisierung 136

Drittbeeinträchtigung 14 f., 102, 140, 142 f.
Drittwirkungslehre 65

Effekt, grundrechtswidriger 25 ff.
Eingriffsbegriffe 22 f., 37 f., 43 ff.
Eingriffs-Vorstellung 19
Eingriff als Verfahrensvoraussetzung 145
Einzelfallregelung 112 f.
enteignungsgleicher Eingriff 137
Entschädigungsanspruch 132 ff.
Entschädigungspflicht 123, 132 f., 134
Erforderlichkeitsprinzip 70

Fernwirkung 62
Finalität 19, 22 f.
Fiskustheorie 21
Folgenbeseitigungsanspruch 129

Folgewirkungen 13 f.
—, im Verwaltungsgerichtsverfahren 141 f.
Friedensfunktion der Grundrechte 67

Gegenschranken 53, 73 f.
Gesetzmäßigkeit der Verwaltung 90 ff.
Gewährleistungsbereich 70
Gewährleistungsnormen 49
Grundrechte
—, als Chancensicherung 65 ff.
—, als Wertentscheidung 63 f.
—, Relativierungskompetenz 93
—, spezielle 68 ff.
Grundrechtsverständnis 63 ff.
Grundrechtswidrigkeit
—, formelle 50, 88 ff., 125 f.
—, materielle 50, 125 f.
Grundrechtszweck 56 ff.

Handlungsfreiheit, allgemeine 68 f., 91 f., 142 f., 147 f.
Hoheitsverwaltung, schlichte 80

Identität von Regelung und Beeinträchtigung 12
Interessenschutz 61 f.

Junktim-Klausel 120 ff.
junktim-freie Beeinträchtigung 122

Klagebefugnis 140 f., 145 f., 149 ff.
Kompetenzverteilung 111
Konkurrenzschutz 104

Menschenwürde 57 ff.
—, Achtungsauftrag 58
—, Schutzauftrag 58
Mißbrauchsvorbehalt 85 ff.
Mißbrauch von Gestaltungsmöglichkeiten 115
Mittel-Zweck-Relation 79 ff., 94

Nebenfolge, unbeabsichtigte 81
Nebenwirkungen 14 f.
—, im Verwaltungsgerichtsverfahren 142 f.

Normenkontrollverfahren
—, verfassungsprozessuales 153
—, verwaltungsrechtliches 143 f.

Rechtsweggarantie 139 f.
Reflexwirkungen 13, 86, 109, 141
Regel-Ausnahme-Beziehung 46 ff., 59, 70, 77 f., 92, 119, 139 f.

Schlüssigkeitsprüfung 146
Schweigen des Verfassunggebers 77 f.
Spezialitätsverhältnis bei Grundrechten 68
staatliche Aufgaben 107 ff.
Staatsorganisationsnormen 89
status negativus 55
Subvention 101 ff.
Subventionszweck 103 f.
Surrogation der Rechtsschutzform 127, 135 f.

Unmittelbarkeit 19, 24
Unterlassen 11
Unterlassungsanspruch 130 f., 134 ff.
Übermaßverbot 79 f., 143

Verfahrensnormen 88 ff., 111
Verfassungsbeschwerde 152 ff.
—, Beschwerdebefugnis 161
—, Betroffenheit 162
—, unmittelbare Beeinträchtigung 158 f.
—, Zulässigkeitsprüfung 161
Verhältnismäßigkeitsprinzip 80
Vertrauensgedanke 66
Verwaltungsakt, Begriff 144
Verwaltungsrechtsweg 140 ff.
Vorbehalt des Gesetzes 91 ff., 94 ff.
Vorbehaltsbereich 70, 73 ff.
Vorbehaltsnormen 49, 52 f.
Vorbehaltsregelungen 71 ff.
Vorrang des Gesetzes 91 f.

Wertungswidersprüche 49, 63
Wesensgehaltsgarantie 81 ff.
—, antitotalitärer Aspekt 83
wirtschaftliche Unternehmen der öffentlichen Hand 104 ff.

Zitiergebot 116 ff.
Zwecksetzungskompetenz 97 ff.

Printed by Libri Plureos GmbH
in Hamburg, Germany